IVETTE GRAFE

GARTEN-PLANUNG

so einfach wie noch nie

Der perfekte Weg zum WUNSCHGARTEN

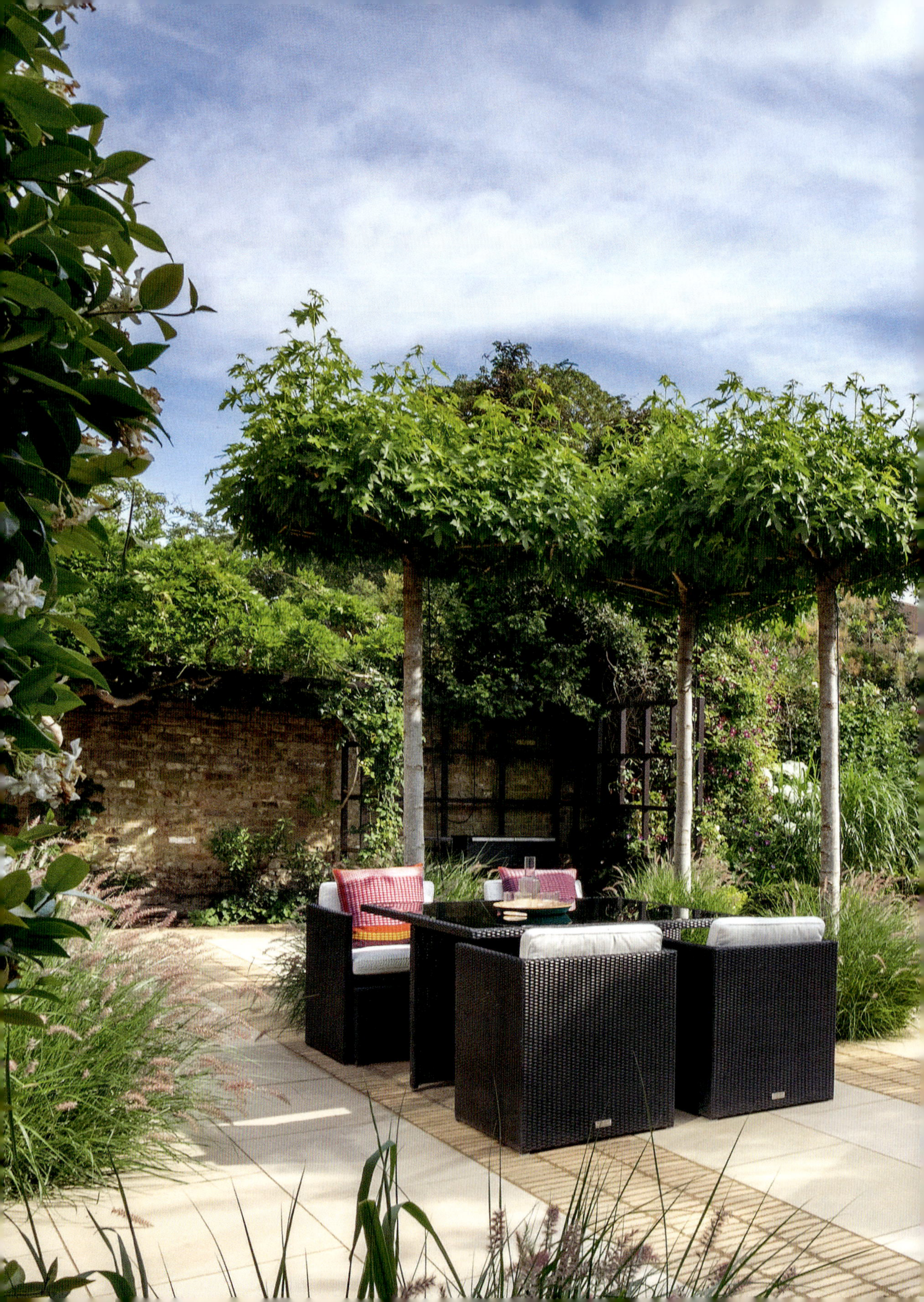

IVETTE GRAFE

GARTEN-PLANUNG

so einfach wie noch nie

Der perfekte Weg zum WUNSCHGARTEN

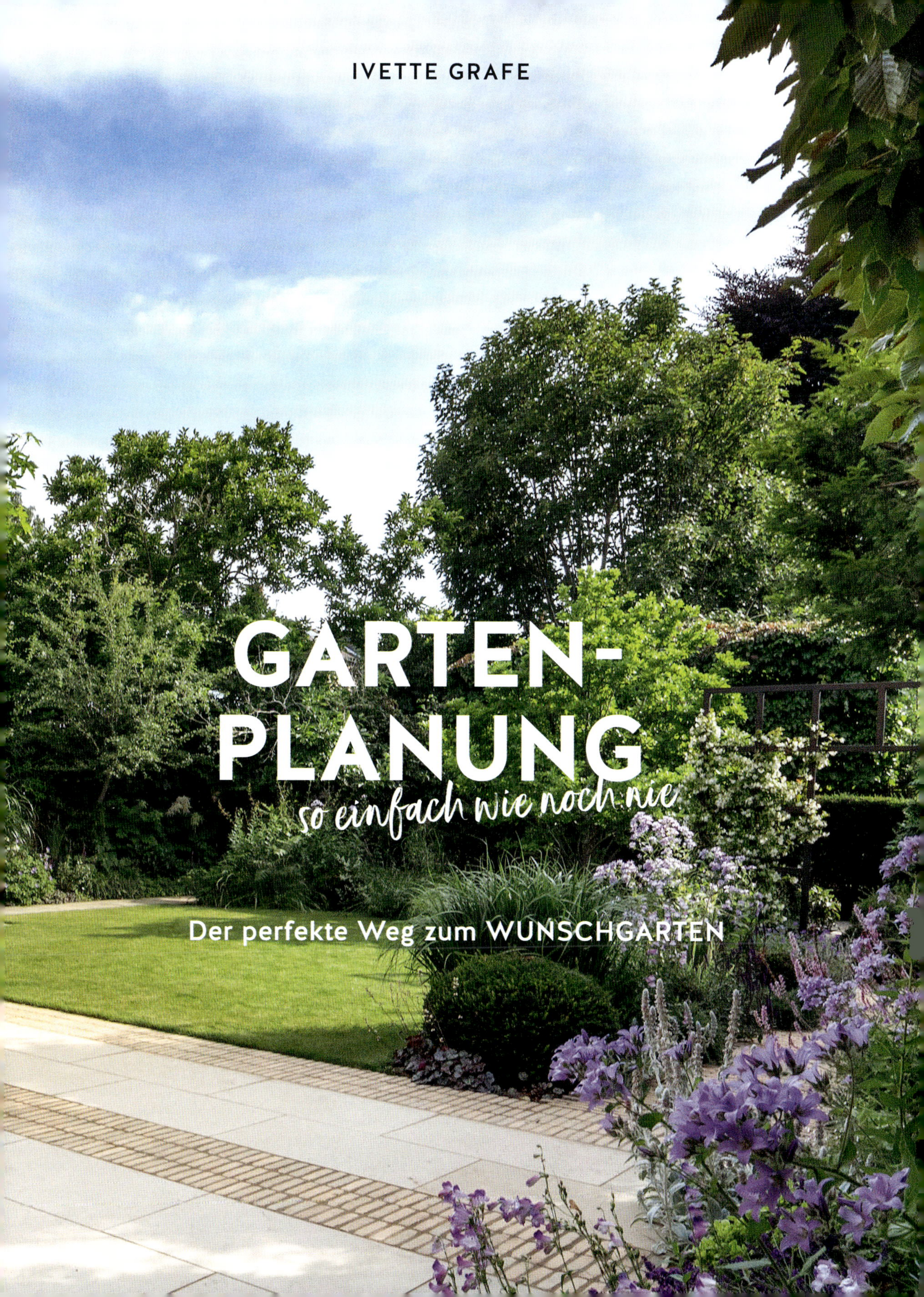

INHALT

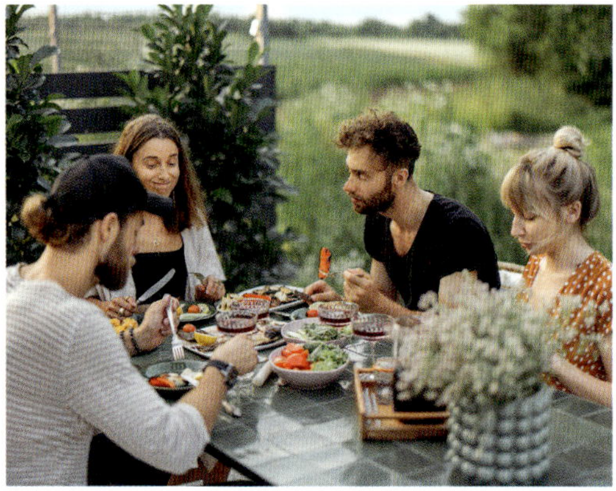

KAPITEL 04

KAPITEL 05

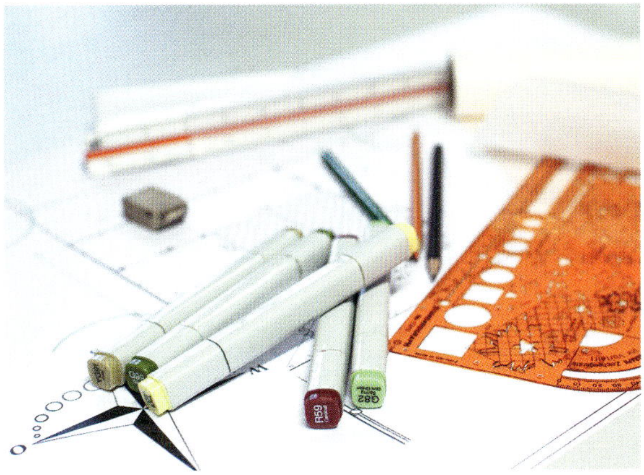

KAPITEL 06

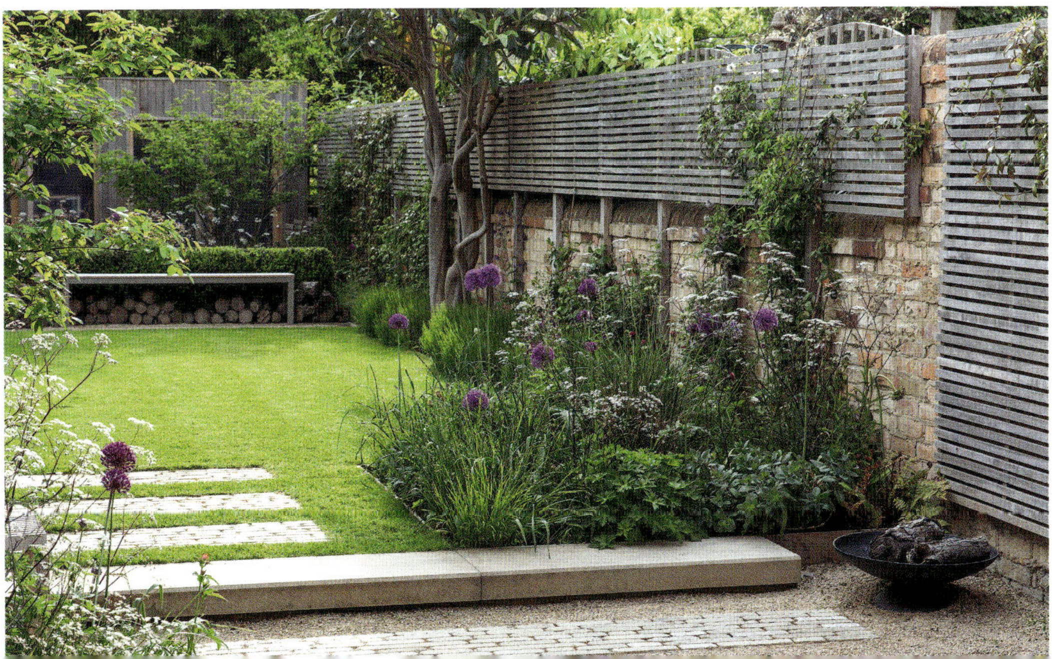

Werd' ich da gern sitzen?

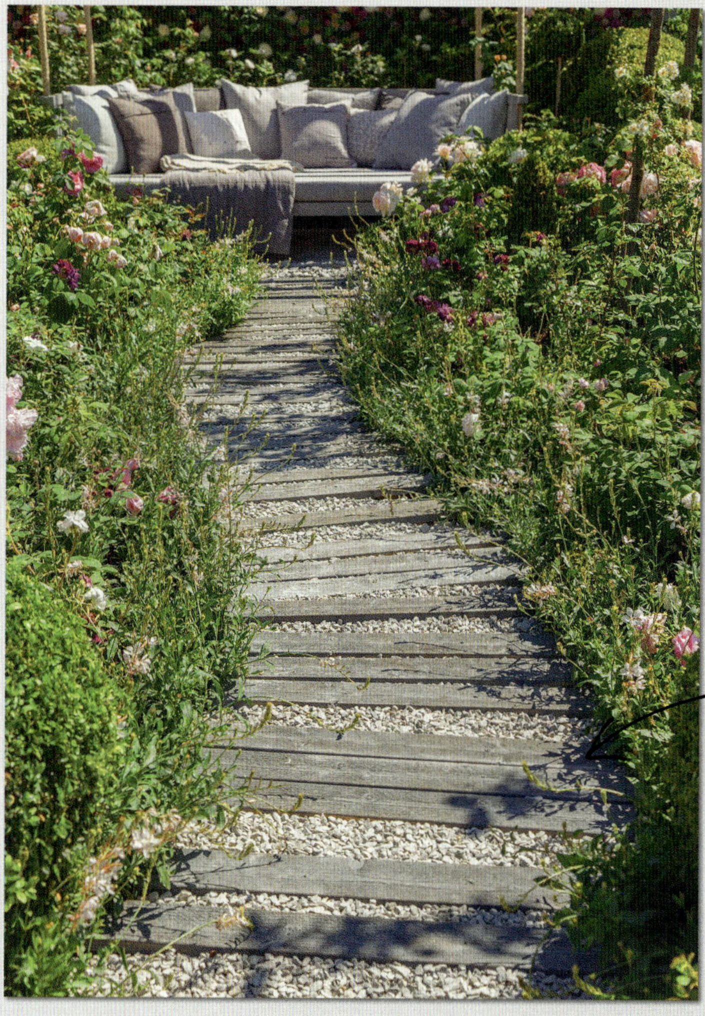

Welche Pflanzen blühen lange?

Wer baut mir so was?

KEIN SCHWERER ANFANG

Ein neuer Garten soll entstehen,
Euer neuer Garten. Was Euch jetzt noch
wie ein unbezwingbares Gebirge erscheint,
werden wir in diesem Buch gemeinsam
Schritt für Schritt erklimmen.
In Eurem Tempo und mit Etappenzielen.

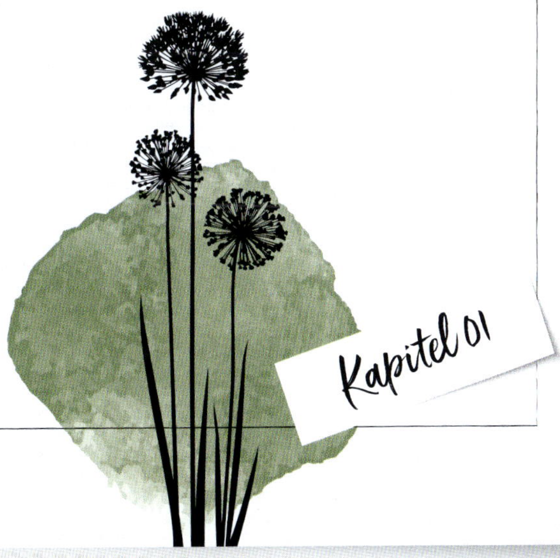

ALLER GARTEN-ANFANG IST VOLLER ENTHUSIASMUS

Es gibt wohl nichts Schöneres als Vorfreude auf etwas Neues. Eine große Reise, das eigene Haus ... alles ist mit diesem wunderbaren Gefühl der gespannten Erwartung oder des Loslegen-Wollens verbunden.

Das gilt erst recht für den ersten oder neuen eigenen Garten. Auch nach so vielen Gartenentwürfen für so viele verschiedene Menschen werde ich zu Beginn eines jeden Projektes noch immer vom Virus des Enthusiasmus gepackt. Und deshalb weiß ich, wie es Euch baldigen Gärtnern dabei geht.
Ich selbst male mir in Gedanken das Gelände gleich in den schönsten Farben und tollsten Varianten aus. Ich sehe sofort einzelne Ideen vor mir, die super hineinpassen würden. Da mein Gehirn aber, wie bei Euch sicherlich auch, zu viele Ideen gleichzeitig auswirft, kann ich mich schwerer festlegen. Die einzelnen Varianten passen eigentlich nicht zusammen. Dieser Stil würde klasse zum Haus passen. Der andere aber zur lange gehegten Wunschvorstellung. Wie kann man sich festlegen, ohne zu bereuen? Und müssen nicht erst die technischen und praktischen Aspekte bedacht werden? Wo fangt Ihr am besten an?
Nun bloß keine Panik! Inzwischen habe ich da meine bewährten Methoden entwickelt. Ich nehme Euch hier einfach mit auf meinen Weg zum Gartendesign, mit auf Eure Reise der Entscheidungen. Fangt mit viel Vorfreude und Spaß am Herumprobieren an und nutzt einige »Geheimtipps« aus all den Jahren meines Berufslebens dafür. Ihr werdet sehen, dass die meisten Entscheidungen mit der richtigen Herangehensweise ganz zwangsläufig zustande kommen und Euer Garten nach und nach auf dem Blatt oder Bildschirm entsteht. Es ist einfacher, als Ihr jetzt vermutlich denkt.
Gehen wir es vor allem ruhig an. Das heißt, schön vernunftmäßig! Das große Thema »Hausgarten« untergliedern wir in kleinere Aufgaben, quasi in Einzelteile. Dann ordnen wir diese brav nach Prioritäten und schließlich lösen wir einen Teil nach dem anderen.
Abgeschmeckt wird das Gericht zum Schluss. Sprich, dann werdet Ihr Eure individuelle Note hineinbringen, Euren Stempel draufsetzen.

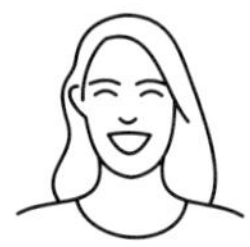

Also bloß keinen Stress verbreiten. Nichts soll Eure Vorfreude trüben. Das fühlt sich hoffentlich schon entspannter an ...

Einen eigenen Garten zu gestalten, ist und bleibt eine wunderschöne Aufgabe, an deren Ende für Euch ein Wohlfühlort entsteht, ein Zuhause für draußen. Das wird also kein harter Marathon oder ein schweres Gefecht, das wird eine angenehme Reise durch Eure Wünsche, Ansprüche und Vorlieben. Legen wir eine Art Wanderschritt im Denken ein und, genau wie beim Wandern, denken wir nicht gleich an die letzten 20 Meter, sondern nur an das erste Etappenziel (hoffentlich ein Gasthaus ☺).

Wie fange ich ein neues Gartenprojekt an?

Jeder Mensch, jede Familie ist individuell und einzigartig. Wie kann ich dann einen ganz persönlichen Garten für fremde Menschen kreieren? Natürlich stelle ich beim ersten Kontakt viele Fragen. Das sind Fragen zur Person, zu Beruf, Herkunft, Motivation und solche Sachen. Die solltet Ihr Euch schon längst beantwortet haben. Aber es schadet nichts, das unter dem Aspekt »Gartenwünsche« noch einmal zu tun. Dabei werde ich Euch etwas helfen.

Seid Ihr eher der lockere und spontane Typ oder schüchtern und etwas befangen? Spielt das im Garten eine Rolle? Schon. Ein Garten kann ein »lautes« oder »leises« Design haben. Ein schüchterner Mensch will bestimmt nicht mit seinem Garten die Nachbarn provozieren. Hingegen macht genau dies anderen Leuten viel Spaß oder ist Ihnen einfach völlig egal. Seid daher ehrlich mit Euch selbst. Wie schätzt Ihr Euch ein? Sind Euch die Nachbarn egal oder wollt Ihr Euch lieber etwas anpassen? Sprecht Ihr gern mit allen Leuten oder bleibt Ihr zu Hause lieber abgeschottet? Ich gebe Euch hier ein paar Beispiele mit, die bei der Antwort eventuell hilfreich sind. Nur für den Fall, dass Ihr Euch damit schwertut. Es wäre eine ganz gute Entscheidungshilfe für spätere Kapitel, wenn Euch dazu etwas einfällt. Und nun zu den wirklich wichtigen Fragen!

Gartendesign kann wirklich provozieren, wie das Bildbeispiel zeigt. Gestalterisch ist hier alles toll abgestimmt. Aber was sagen die Nachbarn dazu? Traut Ihr Euch so was?

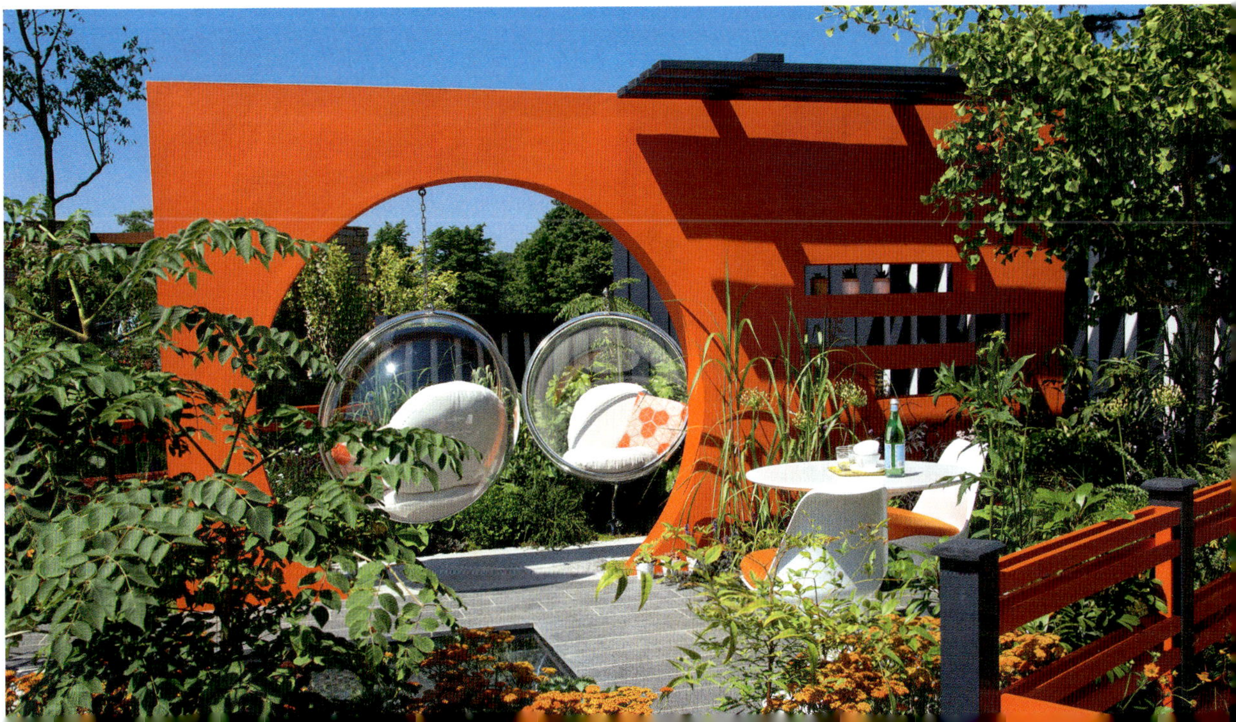

INSPIRATIONEN FÜR EUREN KÜNFTIGEN GARTEN?

Irgendetwas wird Euch bei der Gestaltung des Gartens inspirieren. Das sind vermutlich mehrere Sachen gleichzeitig. Nur selten ist so eine Frage mit einem Wort zu beantworten.

Was Euch schon eingefallen ist oder eben gerade bei der Frage in den Sinn kommt, ist schon eine gute Antwort. Wenn da bei Euch noch kein »Groschen gefallen« ist, dann kommt hier eine Hilfestellung. Fragt Euch nach den liebsten Architekturstilen/historischen Gärten, den Gärten der Kindheit, den Urlaubsträumen oder anderen prägenden Garten- und Naturvorstellungen. Warum findet Ihr gerade das Haus, die Küche oder die Kleidung toll? Nach welchen Kriterien habt Ihr Euer Auto oder Fahrrad ausgewählt? Das waren schon Entscheidungen, die von Euch getroffen wurden. Und wenn Ihr nicht totale Reue verspürt, dann können wir daraus auch für die Zukunft vieles ableiten.

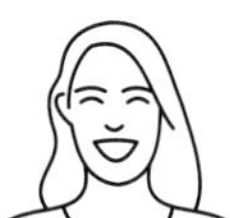

Eure erste Aufgabe ist: Schreibt Euch auf, was Ihr so mit einem »Garten« verbindet! Ich helfe Euch mit Beispielen. Es sind aber nur Beispiele! Sollten Euch andere Dinge einfallen, dann haltet diese fest.

Kindheitserinnerungen

Für den einen ist der Garten der Kindheit ein bleibendes Bild vom idealen Hausgarten. Das ist in dem Fall immer ein Garant für langfristiges Wohlfühlen, für Geborgenheit und Heimatgefühl. Es ist eine sehr verlässliche Quelle der Inspiration. Äpfel- und Pflaumenpflücken bei Oma und Opa, die Bauernhortensien und die Weite in Norddeutschland oder die blühenden Alpenrosen nahe den Fichtenwäldern in Süddeutschland. Ich zähl hier nicht alle Möglichkeiten auf. Geht etwas in Euch und fragt nach den Sehnsuchtsorten Eurer Kindheit. Woran erinnert Ihr Euch besonders positiv in Bezug auf Gärten? Das ist bei jedem etwas anderes. Das bunte Blumenbeet, der große Haselnussstrauch, die wilde Wiese … Hauptsache, Ihr macht Euch Notizen oder sucht Bilder dazu heraus.

Ihr habt keine schönen Erinnerungen an Eure Kindheit? Hattet keinen Garten oder fandet es furchtbar, dass Ihr immer Unkraut jäten musstet? Kein Ding. Dann nehmen wir statt des Blickes zurück den Blick in die Gegenwart.

Urlaubsgefühle

Ihr reist im Urlaub immer nach Italien oder Dänemark oder in die Alpen? Und es wäre für Euch das Schönste, wenn Ihr Euch im neuen

Zuhause immer wie im Urlaub fühlen würdet? Von der Arbeit nach Hause kommen und »Klein-Italien« oder »Ostseefeeling« haben? Schreibt auf, was Ihr damit verbindet! Schaut Euch noch mal die Urlaubsfotos oder Bilder im Internet an. Was sind die Farben, Pflanzen, Baumaterialien? Was ist für Euch prägend an der Landschaft? Offene Weite oder Lichtungen im Wald? Blaue und gelbe Strandblumen zwischen Gräsern oder Preiselbeeren und Farne zwischen Felsen im Schatten der Tannen? Oder eben Lavendel und Olivenbäume in der Hitze des Mittelmeeres. Was ist Euer Imagebild davon? Schreibt es auf oder druckt es aus/speichert es in einem Ordner.
Ihr fahrt aber eigentlich in den Urlaub, um gerade mal etwas anderes zu sehen als zu Hause? Oder Ihr reist lieber in der ganzen Welt herum ohne eine bevorzugte Gegend? Na, dann ist das nicht Eure richtige Inspirationsquelle. Probieren wir einen anderen Ansatz.

Ganz in Eurem Look

Ihr habt so eine Vorstellung vom Hausgarten, der zu Eurem Stil passt, der wie Euer Wohnzimmer designt werden soll. Ein Statement für Euren Lebensstil! Euer Garten soll auch Eure individuellen Werte und Euren Lebenserfolg widerspiegeln. Das ist ein Ansatz, der vor allem auf die Wirkung nach außen ausgerichtet ist. Dazu sucht Ihr am besten in Gartenmagazinen oder im Netz auf entsprechenden Seiten. Was wurde in den Designzeitschriften besonders positiv bewertet? Was sind die viel besprochenen Details in den Anlagen Eurer Freunde oder Bekannten?
Dazu noch ein kleiner Hinweis: Schaut Euch bitte auch Zeitschriften und Veröffentlichungen aus älteren Jahrgängen an. Hier betreten wir nämlich das Terrain der Modetrends. Ich habe Gartenzeitschriften, die 30 oder 40 Jahre alt sind. Das ist eine wirklich spannende Lektüre, da erst mit der Zeit für uns klar erkennbar wird, was bleibendes Design ist und was alle

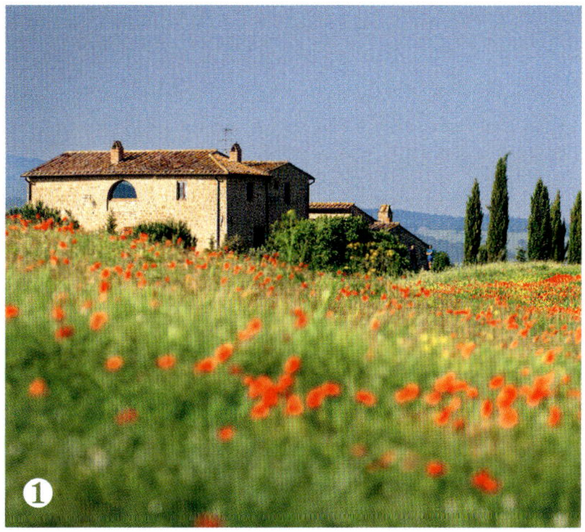

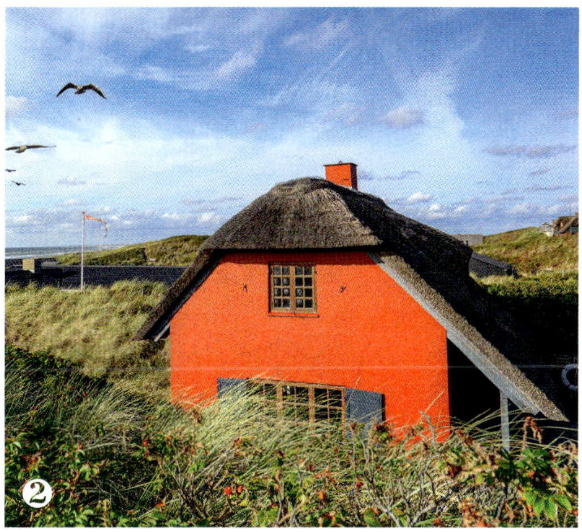

1. Sanfte Hügel, warme Farben und die typischen schlanken Zypressen – geht Toskana auch im eigenen Garten? **2.** Strandhafer und Kartoffelrose, weiter Blick und kühle Farben – viele wünschen sich den Ostseeurlaub vor der Haustür.

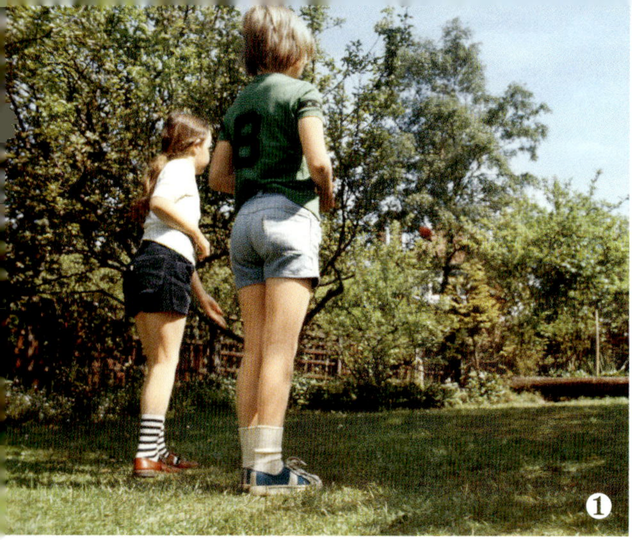

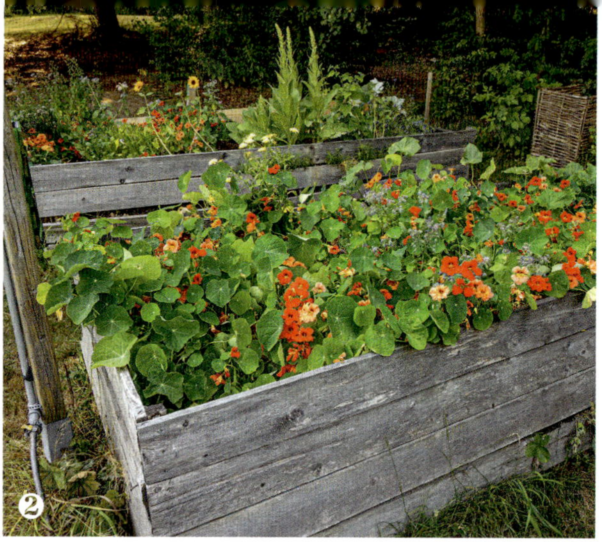

1. Erinnerungen an die Ferien in Omas Garten – holt Euch die unbeschwerten Zeiten wieder etwas zurück als Idee für den neuen Garten. **2.** Endlich auch mal selbst Gemüse anbauen – ohne Chemie, dafür mit viel Geschmack und Nachhaltigkeit.

nach 10 Jahren gern vergessen wollen ☺. Mode war schon immer ein unzuverlässiger Ratgeber … Aber sie war schon immer eine wunderbare Inspirationsquelle. Es macht Mut zu neuen Wegen und hilft uns, eingefahrene Traditionen zu hinterfragen. Das kann ich nur empfehlen. Also sammelt Bilder, Ideen und Beispiele dazu!

Nachhaltigkeit leben

Was andere Leute über Eure Lebenssituation denken, ist Euch nun wirklich nicht wichtig? Im Gegenteil: Völlig unabhängig davon liegen Euch ideelle Werte wie Umwelt und Nachhaltigkeit am Herzen? Eure Lebenseinstellung ist für Euch auch bei der Gestaltung des Gartens das wichtige Kriterium. Grundsätzlich ist das natürlich ein Design vom Kopf her. In Zeiten der Klimakrise sollte das eigentlich keine vorher genannte Inspirationsquelle ausschließen. Alles auf Nachhaltigkeit und Ökologie zu durchdenken, ist dabei das eine. Diese Werte auch in der Gestaltung auszudrücken, ist etwas anderes. Wenn Ihr also wollt, dass man diese Werte auch sofort in Eurem Garten wahrnimmt, dann verändert das die Gestaltung und auch die praktischen und technischen Möglichkeiten deutlich. Und nun? Na, gleiches Vorgehen: Macht Euch Notizen oder sammelt Beispielbilder. Inzwischen gibt es unzählige Projekte dazu im Netz und auch einige darauf spezialisierte Magazine. Von Urban Gardening bis hin zu Designawards für Nachhaltigkeit könnt Ihr die tollsten Ideen und Inspirationen für solche Gärten finden. Oft hat dieser Ansatz auch den Vorteil, sehr preiswerte Lösungen zu bieten. Und das ist ja für viele auch von Bedeutung.

Inspirationen sammeln

Die genannten Beispiele schließen sich, wie Ihr sicherlich gemerkt habt, nicht unbedingt aus. Es ist also völlig normal, wenn Ihr mehrere Inspirationen gefunden habt. Ihr könnt noch völlig andere Inspirationen für Euren Garten haben. Dann macht Euch eben dazu einen Ordner oder Ausdruck. Schreibt alles auf und haltet es fest, damit nichts verloren geht. Das alles hat noch keinen Entscheidungscharakter und sollte daher völlig frei und unbelastet gemacht werden. Es geht auf keinen Fall schon jetzt um Kosten, Grundstücksgröße oder Kompromisse. Das ist nur Euer erstes Leitbild, das Ihr festhalten oder auch im Laufe der Arbeit verwerfen könnt doch. Dieser Schritt ist nur der Anfang, der das berüchtigte »weiße Blatt Papier« mit den ersten Strichen beschmiert … Es ist nur ein Begriff und eine bewährte Methode für das Nehmen von Hemmungen am Anfang eines Designprozesses, Eures Designprozesses. Es ist damit wichtig,

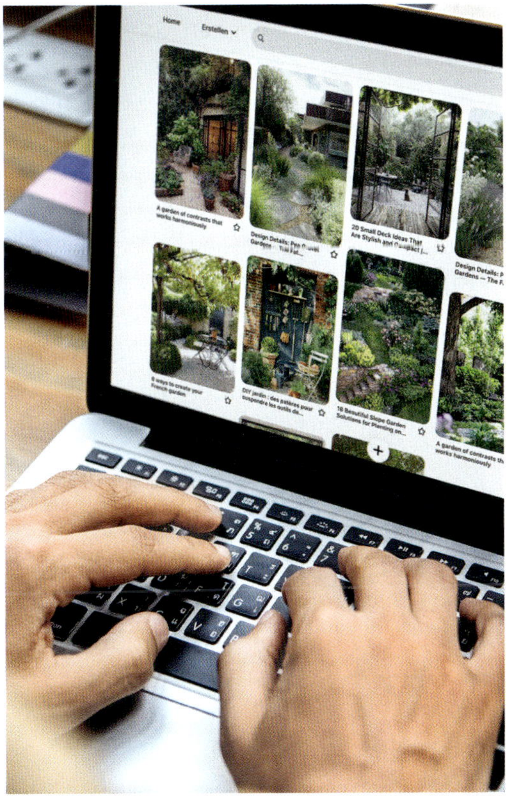

Im Internet findet Ihr viele Seiten, auf denen Ihr Euch Inspirationen für Euren neuen Garten suchen und auch gleich sammeln könnt.

aber hat sonst noch keine weiteren Folgen. Locker bleiben …

Habt Ihr schon etwas gesammelt? Gut. Macht das einfach weiter, auch im Laufe der weiteren Arbeiten. Es gibt dazu schöne Tools zum Sammeln auf Webseiten wie pinterest, houzz oder etc. Inspirationsbilder sind eine von vielen Grundlagen und vielleicht eine gute Rückkopplung (Auswahlhilfe) bei kommenden Entscheidungsfragen. Also jetzt noch nichts aussortieren oder wegwerfen. Wir sind in der Einleitung des Buches, wo es doch nur um den Anfang von allem und um die Vorfreude geht. Vertraut mir! Gartendesign ist nicht wie eine »Geheimkunst« oder eine talentbasierte Zufälligkeit. Gestalten ist vor allem eine rationale und methodische Vorgehensweise. Wie eigentlich bei jedem Produktdesign müssen die Benutzbarkeit und die Verbindung zur Umgebung der Produkte und ihren Nutzern, also Euch, im Fokus stehen. Da Ihr am besten wisst, wie Ihr den Garten nutzen wollt und was Euch wichtig ist, seid Ihr auch ohne »gottgegebene Talente« dazu fähig und imstande. Jetzt habt Ihr nur mal festgehalten, was in Eurem Gehirn so an Bildern mit einem Garten verbunden ist. Und damit habt Ihr Euch selbst eine kleine »App« installiert, die Euch von jetzt an im Alltag begleiten wird. Ihr werdet nämlich plötzlich auf Gärten, Pflanzen und Materialien beim Spazierengehen oder Einkaufen achten. Je mehr Bilder Ihr angeschaut habt, desto mehr ist Euer Gehirn auf dieses Thema trainiert. Daher wird sich Eure Ideensammlung sowieso im Laufe der Zeit weiter füllen und Ihr werdet mehr und mehr zu Profis für Gärten. Ihr habt mit der Gestaltung also eigentlich schon begonnen. Wir können daher ganz entspannt weitermachen. Schritt für Schritt …

WAS SIND NUN DIE KOMMENDEN SCHRITTE?

Und vor allem, was braucht Ihr so dafür? Materialien bzw. Software sind unsere Werkzeuge. Pläne und Informationen sind das Grundgerüst. Bereitet alles vor für das Gartendesign.

Erst einmal werden wir den Bestand analysieren – also alles, was auf, unter und um Euer Grundstück da ist, auswerten. Dieses Wissen wird Euch viele Entscheidungen abnehmen und Euch vor Fehlern bewahren.
Dazu brauchen wir einen Plan vom Grundstück. Den habt Ihr mit Sicherheit bei einem Grundstückskauf erhalten oder könnt ihn Euch bei einem Amt oder Vorbesitzer besorgen. Sollte vom Grundstück kein einziger Flächenplan vorhanden sein, solltet Ihr das Gelände selbst grob vermessen. Das wäre aber ungewöhnlich, da ja ein Grundstück in Deutschland durch die Besitzurkunde immer festgehalten werden muss.

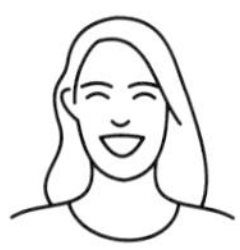

Ein Plan ist also da oder organisierbar. Falls er nicht da ist, solltet Ihr schon mal anfangen, ihn zu organisieren. Damit beginnen wir nämlich bald. Es gibt aber dann auch Tipps zum Vermessen und Hilfe für den Umgang mit Plänen.

Bestand analysieren

Als Erstes sehen wir uns die natürlichen Bedingungen auf Eurem Grundstück an. Das sind zunächst die Lichtverhältnisse – also das Sonnenlicht. Ich meine damit aber nicht das Wetter. Wann die Sonne stark scheint bzw. mehr Wolken da sind, ist unberechenbar. Wir werden uns vielmehr den Lauf der Sonne und deren Projektionsflächen in Eurem Garten ansehen. Anders ausgedrückt: Schatten zählt genauso viel. Ihr wollt ja je nach Jahres- oder Tageszeit mal in der Sonne oder eben gerade nicht dort sitzen. Denkt an die heißen Sommer! Das geht den Pflanzen auch so. Und das spielt sogar bei der Wahl der Baumaterialien eine wichtige Rolle. Da ist mehr dran, als Ihr vielleicht im Moment denkt.
Wenn die Sonne nicht scheint, dann kann von oben ja auch Regen kommen. Das ist jedoch in jeder Region im Land sehr unterschiedlich und hat auch andere Auswirkungen auf Euren Garten. Bevor wir dieses Thema daher angehen können, müssen wir erst unter Euer Grundstück schauen – also in Euren Boden. Dabei ist Euer Ort aus geografischer und geologischer Sicht wichtig. Die vorhandene Erde ist ja sehr unterschiedlich, je nachdem, ob Ihr in den Bergen oder im Flachland seid, ob Ihr im Westen oder Osten wohnt, ob das Grund-

stück auf Felsen, Sand oder Sumpf liegt. Das spielt für das Hausfundament natürlich eine größere Rolle. Vielleicht hattet Ihr damit schon zu tun. Wenn Ihr Euch bis dato damit noch nicht beschäftigt habt, dann werdet Ihr das in dem betreffenden Kapitel zumindest ein bisschen tun. Es ist keine Wissenschaft – öhm, na ja, doch. Aber es muss für Euren Garten jedenfalls nicht so kompliziert sein. Nur einfache Sachen. Versprochen!

Mit dem Wissen über die Licht- und Bodenverhältnisse können wir das dritte Thema angehen, das einen Garten prägt: die Wasserverhältnisse. Die sind zum einen von den beiden vorher genannten abhängig und dazu noch vom Niederschlag. An der Küste oder an den Regen zugewandten Seiten der Berge ist Trockenheit in der Regel kein Thema. Einige Regionen wie Teile Bayerns, Sachsens oder Brandenburgs und auch lokale Kleingebiete sind aber berühmt für Ihre Regenarmut. Da könnt Ihr schon mal nach Infos suchen.

In diesem Zusammenhang spielt auch der Frost eine Rolle. Ihr wisst schon: Wenn es unter 0 °C geht, kommt ja statt Regen Schnee oder eben nicht. Problematisch kann es bei zu viel Schnee werden. Aber auch bei fehlendem Schnee in Kombination mit sehr hartem Frost. Für einige Fragen zu Material und Pflanzen ist es kein Schaden, das Thema im Hinterkopf zu haben. Da ich vorwiegend in der »härtesten Zone« inpuncto Frost ohne Schnee arbeite, schlage ich Euch sowieso nur frostsichere Pflanzen und Materialien vor. Die Glücklichen unter Euch, die in milderen Regionen leben, können damit auch nichts falsch machen. Damit wären alle wichtigen naturgegebenen Fragen zu Eurem Garten geklärt und wir widmen uns im Anschluss den baulichen Sachen.

Wir schauen uns an, was auf dem Grundstück schon da oder fest geplant ist. Euer Haus vermutlich, für das Ihr schon einen Baustil, eine Fassadenfarbe oder Materialien ausgesucht oder vorgefunden habt. Das sollte mit dem

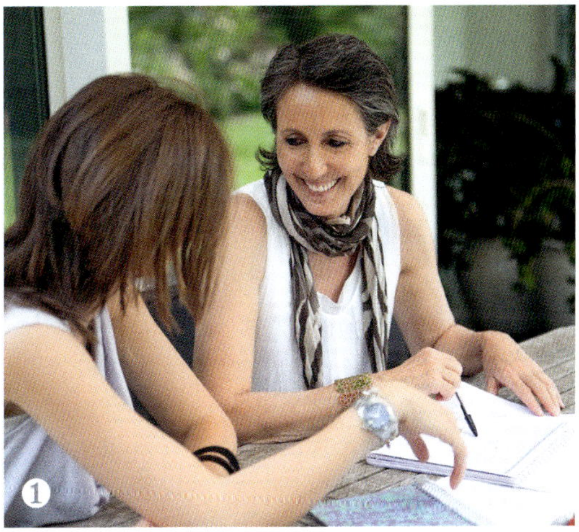

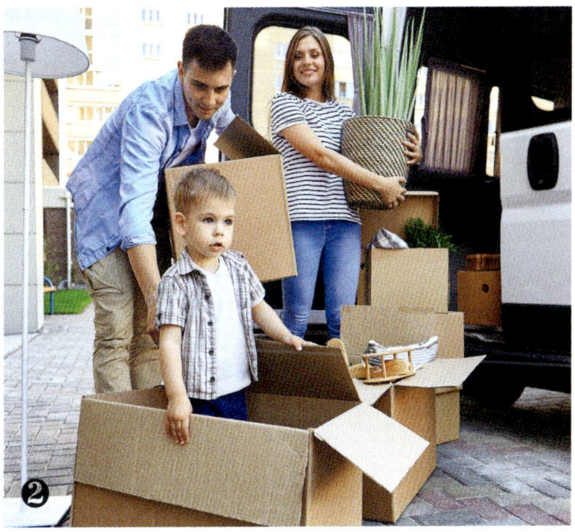

1. Auch Fachplaner beginnen stets mit einer Bestandsanalyse. Wenn Ihr unsicher seid oder wenig Zeit habt, fragt sie nach einer Beratung. **2.** Der Umzug ins Eigenheim ist oft auch der Einzug in eine neue Gegend. Da ist vieles noch unbekannt, wie die Art des Bodens.

Arbeits-Tipp

AB HIER KÖNNT IHR PARALLEL ARBEITEN

Nach der Bestandsanalyse haben wir die wichtigsten vorgegebenen Sachen zusammen. Wir wissen, was wir wissen müssen, und haben einen Grundstücksplan als Arbeitsgrundlage. Daher geht es endlich mit der Gestaltung los. Ab diesem Punkt könnt Ihr Euch die Kapitel auch parallel vornehmen oder zwischen Partnern oder Familienmitgliedern aufteilen. Dem einen liegt mehr das Material oder die Form, den anderen gelüstet es sofort nach der Suche von passenden Pflanzen. Auch ich arbeite ab hier meist an mehreren Fronten gleichzeitig, probiere schon Formen auf dem Plan oder notiere mir passende Materialideen, wenn ich sie zufällig sehe. Die Festlegung der verschiedenen Einzelteile solltet Ihr jedoch ungefähr in dieser Kapitelreihenfolge vornehmen. Da steckt eine sinnvolle Logik dahinter.

Garten am Ende harmonisch vereint werden, nicht wahr? Gebäude und Garten wirken immer zusammen und daher müssen wir die verbindenden Elemente finden. Am Ende wollen wir einen passenden Garten dazu gestalten. Und danach muss ich leider noch kurz ein etwas unbeliebtes Thema angehen. Wir sind immer noch bei der Analyse Eures Grundstücks. Hier müssen auch formale Regeln beachtet werden. Es gibt ja einige Gesetze für Grundstücke und Garteninhaber! Das ist immer etwas »unsexy«, stimmt's? Wenn Ihr das nicht schon lange mit den Behörden geklärt habt oder mein Kapitel dazu »eigenverantwortlich« überblättert ☺, dann wird das der letzte »trockene« Teil, bis es dann endlich richtig losgeht! Es wird Euch aber eben auch sicherer machen und langfristig helfen. Also schreckt nicht gleich davor zurück. So schlimm wird es schon nicht.

Gestaltung

Ihr legt danach also richtig los mit dem Designprozess! Wir gehen im dritten Kapitel endlich an die Gestaltung. Wo sind die Sitzplätze und wie groß sollten sie sein? Welche Farben und Formen sind passend? Wo müssen Wege und Schuppen eigentlich hin? Was müsst Ihr alles unbedingt im Garten unterbringen und wie macht Ihr das? Und die Pflanzflächen werden wir auch nicht vergessen. Sie machen am Ende einen Garten aus. In diesem Kapitel suchen wir die beste Aufteilung und Form für diese Flächen und malen sie mit den passenden Farben aus. Da vieles davon logisch herzuleiten ist, werdet Ihr erstaunt sein, dass es nicht unendliche Möglichkeiten gibt. Das ist sehr gut so, da wir damit viel einfacher umgehen können. Ihr müsst also keine Angst vor der Gestaltung haben und könnt Euch in einem händelbaren Rahmen Platz für kreative und individuelle Ideen behalten. Wir haben ja auch kein »weißes Blatt« mehr.

Dann wäre der wichtigste Teil des Designs geschafft. Das muss noch nicht in einer einzigen Variante entschieden sein. Aber Ihr habt nur

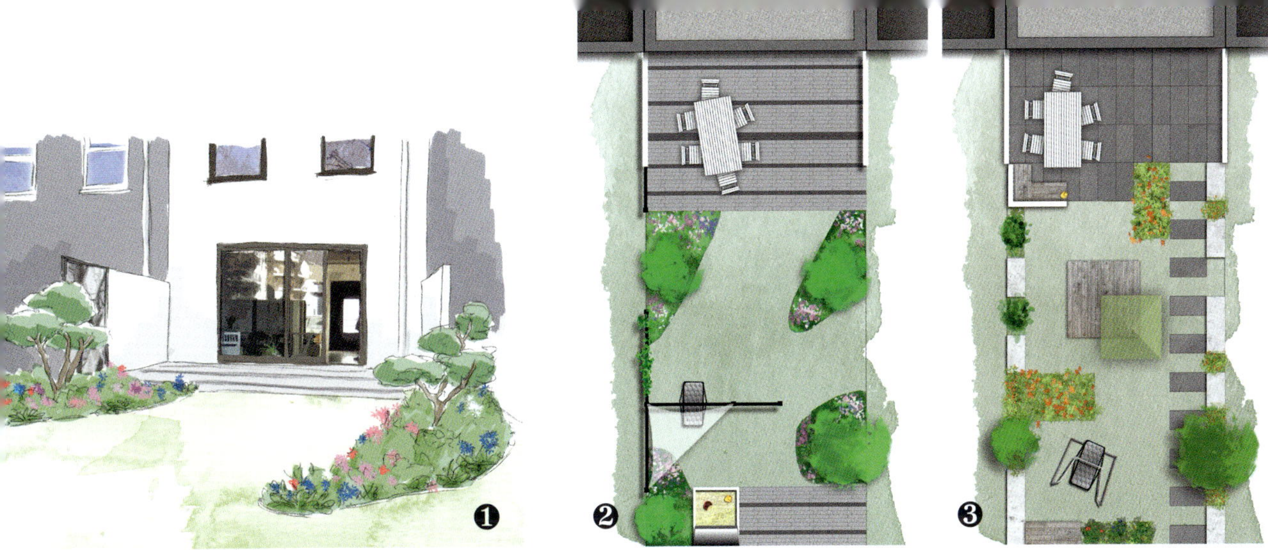

1. Auch bei den kleinsten Townhouse-Gärten könnt Ihr viel gestalten, wie mein Beispiel zeigt. **2.** Geschwungene Beete mit Spielecken und viel Rasenfläche oder … **3.** Eckige Formen zur modernen Fassade mit verschiedenen kleinen Gartenzimmern.

noch zwei oder drei Möglichkeiten, die Ihr toll und machbar findet. Dazu schauen wir uns jetzt die Materialien an. Was ist technisch sinnvoll und was passt zur bevorzugten Formensprache? Ja, Materialien für Wege und Plätze werden zuerst durch die Form der Flächen und die Art der Benutzung ausgewählt. Dann kommt die Farbe dazu, also der gestalterische Aspekt. Gleiches gilt auch für andere Elemente wie Mauern, Einfassungen usw. Das ist mein persönlicher Lieblingsarbeitsschritt. Hier fügt sich alles zusammen, was wir schon gemacht haben. Hier entscheiden wir am allermeisten das Gartendesign. Ich freu mich schon darauf … Ihr hoffentlich auch.

Und das Beste behalten wir uns für den Schluss: die Pflanzenauswahl! Ich bin so ein Mensch, der sich immer das Beste für den Schluss aufhebt. Aber es ist nicht nur meine Vorliebe. Es ergibt einfach erst jetzt wirklich Sinn, sich mit den Pflanzen zu beschäftigen. Wenn wir alles Vorherige zusammenfügen, bleibt uns eine überschaubare Auswahlmöglichkeit an sinnvollen und passenden Pflanzen. Dabei müssen wir uns auch etwas mit der Botanik beschäftigen. Es gibt ja sehr viele Arten von Pflanzen und dazu noch Blühzeiten und Jahreszeiten und viele Besonderheiten mehr. Tipps für die richtige Auswahl der Pflanzen und der Gärtnereien sind natürlich dabei. Das versteht sich von selbst.

Wenn alles gut geht, dann habt Ihr am Ende des Pflanzenkapitels einen Garten, der genau auf Eure Bedürfnisse designt ist. Er wird Eure Träume und Möglichkeiten widerspiegeln und perfekt zu Eurem Haus passen. Zur Motivation zeig ich Euch hier mal einige Beispiele. Genau das schafft Ihr auch.

Damit Ihr mit Eurem Traum nicht auf dem Sofa »liegen bleibt«, gehen wir im letzten Kapitel noch auf die Realisierung ein. Was solltet Ihr dazu wissen? Auf jeden Fall natürlich, wer welche Arbeiten bei einem Gartenneubau eigentlich macht oder machen muss. Das ist nämlich nicht so einfach zu erkennen, wie es scheint. Und wie erfahrt Ihr die Kosten für das Projekt? Noch besser: Womit könnt Ihr die Kosten beeinflussen? Für den Bau und die Pflanzungen draußen sollten auch Zeiten und Zeitabläufe bedacht werden. Man könnte das auch als

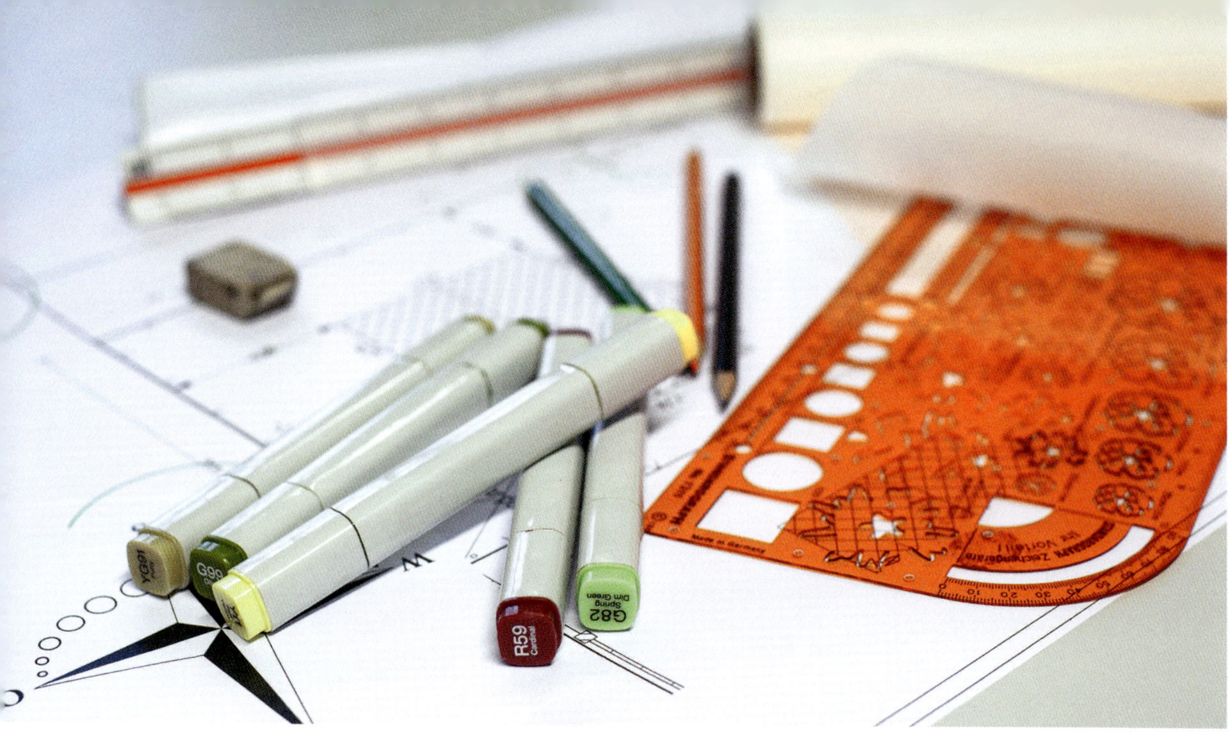

Auf Papier zu arbeiten, bietet viele Möglichkeiten. Mit Transparentpapier, Maßstabslineal, Schablonen und Farbstiften steht es dem digitalen Zeichnen in nichts nach.

Projektmanagement bezeichnen. Ja, Ihr seid dann Manager für Euer Gartenprojekt. Für Kontrollfreaks und Kopfmenschen das Lieblingskapitel ☺. Das hilft Euch immens, Eure Träume auch tatsächlich Wirklichkeit werden zu lassen. Wir wollen am Ende nur erfüllte Träume sehen, oder?
Jetzt ist Euch also der Fahrplan klar, mit dem wir an die Aufgabe herangehen und diese bis zum fertigen Gartendesign durchziehen werden. Fehlt noch das Werkzeug …

Was werdet Ihr für die Arbeitsschritte brauchen?

Welche Werkzeuge/Materialien/Software werdet Ihr für die Planung in den kommenden Kapiteln benutzen? Was solltet Ihr Euch daher schon mal zulegen? Die Hauptentscheidung, die Ihr zunächst treffen müsst, ist die, ob Ihr lieber digital oder analog arbeitet. Na ehrlich, da nehmt Ihr einfach, was Ihr am liebsten mögt. Habt keine Angst vor Stift und Papier. Das Arbeiten mit ihnen hat viele Vorteile. Das geräuschvolle Zerknüllen von unbefriedigenden Skizzen ist einer davon. Das Abmessen mit einem einfachen Lineal ein anderer. Aber am Laptop oder Tablett ist der Kurzbefehl für den Schritt zurück (Strg Z) oder das »Speichern unter« natürlich auch super zum Herumprobieren. Doch dafür gibt es im Analogen aber auch klasse Möglichkeiten (siehe unten). Wenn Ihr lieber digital arbeitet und fit in geeigneten Programmen seid, ist das Messen von Größen und Abständen natürlich auch komfortabel. Voraussetzungen gibt es aber diesbezüglich keine. Ich kann bis heute mit allen beiden Methoden sehr gut arbeiten.

ANALOGE ARBEITSMITTEL

Transparentpapier

- Für A4- oder A3-Pläne gibt es Transparentblöcke im Schreibwarenladen oder im Internetshop, oft auch gleich mit einem Blatt Millimeterpapier drin. Diese sind etwas teurer, jedoch sehr schön für das Zeichnen auf kleinen Plänen.

- Noch besser ist Transparentpapier von der Rolle, auch Skizzenpapier genannt. Das gibt es eher in Fachläden für Architektur- und Kunstbedarf oder bei Internetshops für Bürobedarf. Man kann es passgerecht abreißen und ist damit vom Planformat unabhängiger. Es ist in verschiedenen Rollenlängen zu haben, je nach Plangröße.

Grundregel für Transparentpapier: so durchsichtig/dünn wie möglich, am besten 22/24 g/m². Da ist der Block oder die Rolle auch nicht so schnell alle.

Unter meinen Berufskollegen gibt es einen heimlichen Wettbewerb, wer die meisten Skizzenpapierrollen verbraucht ☺. Damit wird bei uns verbunden, dass derjenige auch die meisten Entwürfe produziert hat. Das ist aber kein wirkliches Maß. Ich erzähle Euch das nur, um Euch zu motivieren, nicht zu sparsam damit umzugehen. Es ist so dünn, dass ein normales Papier (80 g/m²) viel unökologischer ist und ein schlechter Entwurf die Unnachhaltigkeit in Papierform!

Lineale und Schablonen

- Ein Lineal ist für analoges Design unerlässlich! Ob Ihr einfach mal einen geraden Strich ziehen wollt oder eine Länge abmessen/einzeichnen müsst. Für Pläne im Maßstab 1:100 ist das einfache 20 oder 30 Zentimeter lange (je nach Plangröße) völlig ausreichend und wunderbar. Wenn Ihr keins mehr zu Hause findet, wartet noch bis zum Kapitel für die Erstellung des Grundplanes. Dann wisst Ihr, in welchem Maßstab Ihr zeichnen werden. Für alle anderen Maßstäbe gibt es nämlich auch Maßstabslineale.
- Schablonen gibt es für alles Mögliche in unterschiedlichen Maßstäben. Zum Beispiel auch für Bäume, Hecken, Sträucher oder Kreise, Kurven und Rechtecke. Sogar für Sitzgruppen (Tisch und Stühle). Gerade

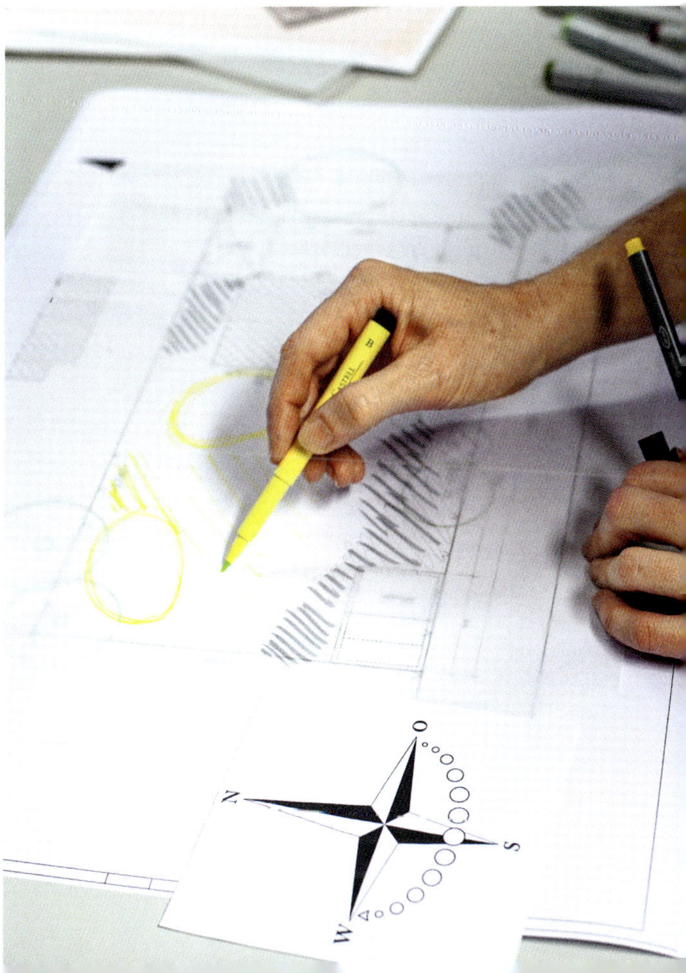

Das Transparentpapier über dem Grundstücksplan ermöglicht das ungehemmte Zeichnen auch für Ungeübte. Es muss ja kein Kunstwerk werden. Wichtig ist nur die Info.

Arbeits-Tipp

TRANSPARENTPAPIER GIBT FREIHEIT

Tatsächlich nehme ich für die ersten Schritte immer nur Papier und Stifte. Und beim Papier immer Transparentpapier, sobald der Grundstücksplan vor mir liegt. Da kann ich ungehemmt auf dem Grundstück zeichnen, ohne dass ich Angst haben muss, es sieht vielleicht nicht so super aus. Der Strich war jetzt doch zu schräg oder zu krumm. Kein Ding. Ich habe ja auf dem eigentlichen Plan nichts »verdorben«. Einfach das Transparentpapier wieder weg und alles ist wie neu. Das gibt mir beim Einzeichnen und Probieren ein Gefühl der Freiheit. Es befreit ungemein von Hemmungen. Und es ist etwas für alle Papierfreaks und Analogfans unter Euch.

für Ungeübte im Zeichnen ist das fantastisch und kostet zudem nicht die Welt. Ich benutze sie selbst sehr gern. Wartet aber auch hier, bis Ihr das Kapitel für den Grundplan gelesen habt. Dann wisst Ihr mehr darüber. Der Vorteil ist das schnelle und schicke Einzeichnen von Plandetails. Dazu braucht Ihr aber auch sehr dünne Stifte, die durch die Schablone zeichnen können. Die Rillen sind sehr schmal.

Stifte und Zubehör

Wir Designer sind alle rundweg »Büromittelfetischisten«. Das heißt, wir lieben alles, was es da auf dem Markt an tollen Sachen gibt. Es macht einfach sehr viel Spaß mit den ganzen Transparent- und Tuschestiften. Je nach Fabrikat kann das richtig teuer werden. Aber ganz ehrlich: All das muss nicht wirklich sein! Es ändert überhaupt nichts am Ergebnis. Und ziemlich sicher werdet Ihr das alles nicht so oft benutzen wie ich. Bedenkt daher, dass lösungsmittelbasierte Stifte schnell austrocknen. Blei- oder Buntstifte nie.

- Es lohnt sich also eher, in eine etwas größere Farbpalette von hochwertigeren Buntstiften und einem Grundset an Druckbleistiften mit dünner Mine zu investieren. Sogar bei meinem Verbrauch hab ich die zweite Palette an Lieblingsbuntstiften noch in der Benutzung und bin happy damit.
- Und Ihr braucht weichere Radiergummis, wenn Ihr mit Bleistiften oder Buntstiften arbeitet. Sonst ist Wegschmeißen Euer »Radiergummi« ☺. An vielen Druckbleistiften ist ein Radierer hinten dran. Kann ich nur empfehlen.

SOFTWARE

Warum rede ich hier nicht von den tollen, kleinen und preiswerten Gartendesignprogrammen in 3-D, die es immer wieder und überall zu kaufen gibt? Ja, da halte ich nun wirklich nichts davon. Auch in der professionellen Gartenarchitektur werden noch selten 3-D-Programme verwendet.
Das hat einen einfachen Grund: Im Garten gibt es zu viele Varianten. Insbesondere diese preiswerten Apps oder Software für jedermann bieten Euch nur ganz wenige Auswahl-

möglichkeiten z. B. für Wegebeläge. Allein für Pflaster habt Ihr aber Hunderte von Farben, Formen und Größen. Seid Ihr aber erst einmal mit solchen Programmen beschäftigt, dann werdet Ihr Euch von dieser eingeschränkten Auswahl beeinflussen lassen. Tut das nicht!
Und dann ist da noch das Problem bei geschwungenen Linien, die sehr schwer damit zu zeichnen sind. Wenn das so einfach ginge, würden wir Profis das schon lange benutzen. Und mal ehrlich, ich finde die Ergebnisse immer furchtbar! Das ist nun wirklich nicht gerade fantasieanregend.

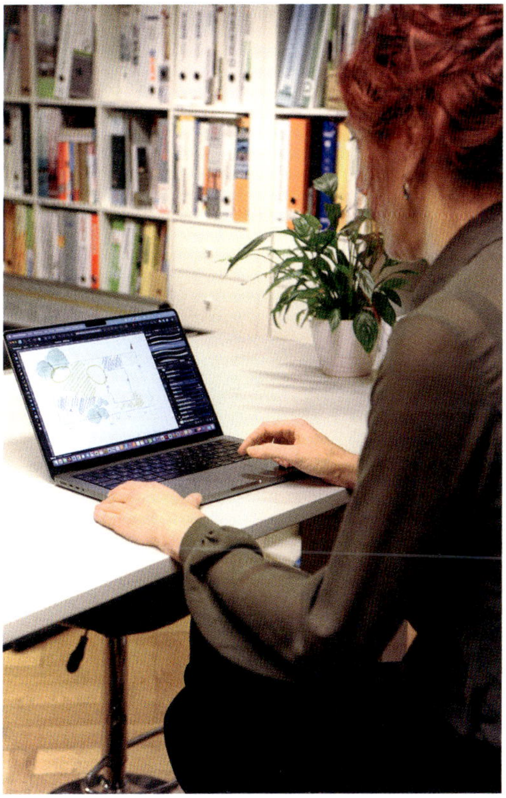

Wer es kann und hat – Zeichensoftware ist genauso kreativ und zweckmäßig für diese Arbeit. Dabei immer Varianten abspeichern!

Wenn ich hier also von Software rede, dann meine ich wirklich Grafikprogramme, mit denen Ihr auch schon vorher zu tun gehabt haben solltet. (Oje, ich hoffe, dass das jetzt grammatikalisch richtig ist. Plusquamperfekt oder so ☺. Na, Ihr wisst, was ich meine.) Programme wie Photoshop oder GIMP, Krita, Affinity-Apps … Fangt jetzt aber bitte nicht erst damit an. Nur, wenn Ihr damit sowieso schon Umgang hattet, sind sie ein sinnvolles Arbeitsmittel. Ein Grafiktablett ist auch super zum Zeichnen. Aber nur, wenn Ihr das gewohnt seid. Ich habe am Anfang keinen einzigen geraden Strich hinbekommen. Die Hand-Augen-Koordination ist ja völlig anders. Wenn Euch das motiviert und Ihr so viel Zeit habt, bin ich mehr als froh darüber, dass Ihr ein neues Medium entdeckt. Aber meine Aufgabe sehe ich nicht darin, Euch für Technik zu begeistern, sondern Euch zu Eurem perfekten Gartendesign zu bringen. Das ist Aufgabe genug für Euch und mich.
Da ich nicht alle verschiedenen Programme kenne, kann ich Euch dabei auch schlecht helfen. Jede Funktion ist ja je nach Programm anders. Also müssen wir uns wohl oder übel darauf einigen, dass Ihr im Digitalen selbst nachmachen könnt, was ich hier für das Einzeichnen oder Markieren oder Schraffieren verlange. Ich hoffe, das ist in Ordnung für Euch. Wenn ich etwas helfen kann, werde ich das natürlich auch im Text tun.
Für alle analogen Sachen kann ich natürlich detailliert beschreiben, was Ihr wie machen könnt. Ich arbeite ja täglich damit.
So, das wäre geklärt. Und jetzt sehen wir uns mal Euer Grundstück an …

Brauch ich den Sonnenschirm?

Passen die Platten zum Haus?

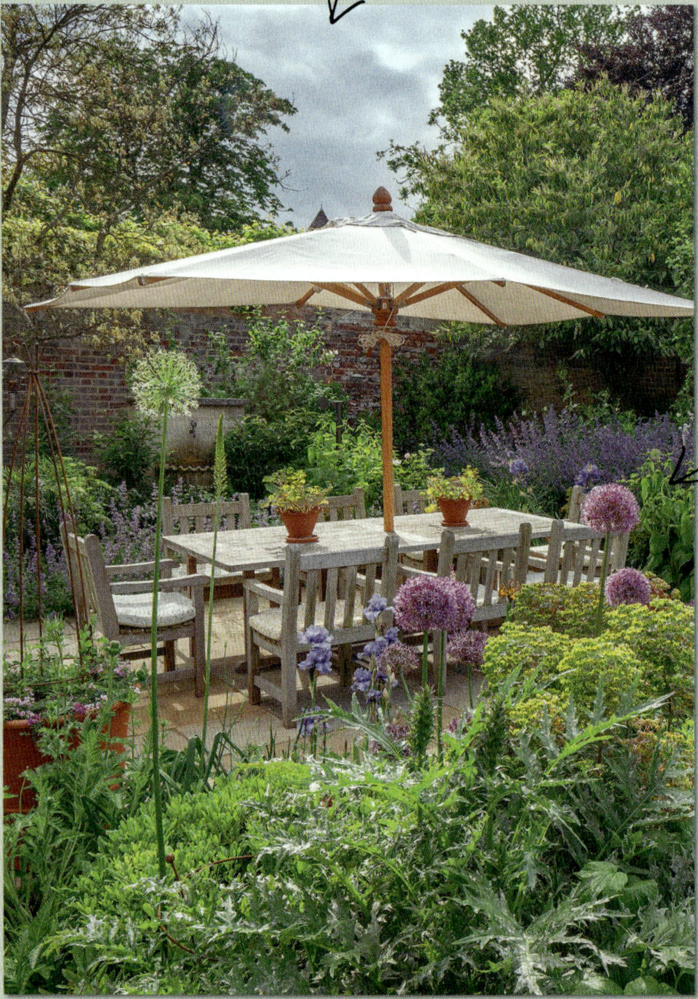

Wächst das auch bei mir?

BESTAND ANALYSIEREN

Wir beginnen mit der Arbeit zu Eurem eigenen Gartendesign damit, genau zu betrachten und zu erfahren, was auf Eurem Grundstück schon vorhanden ist und daher auch nicht verändert werden kann

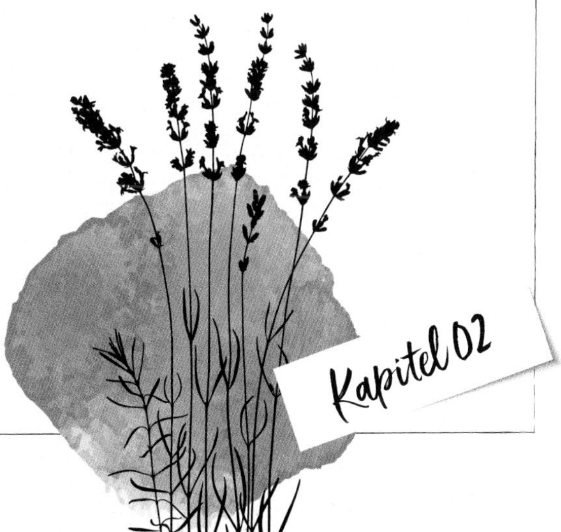

EINEN GRUNDSTÜCKSPLAN, DEN BRAUCHEN WIR

Wir brauchen einen Plan! Noch nicht im Sinne von Egon Olsen von der »Olsenbande«. Das kommt später.

Das wäre ein Plan im Sinne einer Linienzeichnung Eures Grundstücks aus der Vogelperspektive mit den wirklichen Proportionen aller Grenzen, mit allen Gebäuden, Zugängen und bleibenden Bäumen in einem messbaren Maßstab. Puh, was für ein Satz! Kurz gesagt also ein Grundstücksplan. Wie ich in der Einleitung schon geschrieben habe, werdet Ihr den sehr wahrscheinlich bekommen haben oder könnt ihn Euch besorgen.

Der Ausdruck

Wenn das so ist, dann druckt Euch den Plan genau so aus, wie er formatiert (also in seiner Blattgröße angelegt) ist. Bitte nicht auf dem A4-Papier im Drucker zu Hause ausdrucken, bloß weil Ihr nicht in den Copyshop wollt. Wenn der Plan nicht die originale Papiergröße hat, in der er angefertigt wurde, verliert er seinen Maßstab. Das heißt, Ihr könnt nicht darin abmessen oder Dinge in der richtigen Größe einzeichnen. In einem guten Copyshop helfen sie Euch in jedem Fall dabei. Dort können sie, falls es ein sehr großes Blatt mit unnötigen anderen Flächen ist, in aller Regel auch einen Ausschnitt drucken, der nur Euer Grundstück zeigt, ohne den Maßstab zu verändern. Oder sie können einen größeren Maßstab berechnen, also näher heranzoomen, wenn das Grundstück sehr klein dargestellt ist. Dafür sind Fachkräfte ja da.

Der Maßstab

Für ungeübte Plan- oder Kartenleser empfehle ich immer den Maßstab 1:100. Wenn Euer Grundstück nicht riesengroß oder superklein ist, passt das auf jeden Fall auf ein A3-Blatt (zwei A4-Blätter groß) oder ein A2-Blatt (vier A4-Blätter groß). Das ist eine sehr gute Arbeitsgröße und Ihr habt den Vorteil, dass Ihr überhaupt nicht rechnen müsst. Dieser Maßstab bedeutet nämlich, dass Ihr die gemessenen Zentimeter auf dem normalen Lineal einfach als Meter denken könnt.

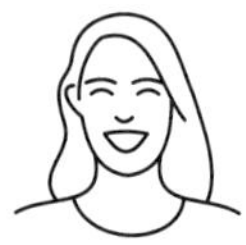

Ein Satz, den ich mir seit der Schule gemerkt habe: »Ein Zentimeter auf der Karte bedeutet einen Meter in Wirklichkeit.« Damit könnt Ihr also ganz einfach arbeiten.

Ihr könnt auch Millimeterpapier benutzen, auf dem Ihr dann die dicken Linien (Meter) oder Kästchen (Quadratmeter) zählt oder Euren

künftigen Schuppen von beispielsweise 2,5 Meter Breite und 3 Meter Länge einfach als Rechteck von 2,5 x 3 Zentimeter einzeichnet. Das ist so easy, dass auch wir Planer am liebsten diesen Maßstab zum Entwerfen nehmen. Warum sollen wir die grauen Zellen unnötig beanspruchen?
Wollt Ihr aus bestimmten Gründen einen anderen Maßstab nehmen oder müsst Ihr das und traut Euch das Umrechnen zu, dann findet Ihr auf Seite 28 einen kleinen Exkurs dazu – sonst überspringt das einfach. Vorab aber noch ein Tipp: Es gibt Maßstabslineale, die alle gängigen Maßstäbe schon als entsprechende Skala zum Messen aufgeprägt haben. Wir haben zig verschiedene davon im Büro und arbeiten beim Einzeichnen in den oder Messen vom Plan sehr häufig damit. Das Leben muss nicht komplizierter gemacht werden, als es schon ist, oder ☺ ? Wir wollen ja einfach Spaß an der Gestaltung haben – nicht Stress mit Mathe!

Selber vermessen

Falls Ihr doch keinen Plan oder nur das Grundstück ohne Gebäude oder Einfahrt oder erhaltenswerte Bäume habt, dann müsst Ihr die Sachen selbst grob einmessen. Das geht zu zweit am besten und mit Maßband oder den tollen kleinen Lasermessgeräten. Falls das Grundstück nicht rechtwinklig ist, macht Euch eine lange »Hilfslinie« im rechten Winkel zum Haus oder einer Zaunseite oder einer anderen gut nachvollziehbaren Ausrichtungslinie. Dazu spannt Ihr eine Schnur (auch ein langer Zaun ist dafür geeignet) und messt von dieser aus im rechten Winkel die Abstände ein. Ihr messt immer zwei Maße: einmal den Abstand vom Ausgangspunkt an der Schnur/dem Zaun und einmal vom Objekt zur Schnur/zum Zaun. Das geht sehr einfach und ist nachher genauso einfach in eine Zeichnung zu bringen. Dabei reicht der »gefühlte« rechte Winkel (→ Abb. S. 29).

Planungs-Tipp

WAS HABEN WIR DENN DA?

Wir beginnen mit der Arbeit zu Eurem eigenen Gartendesign damit, genau zu betrachten und zu erfahren, was auf Eurem Grundstück schon vorhanden ist und daher auch nicht verändert werden kann. Darauf müssen wir alles andere ja abstimmen. Ihr werdet Euch also intensiv mit Eurem Garten in seiner Lage und mit dem, was schon da ist, beschäftigen. Das ist nichts Langweiliges oder Überflüssiges. Das ist wie bei jedem anderen Design auch die Grundvoraussetzung für eine gute und richtige Planung. Je intensiver Ihr Euch jetzt damit beschäftigt, desto besser könnt Ihr nachher entscheiden oder nachfragen oder einfach schon mal angeben, wie gut Ihr Euch informiert habt ☺ .
Ihr startet mit dem Grundplan, den Ihr braucht, um alles einzuzeichnen, was vorhanden ist, und später auch das, was werden soll. Quasi Eure Arbeitsplattform. Je besser diese ist, desto leichter und genauer könnt Ihr Eure kreativen Ideen einzeichnen und einplanen.

PLAN 01: MEIN BESTANDSPLAN

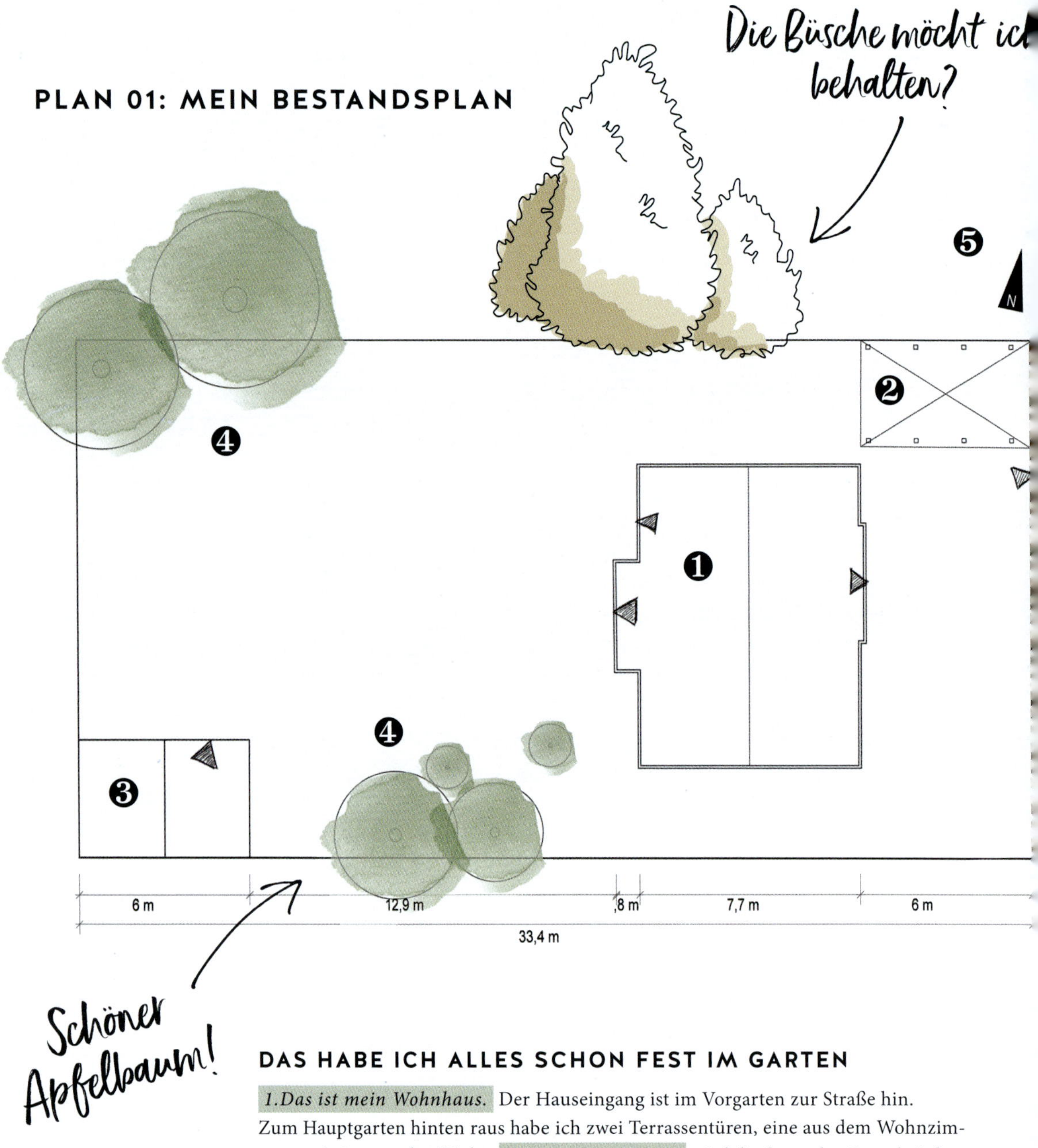

DAS HABE ICH ALLES SCHON FEST IM GARTEN

1.Das ist mein Wohnhaus. Der Hauseingang ist im Vorgarten zur Straße hin. Zum Hauptgarten hinten raus habe ich zwei Terrassentüren, eine aus dem Wohnzimmer und eine aus der Küche. *2. Der neue Carport* wird direkt an der Grundstücksgrenze seitlich vom Haus stehen. Gleich daneben ist die Gartenpforte geplant. *3. Der Schuppen* war schon vorhanden und soll auch da und so bleiben. *4. Drei schöne Bäume* und zwei Büsche wachsen schon im Garten. Die will ich auch behalten. Ein größerer Baum steht auf Nachbars Seite und ragt zu mir rüber. Sonst ist noch nichts auf dem Grundstück, was ich behalten will. Da bleibt mir viel Raum für Ideen. *5. Der Pfeil* zeigt mir, wo Norden ist. Das ist für später wichtig.

Was braucht Ihr alles für Euren Bestandsplan?

Die Kurzformel ist: Alles, was fest dasteht und nicht verrückt werden kann. Alles, was eine gebaute Verbindung zur Welt außerhalb Eures Grundstückes und innerhalb zu Euren Gebäuden hat. Und dann noch alles, was Ihr nicht verändern wollt. Also, was Ihr genau an dem Ort stehen lassen möchtet. Rechts habe ich eine kleine Checkliste für Euch.

Los geht's

So, da sind die wichtigsten Tipps zum Bestandsplan. Jetzt seid Ihr dran! Ich möchte Euch noch etwas motivieren. Ich selbst bin dabei immer eher ungeduldig. Aber ich weiß auch, dass ein guter Grundplan die beste Voraussetzung für alles Weitere beim Entwerfen ist. Je ungeduldiger ich das gemacht habe, desto mehr habe ich es bereut. Deshalb suche ich mir dafür stets Menschen zur Mithilfe, die von Natur aus gern und mit Freude ganz genau arbeiten. Seid Ihr also selbst nicht so geduldig, macht das auch. Und wenn Ihr selbst eher pedantisch im ganz positiven Sinne seid, dann lasst nicht locker. »Das wird schon reichen« ist immer ein bisschen zu früh zum Aufhören. Also ran an die Arbeit. Dabei lernt Ihr ganz nebenbei Euer Grundstück viel intensiver kennen. All das wird Euch später von großem Nutzen sein. Z. B. merkt man beim Einschlagen von Pflöcken für die Schnur schon, ob der Boden eher fest oder locker ist. Oder ob Ihr dabei in der Sonne schmelzt und Sonnenbrand bekommt. Das sind die ersten Erkenntnisse für die nächsten Kapitel.

Ich gehe jetzt davon aus, dass Ihr einen maßstabsgetreuen Grundstücksplan als Papierplan oder digital vor Euch liegen/angezeigt habt. Ja? Darauf Euer Haus mit den Türen im Erdgeschoss oder die Treppen vom Keller nach draußen und alle anderen erwähnten Details? Dann können wir weiter damit arbeiten.

Guter Trick zum Weiterarbeiten

Am besten arbeitet Ihr ab jetzt nicht mehr direkt auf diesem Plan. Der Grundstücksplan sollte »sauber« und unangetastet bleiben. Bis

CHECKLISTE BESTANDSANALYSE

Alles, was fest und unverrückbar ist:

- ◯ Haus, Schuppen, Garage/Carport o. Ä. mit allen Eckpunkten und Türen/Toren.
- ◯ zu erhaltende Terrasse/Plätze, Stufen, Mauern, Pergolen
- ◯ alle festen technischen Einrichtungen wie Müllhaus/-platz, Brunnen, Wasserhahn o. Ä.

Alles, was eine Verbindung benötigt:

- ◯ Haustür, Nebentüren, Schuppentür, Zufahrt für Autos, Zugang für Fußgänger

Alles, was Ihr sonst noch genau dort behalten wollt:

- ◯ Bäume mit Stamm und Breite der Baumkrone, auch größere Pflanzen, ein Teich oder sonst etwas, was Ihr auf keinen Fall verändern oder verrücken möchtet

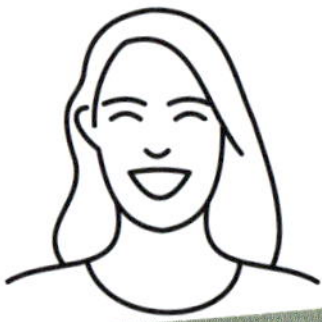

MASSSTAB FÜR ANSPRUCHSVOLLE ODER DIE SELTENE SPEZIES »MATHE IST LOGISCH«

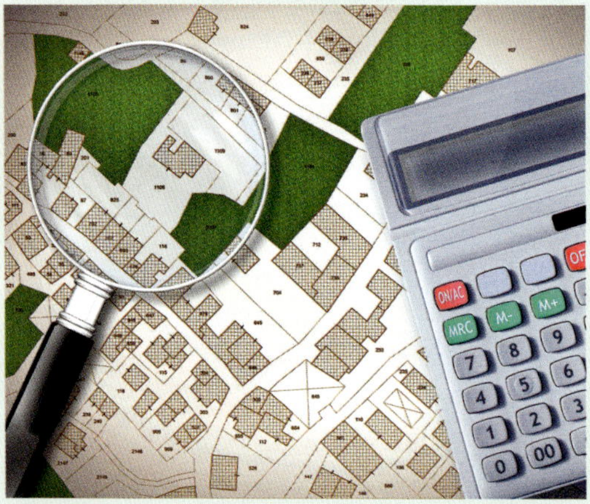

Euer Maßstab sagt, wie stark die »Lupe« wäre, wie Ihr die realen Längen für den Plan umrechnet.

Bei sehr kleinen Grundstücken arbeite ich schon beim Entwurf gern sehr genau. Dazu nehmen wir eine größere Darstellung des gleichen Plans, in der wir dann kleinere Abmaße entsprechend größer zeichnen können. Quasi gleich mehr feinjustieren, indem wir vergrößern. Es geht bei kleinen Flächen ja um (fast) jeden Zentimeter. Wie in einem kleinen Zimmer muss ich ganz genau prüfen, ob der große Tisch mit den sechs Stühlen hineinpasst und man trotzdem noch um den Tisch herumlaufen kann. Für die Gartenterrasse gilt dies genauso. Hier bietet sich der Maßstab 1:50 an. Ihr müsst also jeden Zentimeter auf dem Plan als 50 cm in Wirklichkeit umrechnen. Das wäre also ein halber Meter. Klingt erst einmal nicht so kompliziert, ist aber fehleranfälliger. Lasst das daher lieber und bleibt beim Rechnen in der gleichen Maßeinheit, in Zentimetern (1 m = 100 cm). Wollt Ihr dann den Beispielschuppen von 2,5 x 3 m in den Plan einzeichnen, dann rechnet 250 cm (= 2,5 m mal 100) und ebenso die 300 cm Länge durch den Faktor 50. Dann habt Ihr in der Zeichnung ein Rechteck von 5 cm Breite und 6 cm Länge. Verstanden? Gut!

Ebenso verhält es sich natürlich, wenn Ihr einen kleineren Maßstab nehmen wollt, also herauszoomen. Das ist bei sehr großen Grundstücken sinnvoll, da ja keiner mit einem Planblatt in der Größe von A1 (acht A4-Blätter) oder gar A0 (16 A4-Blätter) gut arbeiten kann. Der nächste halbwegs gut zu rechnende Maßstab dafür wäre 1:200, ein Zentimeter auf dem Plan wären 200 cm in der Realität. Unser Schuppen würde im Plan daher berechnet, indem Ihr die 250 cm Breite und die 300 cm Länge jeweils durch 200 teilt. Euer Schuppen hätte im Plan die Maße 1,25 x 1,5 cm. Verstanden? Nicht? Dann nehmt das Maßstabslineal! ☺ .

zum Schluss braucht Ihr die Möglichkeit, ihn immer wieder zur Hand nehmen zu können, wenn Ihr etwas kontrollieren möchtet. Außerdem habt Ihr ihn für Eure Unterlagen gesichert. Ihr braucht aber ab jetzt auch die Möglichkeit, gezeichnete Sachen verändern zu können. Fehler oder unschöne Varianten sollten ohne Reue oder Aufwand einfach wieder rückgängig gemacht werden können. Das ist für Eure künftige Arbeit wirklich wichtig. Nichts hemmt Euch so sehr wie die Angst, etwas falsch machen zu können. Daher arbeiten wir ab jetzt auf transparentem Papier oder auf neuen Layer/Ebene in Euren Grafikprogrammen. Und das bitte bei jedem Schritt oder Versuch. Das hat den Vorteil, dass wir die einzelnen Transparentblätter oder digitalen Layer mit unterschiedlichen Informationen immer wieder weg- oder dazulegen bzw. ein- und ausschalten können. Und bei beiden Techniken könnt Ihr hemmungslos sein, weil Ihr alles noch ändern könnt. Fangen wir also mit dem ersten Informationslayer an.

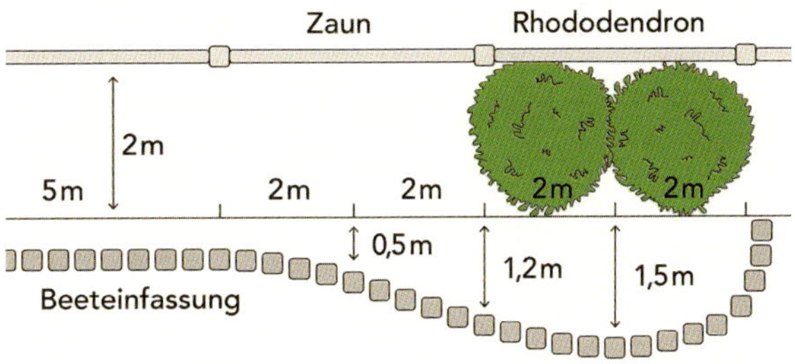

Mithilfe einer Fluchtlinie wie hier parallel zum Zaum könnt Ihr auch runde oder schräge Formen einfach einmessen und so auf den Plan übertragen.

Zu zweit geht das Messen viel einfacher. Einer hält das Maßband an. Schaut genau, wo der Nullpunkt auf dem Band ist. Der andere misst und notiert.

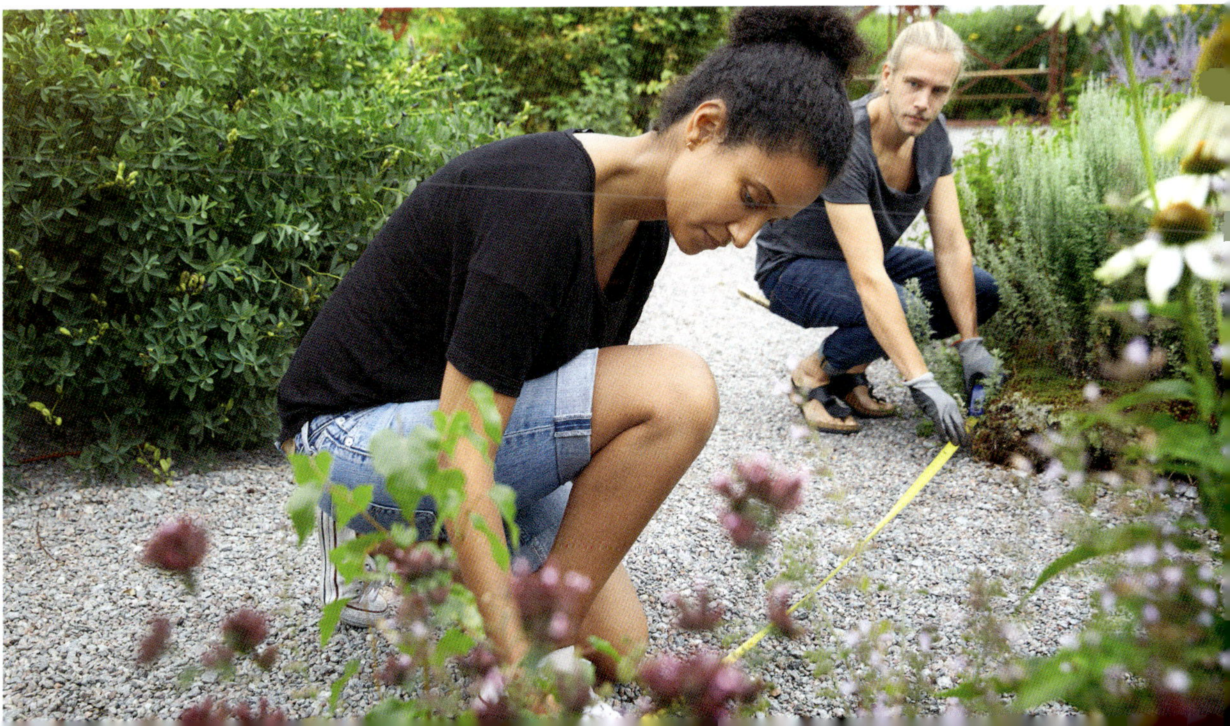

DIE SONNEN- ODER DIE SCHATTENSEITE?

Sonne und Schatten spielen in der Gartengestaltung eine wichtige Rolle! Für mich bestimmt die einflussreichste. Boden und Wasser kann man in Maßen beeinflussen, Lichtverhältnisse jedoch nicht.

Wirft ein hohes Haus oder ein großer Baum Schatten in Euren Garten, egal ob auf Eurem eigenen Grundstück oder dem vom Nachbarn stehend, dann könnt Ihr das ja nicht »wegschieben«. Ihr könnt auch nicht den Lauf der Sonne verändern. Ihr könnt jedoch damit arbeiten. Und das solltet Ihr auch. Mit genau dieser inneren Ruhe, die nicht änderbare Realitäten auslösen sollten. Pflanzen-, Farb- und Materialauswahl sind in erster Linie von der Sonneneinstrahlung abhängig. Ihr müsst diese Sachen also nach den Gegebenheiten auswählen. Andersherum funktioniert es nicht! Das ist für Euch eine sehr gute Nachricht, da Ihr das am einfachsten einschätzen könnt. Ihr beobachtet es nämlich bloß oder schaut auf Euren nun vorhandenen Bestandsplan mit dem Nordpfeil. Wie der Name schon sagt, zeigt er Euch den Norden an und damit die Himmelsrichtung. Dazu braucht es keine Hilfe oder spezielles Equipment. Warten bzw. schauen und notieren. Fertig!

Lichtanalyse

Die Intensität (Stärke) und die Länge (Dauer) der direkten Sonneneinstrahlung auf eine Fläche im Garten richten sich immer nach der Himmelsausrichtung (N/O/S/W) sowie der Jahres- und Tageszeit. Ihr solltet also schauen, wo, wann und wie lange bei Euch im Garten die Sonne direkt auf einen Bereich scheint. Das merkt Ihr für bestimmte Aktivitäten ganz automatisch an Eurem Verhalten. Im Frühjahr, Herbst und Winter sucht Ihr die sonnigen Plätze auf. Wo ist also der Platz mit der längsten Abendsonne? Das wird, wenn nichts Größeres im Weg steht, im Osten sein, da ja die Sonne im Westen untergeht. Wo könnt Ihr ein sonniges Sonntagsfrühstück im Garten einnehmen? Na, vermutlich irgendwo gegenüber.

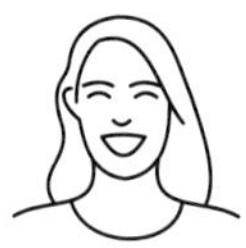

Ihr seid Euch unsicher? Seht mal im Internet nach. Die meisten Satellitenbilder wie von Google Earth, Bing u. a. werden am frühen Morgen aufgenommen und sind immer gen Norden ausgerichtet. Das ist ein guter Trick dafür.

Und wo ist es Euch im Sommer zu heiß und daher der beste Sitzplatz tagsüber im Schatten? Auf der Nordseite eines Hauses oder unter einem alten Baum? Oder braucht Ihr dafür erst noch eine Pergola oder einen neuen

Baum? Denkt also bitte nicht nur an jetzt gerade, denkt für das ganze Jahr.
Zeichnet Euch im Plan (auf einem Extra-Layer) mit größeren gelben Kreisen oder was auch immer für Umrandungen ein, wo die früheste Sonne am Morgen und die späteste am Abend ist. Bitte nur eine Umrandung (wirklich irgendwie und in etwa in dem Bereich). Das ist kein Kunstwettbewerb. Schreibt Euch »Morgens« und »Abends« direkt in den Kreis dazu. Beobachtet nun, wo sehr lange Stunden Sonnenstrahlen auf den Boden treffen oder um die Mittagszeit volle Sonne ist. Hier macht Ihr gelbe Schraffuren (gleichmäßige gelbe Striche, Krickselkracksel oder Vollflächen) auf die groben Flächen über den Grundplan. Und wo nur ganz kurz Sonne oder immer Schatten ist? Markiert Euch auch die Bereiche, z. B. mit grauen Schraffuren. Wo geht der Schatten durch ein Haus auf der Nordseite oder unter Bäumen nie richtig weg? Es reicht, wenn Ihr Euch die besonders schattigen Bereiche einzeichnet. Alle übrigen Flächen zwischen gelben und grauen sind dann einfach die halbschattigen Bereiche. Und schon habt Ihr ein Transparentpapier oder einen digitalen Layer mit der Lichtanalyse zu Eurem Grundstück.
Die umrandeten Flächen sind immer die potenziellen Terrassen oder Sitzecken im Garten. Hier braucht Ihr auf jeden Fall einen Platz für Esstisch, Loungemöbel oder Bank. Das ist der große Unterschied zum Innendesign: Die Plätze werden vom Licht bestimmt. Wir werden dem Licht folgen, wie am Abend die Nachtfalter, oder an kühlen Tagen die warmen Sonnenstrahlen suchen wie die Eidechse auf dem Stein. Ja, wir sind da völlig fremdbestimmt! Ich hoffe, ich bin nicht die Erste, die Euch das sagen muss ☺.

Arbeits-Tipp

PUNKTLANDUNG

Beim Papier wären noch Markerpunkte an Haus- oder Grundstücksecken gut, damit Ihr wisst, wo Ihr das Blatt auf den Grundplan wieder exakt auflegen könnt. Die solltet Ihr unbedingt bei jedem Layer einzeichnen.

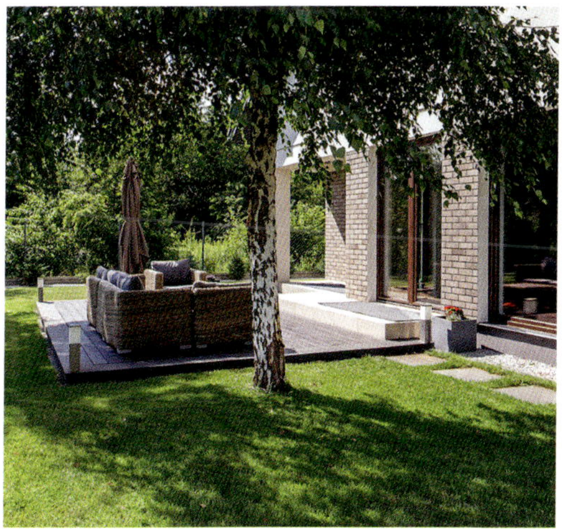

Hier seht Ihr den Schatten der Bäume sehr gut auf dem Rasen und der Terrasse. Zumindest um diese Zeit braucht Ihr also keinen Schirm.

Licht und Farbe

Eure Lichtverhältnisse sind ebenso interessant dafür, welche Blüten- und Blattfarben Ihr spä-

PLAN 02: MEINE LICHTANALYSE

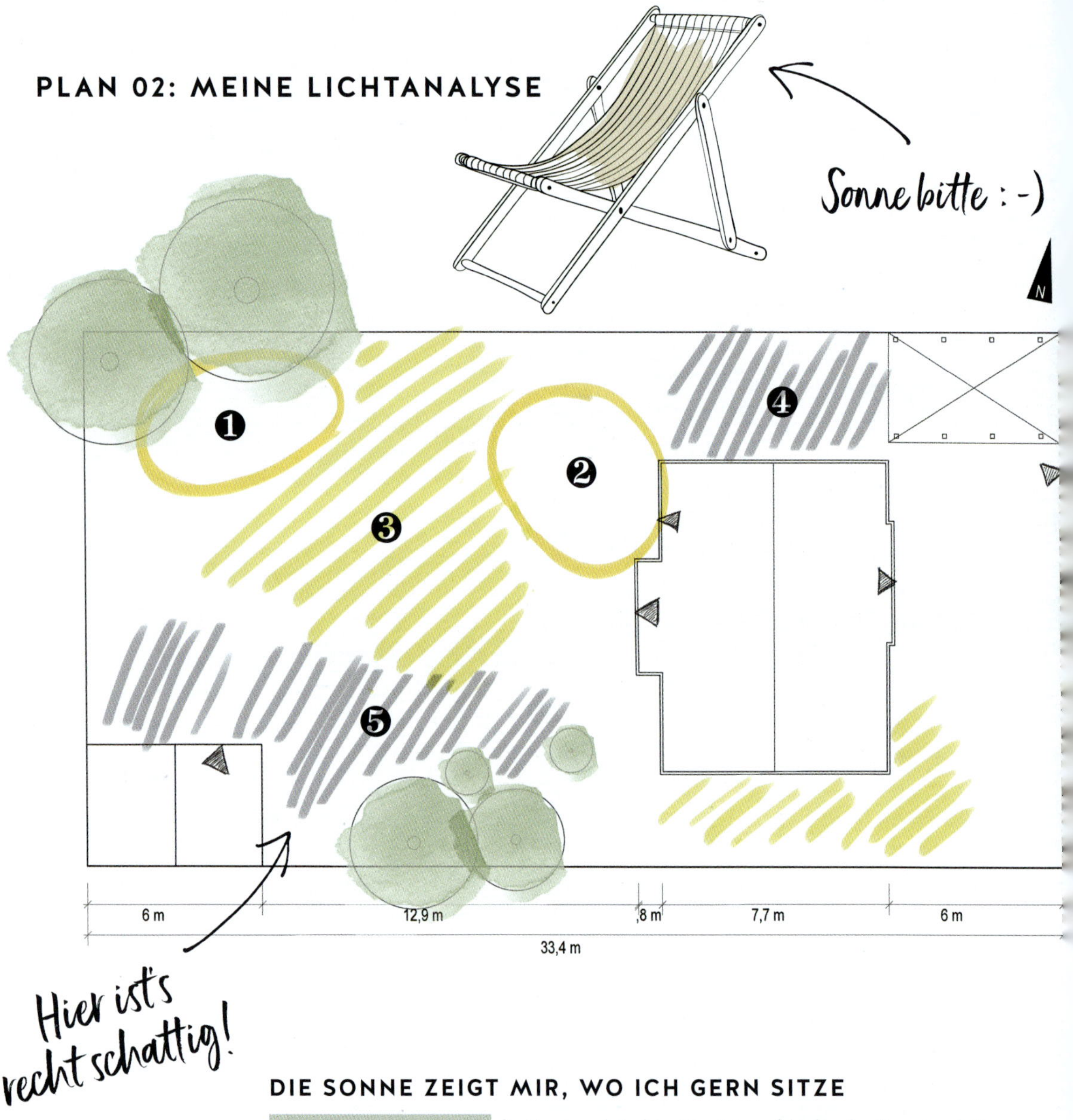

DIE SONNE ZEIGT MIR, WO ICH GERN SITZE

1. Hier scheint morgens die Sonne schön hin. Das ist perfekt für das Sonntagsfrühstück. Ein guter Platz für eine kleine Terrasse *2. Hierhin scheint die Sonne abends* am längsten. Das ist perfekt. Da können wir immer Abendbrot essen und sogar bei Sonnenuntergang ein Glas Wein genießen. Hier muss eine große Terrasse hin. Für die Mittagsstunden im Sommer sollte ich aber einen Sonnenschirm vorsehen. *3. Die große Fläche* hat fast den ganzen Tag Sonne. Das wird bestimmt meine Rasenfläche. *4. Auf der Nordseite* des Hauses ist nur Schatten. Das wird sicher eh nur ein kleiner Durchgang mit Grün. *5. Nördlich* vom Schuppen und meinem Apfelbaum ist fast nur Schatten. Das wird also meine kühle Ecke. Da sollte eine Bank für heiße Tage einen Platz finden.

ter auswählt, also direkt für das Design. Dunkle Töne fallen im Schatten wenig auf. Sie werden Euch in ihrer Wirkung enttäuschen. Auch für die Wahl des richtigen Farbtons bei Pflastersteinen oder Terrassenplatten im Garten ist diese Analyse wichtig. Hier ist die Reflexion des Sonnenscheins der entscheidende Punkt. Beinahe weiße Terrassenplatten in Südlage werdet Ihr definitiv bereuen. Selbst hellgraue oder hellbeige Töne wirken im Sommersonnenschein weiß. Ihr werdet im Sommer auf solchen Terrassen »schneeblind« werden, da es Euch so extrem blendet. Ohne große Sonnenbrille könnt Ihr dort nicht dinieren. Nicht auszuhalten, wirklich!

Wählt Ihr aber sehr dunkle Platten oder Pflastersteine für vollsonnige Flächen, werdet Ihr Euch barfuß die Füße verbrennen wie auf einer Herdplatte. Auf Schiefer- oder Basaltplatten könntet Ihr um die Sommersonnenwende herum Spiegeleier braten. Kein Scherz! Könnt Ihr gern mal ausprobieren. Da können Temperaturen bis zu 80 °C auftreten. Daher solltet Ihr sehr dunkle oder sehr helle Töne nur für schattigere Plätze oder Wege nehmen. Für die Sonnenterrasse bleiben Euch somit nur mittlere Abstufungen. Es sei denn, Ihr seid eisenhart und leidet lieber für Euer Lieblingsdesign. Dann Respekt!

Schätzt also die Lichtverhältnisse erst einmal realistisch ein, indem Ihr beobachtet, fühlt und probiert. Wenn Ihr keine Zeit für langfristige Beobachtungen habt oder schon den Garten plant, obwohl Ihr noch gar nicht im Haus wohnen könnt/es gar noch nicht gebaut ist, dann können wir das natürlich auch planerisch ermitteln. Hier gibt es wieder einen kleinen Exkurs auf der nächsten Seite.

Was ist nun ein sonniger, ein halbschattiger oder ein schattiger Platz? Viele verschätzen sich hier mächtig. Kommt Ihr z. B. immer gegen 17 Uhr von der Arbeit nach Hause, seht Ihr täglich die volle Sonne auf Eurer Terrasse. Euer Gefühl sagt Euch daher, dass hier immer die Sonne scheint. Der Mensch ist manchmal so simpel. Daher gebe ich Euch eine Faustregel mit auf den Weg, die Ihr einfach anwenden könnt. Schaut mal auf die Seiten 36 und 37, da habe ich alles übersichtlich für Euch zusammengestellt.

Garten-Tipp

PFLANZEN UND LICHT

Das Licht hat auch eine direkte und indirekte Auswirkung auf alles andere in Eurem Garten. Zum einen natürlich auf die Auswahl Eurer Pflanzen. Es gibt Pflanzen, die nur im Schatten wachsen, die Halbschatten mögen oder die nur ganztägigen Sonnenschein wollen. Arbeiten wir gegen diese Regeln, wird es uns die Pflanze sehr schnell und sehr deutlich zeigen. Sie wird nicht wachsen oder nicht blühen oder einfach eingehen. Da hat es keinen Zweck, zu hoffen oder zu beten. Ihr könnt sie auch nicht austricksen. Na gut, mit einer sehr komplizierten Spiegel-Reflexions-Installation vielleicht. Aber das wäre ja wieder ein – wenn auch sehr interessantes – anderes Buch ☺.

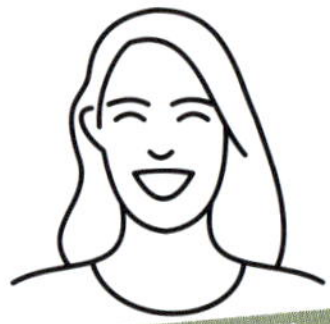

EXKURS ZUR EINSCHÄTZUNG DER LICHTVERHÄLTNISSE AUF DEM PLAN

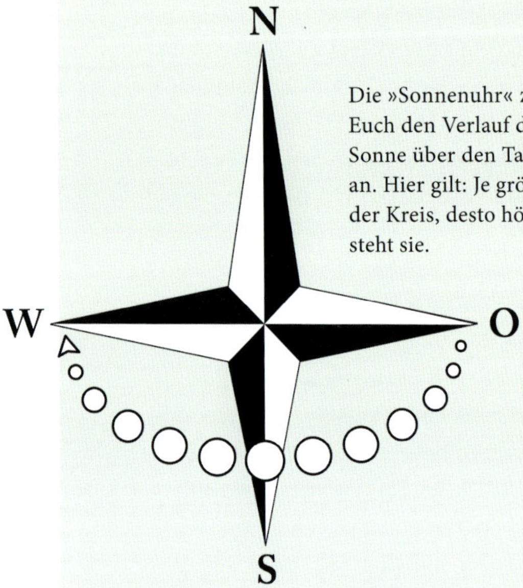

Die »Sonnenuhr« zeigt Euch den Verlauf der Sonne über den Tag an. Hier gilt: Je größer der Kreis, desto höher steht sie.

Dafür habe ich Euch diese tolle »Sonnenuhr« (siehe Abbildung) mitgegeben. Auf jedem Plan ist ein Nordpfeil verzeichnet. Ihr findet keinen? Dann ist der Plan »genordet«, d. h., Norden ist dann immer oben auf dem Papier. Ihr könnt das mit Google Maps, Bing oder einem anderen Anbieter von Satellitenbildern gut überprüfen. Ruft Eure Adresse auf und das Bild Eures Grundstücks ist dort auch immer nach Norden ausgerichtet.

Ihr legt Euren Plan am besten so auf den Tisch, dass wieder Norden ganz oben von Eurem Platz aus gesehen ist und legt die ausgeschnittene »Sonnenuhr« ganz unten vor Euch darauf. Sie zeigt Euch den Verlauf der Sonne und deren Strahlen.

Häuser und Bäume und andere höhere Sachen werfen Schatten. Je höher die Sonne steigt (die größeren Kreise), desto kürzer ist der Schatten. Je kleiner die Kreise, desto tiefer steht die Sonne und desto länger werden die Schatten. Direkt auf der Nordseite eines Hauses oder von großen Bäumen wird also kein direktes Sonnenlicht auf den Boden strahlen. Bitte nicht »schönreden«.

In den Monaten um die Wintersonnenwende (also um den 21. Dezember herum) steht die Sonne sehr tief am Himmel. Schatten werden dann viel länger. In den Zeiten um die Sommersonnenwende (21. Juni) steht die Sonne sehr hoch am Himmel und strahlt steiler von oben – die Schatten werden kürzer.

Die Faustregel ist aber immer folgende: Südseitig vor hohen Elementen ist ein sonniger Standort, ost- und westseitig wird es wohl ein halbschattiger Ort sein und im Norden hoher Bauten, Pflanzen, eben von allen hohen Sachen bzw. direkt unter Schattenspendern ist es vollschattig. Malt es Euch im Plan grob so ein wie oben beschrieben. Z. B. mit Buntstiften oder Schraffuren im Zeichenprogramm.

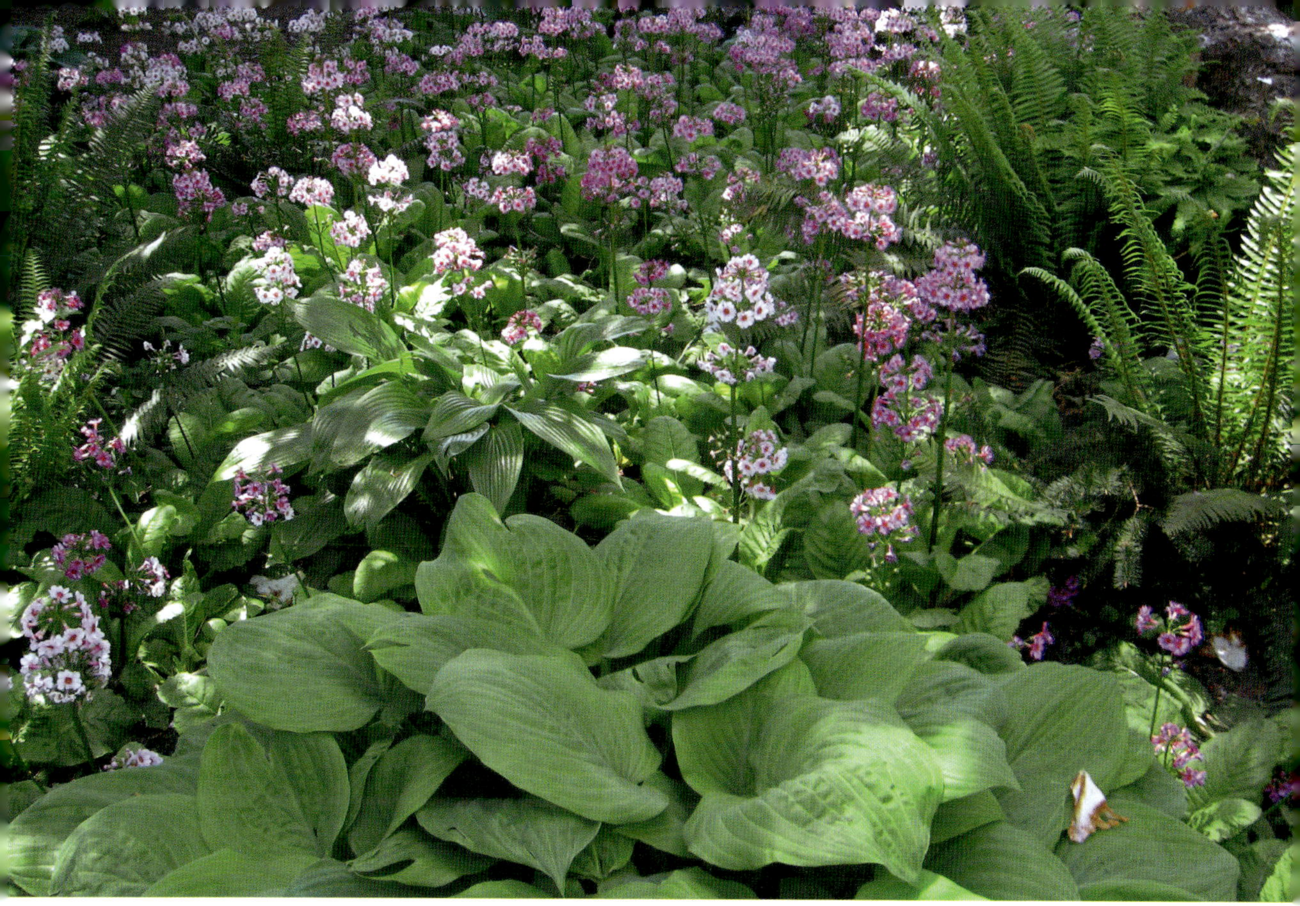

Auf der Nordseite von Häusern oder unter Bäumen trifft kaum ein Sonnenstrahl den Boden. Hier wachsen eher Waldstauden wie Hostas, Farn oder Primeln.

Merkt Euch die Symbole, die Ihr auf Seite 37 dazu findet. Sie sind universell und werden sehr häufig verwendet. Ob nun als einfacher Kreis oder mit Andeutungen von Sonnenstrahlen oder noch mehr illustriert. Die Aussage ist doch recht einfach und leuchtet jedem ein, oder? Das ist quasi Kindergartenniveau und nicht der Rede wert. Bei Pflanzen findet Ihr dieses Symbol immer auf dem Etikett, dem Webshop oder am Regal.

Na, da sind wir doch schon wieder richtig weitergekommen. Ihr wisst jetzt, wo Ihr abends oder morgens sitzen wollt. Das sind auch genau die gleichen Plätze, an denen Ihr zu dieser Zeit im Sommer Schatten finden werdet. Nämlich genau umgekehrt. Auf dem Plan habt Ihr schon eingezeichnet, wo die wichtigsten Sonnen- und Schattenflächen für Eure Pflanzen sind. Ihr seht schon, wo zu dunkle und zu helle Farben beim Material zu vermeiden sind. Bei einer vollen Südlage kommt jetzt schon die Erkenntnis, dass Ihr Euch Schatten schaffen solltet. Bei einer Nordlage braucht Ihr viele helle Pflanzen und dafür keine Schattenspender. Und schon ist Eure Auswahl eingeschränkter. So einfach begrenzen sich die Möglichkeiten von uns Gartendesignern ☺. Es bleiben immer weniger Entscheidungsvarianten übrig und das ist super so! Es werden ja noch genügend Entscheidungen auf uns warten.

Und was ist noch unerlässliches Wissen für einen Garten? Natürlich der Untergrund …

LICHT UND SCHATTEN - WAS VOM TAGE ÜBRIG BLEIBT ...

Sonne und Schatten spielen in der Gartengestaltung eine überaus wichtige Rolle! Die Stärke der Sonne richtet sich dabei nach der Jahres- und Tageszeit. Ihr solltet also schauen, wann und wo bei Euch im Garten die Sonne scheint. So könnt Ihr dann die passenden Pflanzen für Euren Garten aussuchen.

Aber auch für die Wahl eines gemütlichen Sitzplatzes im Garten ist es durchaus hilfreich, vorher die Sonne zu beobachten. So könnt Ihr die perfekten Stellen finden, um die ersten und die letzten Strahlen der Sonne einzufangen! Abends das Gläschen Wein in Zweisamkeit und zum Frühstück am Sonntag der große Terrassentisch für alle ...

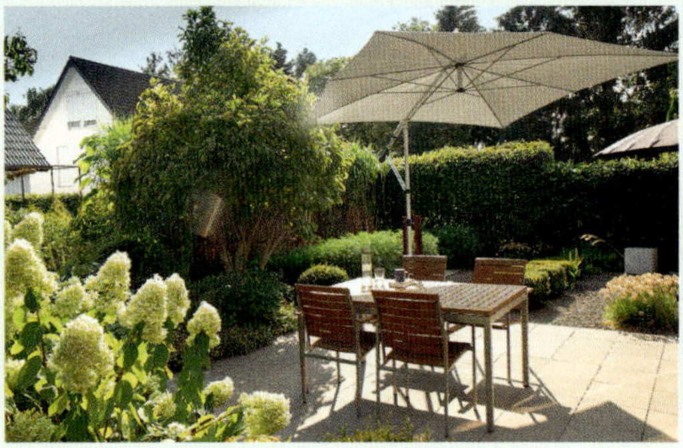

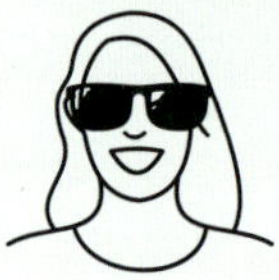

Achtung!

Bedenkt immer, dass Ihr Euch im Sommer auch über ausreichend Schatten freuen werdet! Dunkler Boden wird superheiß und zu heller Boden blendet im Sommer ungemein.

very hot

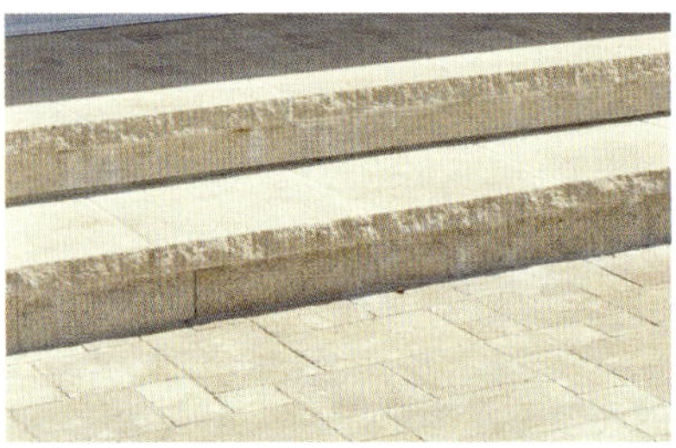

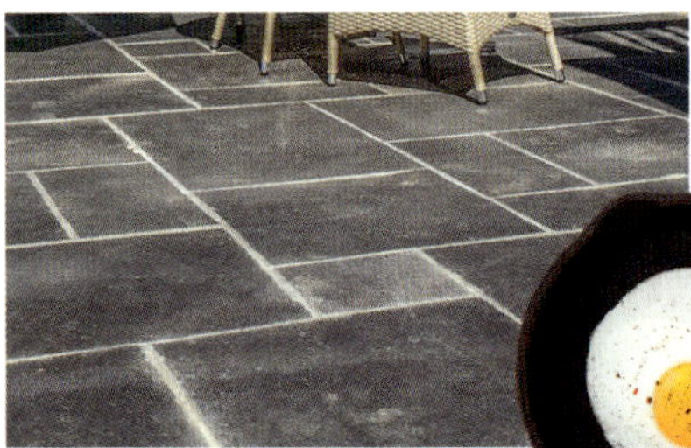

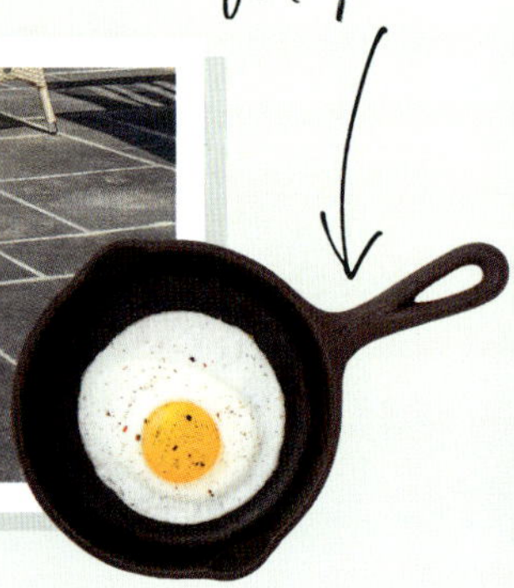

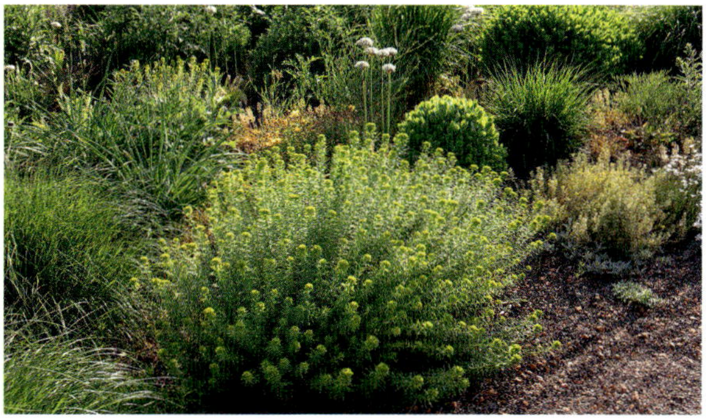

LICHTVERHÄLTNISSE

(In den Frühlings- und Sommermonaten gemessen)

SONNIGER STANDORT

✿ über die Hälfte des Tages oder länger bis hin zu immer Vollsonne

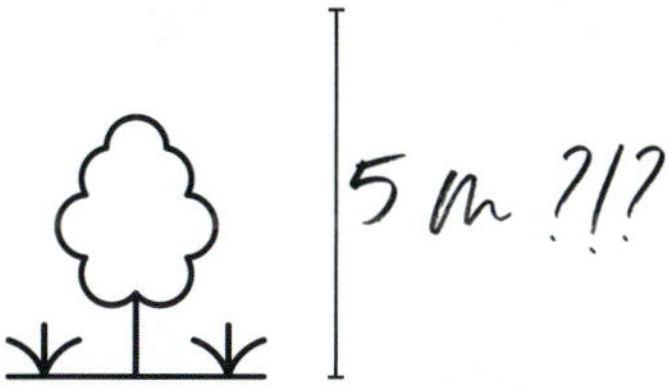

GEPFLANZTE BÄUME und Sträucher werden größer und erzeugen mehr und mehr Schatten. Im Laufe der Jahre wird sich Euer Garten somit verändern. UND ACHTUNG: Auch die Bäume vom Nachbarn wachsen.

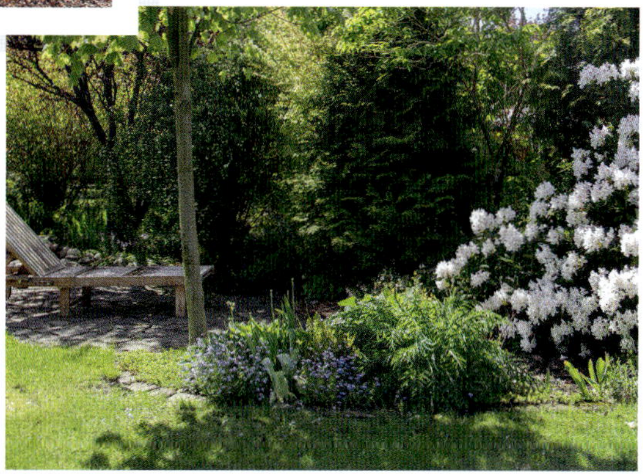

HALBSCHATTIGER STANDORT

✿ mehr als 4 h Sonne, auch mit Unterbrechungen, oder mehr als 2 h mit direkter Mittagssonne

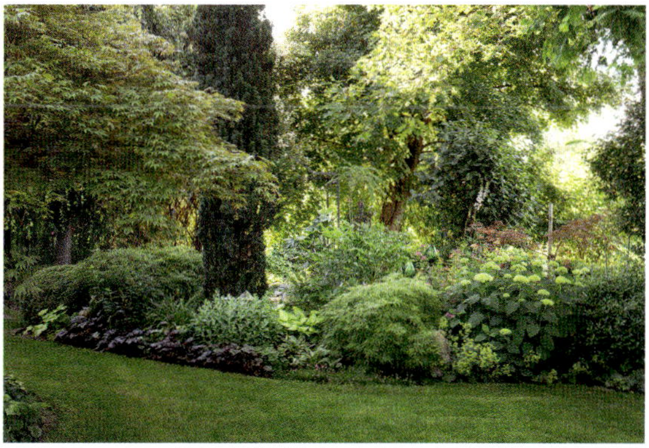

SCHATTIGER STANDORT

✿ einfach weniger Sonne bis hin zu vollem Schatten ohne direktes Sonnenlicht

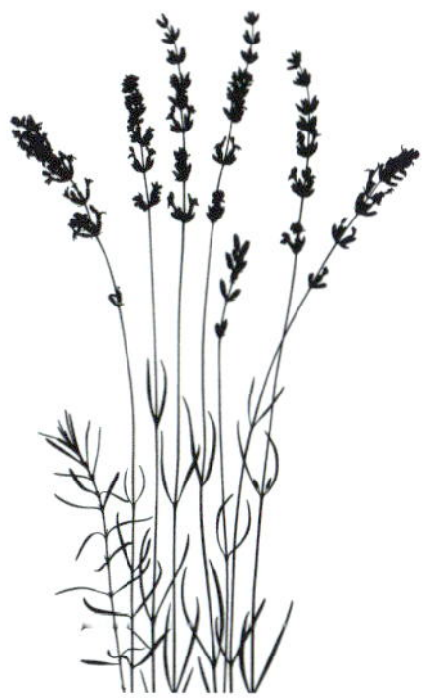

DER BODEN, AUF DEM WIR WACHSEN …

Eine meiner kuriosesten Erfahrungen war und ist, dass viele Leute die Erde unter ihren Füßen, den Boden, auf dem wir leben, als »Dreck« bezeichnen. Also ihn als Schmutz oder Abfall wahrnehmen!

Das ist natürlich eher in den Städten so. Menschen, die auf dem Land mit Landwirtschaft aufgewachsen sind, würden das wohl kaum so sehen. Für die ist »Dreck« immer menschengemachter Abfall und der Boden ein natürlich gewachsener Lebensraum – wie Wasser, nur für alle Lebewesen an Land. Eine lebendige und faszinierende Materie.
Genauso ist das für jeden Gärtner auch. Der Boden ist unglaublich spannend. Ihr werdet es auf jeden Fall erfahren, wenn Ihr Eure Hände regelmäßig in die frische Erde grabt. Man könnte natürlich Handschuhe anziehen. Aber mal ehrlich: Mich nerven sie meistens schon nach wenigen Minuten und ich ziehe sie eigentlich nur an, wenn Verletzungsgefahr droht oder ich mit dem wirklichen, menschengemachten Dreck in Berührung komme. Aber Ihr werden nach der Gartenarbeit ohne Handschuhe glücklicher sein und vor allem besser wissen, wie es Euren Pflanzen geht und wie feucht oder trocken, wie dicht oder locker, wie lebendig oder tot der Boden im Beet ist. Ja sogar, wie heiß er im Sommer wird oder wie kalt er im Winter bleibt. Das hilft Euch bei der Vorstellung, was Eure Pflanzen und Materialien so durchmachen müssen.
Also tut mir den Gefallen und benutzt ab und an auch Euer bestes Sinnesorgan, den Tastsinn, dafür, den Boden zu »lesen«. Ihr werden sehr schnell sehr viel lernen. Ich verspreche es Euch. Und mein Trick gegen die Ränder unter den Fingernägeln ist, danach die Haare waschen oder Geschirr spülen ☺ .
Oh, jetzt bin ich etwas abgedriftet. Also noch mal angefangen … Es ging um Euren Boden. Es gibt viele verschiedene Begriffe für die Schicht unter unseren Füßen, unseren Häusern, Straßen und Pflanzen. Das macht es Euch nicht immer ganz einfach. Aber es ist wichtig für die Beete, Wege und Terrassen, für die Versickerung des Regenwassers und für die Fundamente bei Mauern, Treppen und allem anderen im Garten.

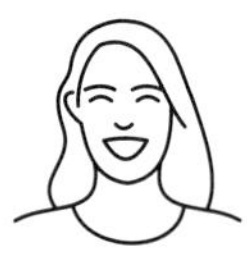

Wir müssen uns also wirklich damit beschäftigen. Ihr habt jetzt die Aufgabe herauszufinden, was der Untergrund Eures Grundstückes ist. Seid neugierig! So trocken ist das Thema gar nicht.

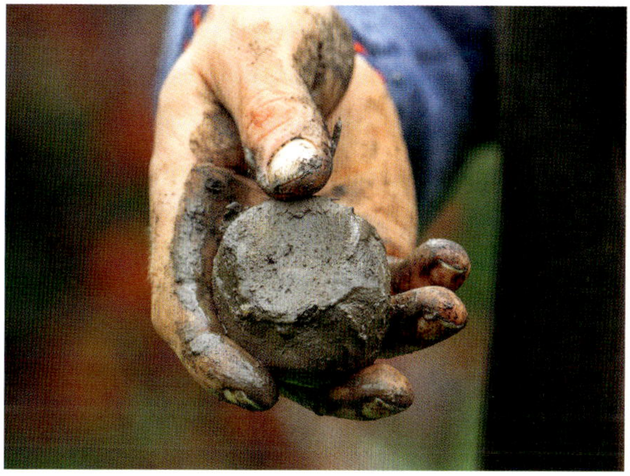

Das ist ein gutes Beispiel für richtig lehmigen Boden. Bei nassem Wetter lässt sich ein perfekter »Kloß« formen, der nicht leicht zerfällt. Probiert es mal!

Welchen Boden habt Ihr?

Was wir hier in der Bestandsanalyse erst einmal wissen müssen, ist, welcher natürliche Untergrund in Eurer Umgebung vorkommt. Und die Betonung liegt hier auf dem Wortteil »unter«. Also unter der Oberfläche in der Tiefe. Nicht die von Menschen angefahrenen oberen 20 Zentimeter Substrat oder Bauschutt (sowieso ein Spezialthema) oder sonst ein »Hörensagen« oder »glaube ich«. Sucht einfach die Bodenkarte für Euer Wohngebiet bei Eurer Gemeinde. Viele Städte und Gemeinden haben sie schon längst online. Oder Ihr habt von der Baugenehmigung sogar ein Bodengutachten vorliegen? Dann fragt den Bodengutachter nach einer »Übersetzung« für Euch. Es ist wirklich nicht notwendig, dass Ihr diese ganzen Abkürzungen und Fachbegriffe versteht. Auch ich muss da immer schlucken und noch mal nachlesen. Es gibt so viele verschiedene Fachwörter für ein und dieselbe Frage: Was muss ich bei der Pflanzenauswahl oder bei der Regenwasserversickerung beachten? Wenn Ihr das Kapitel zu Ende gelesen habt, wisst Ihr die richtigen Fragen. Und das ist alles, was Ihr braucht.

Der Boden, auch oft als Erde bezeichnet, ist komplex. Es gibt viele Eigenschaften, die für den Gärtner interessant sind. Hier meine ich jetzt nur seine Konsistenz. Also die Frage, ob der Boden auf Eurem Grundstück eher krümelig und lose/locker ist – dann ist ein hoher Sandanteil drin. Mit ihm könnt Ihr auch bei feuchtem Wetter keinen »Schneeball« formen, der wirklich hält. Wasser versickert beim Gießen oder bei starkem Regen sofort. Hier habt Ihr Vorteile bei der Entwässerung, solltet aber bei der Pflanzenauswahl auf geeignete Arten achten.

Ist der Boden hingegen bei Trockenheit sehr hart und bei Nässe lassen sich wunderbare »Bälle« formen und sogar gefährlich hart werfen, dann ist ein hoher Tongehalt da, Ihr habt Lehmboden bzw. schweren Boden. Der Regen versickert nur sehr langsam in den Untergrund, bildet sogar lange Zeit Pfützen und Ihr müsst die Regenwasserversickerung wirklich ernst nehmen oder lieber Fachleuten überlassen. Wege und Terrassen brauchen einen guten Unterbau. Und bei den Pflanzen sind auch nicht alle gut geeignet. Das sind sie aber nie. Alles zwischen sandig und lehmig ist jetzt hier mal einfach normaler Boden, also ein gutes Durchschnittsgemisch. Halbwegs versickerungsfähig und doch länger feuchtigkeitshaltend. Also einfach und unkompliziert für die Pflanzenauswahl und auch mit normalen Methoden für die Versickerung nutzbar. Na, Glück müssen auch einige von Euch haben, oder? Natürlich gibt es noch die Spezialfälle. Sumpfige oder steinige Gegenden. Torfboden, Felsuntergrund oder Salzboden. Das würde hier aber viel zu weit führen.

Wir unterteilen hier also nur Sandboden (trocken, eher wie Semmelbrösel), normalen Boden (eher wie frisch gehobelter Parmesan) oder Lehmboden (eher wie hartes Brot, bei Nässe wie Kloßteig). Das könnt Ihr mit einer Handknetprobe einfach selbst testen – ob mit oder ohne Handschuhe ☺ .

Ober- und Unterboden

Das ist eine Unterscheidung aus dem Naturschutz. Die oberste Schicht unseres Bodens ist voll von Samen, Insekten und Larven, Pilzen, Wurzeln und Tausenden anderen lebenden Organismen, die man nicht immer sehen kann. Es ist in natürlicher Umgebung unser Artendepot. Daher ist diese Schicht besonders geschützt. Sie wird auch häufig Mutterboden genannt – nicht ganz unpassend, wie gerade erläutert.

Die Tiefe dieser Schicht ist sehr unterschiedlich, je nach Gegend und geologischer Geschichte. Im Allgemeinen sind die oberen 20 Zentimeter gemeint. So als Richtwert für Euch. In Erdgruben seht Ihr oft einen Farbunterschied: oben dunkler als unten. Diese obere Schicht darf nicht einfach »weggeschmissen« werden. Sie wird gesondert gelagert und wiederverwendet.

Darunter ist der Unterboden. Der kommt Euch nur entgegen, wenn Ihr für das Haus, für Fundamente oder Baumpflanzgruben ein tiefes Loch graben müsst. Dieser Boden ist weniger »lebendig«, sieht daher »sauberer« aus und eignet sich nicht gut für Pflanzflächen oder Rasen. Er enthält kaum oder keine Humusanteile, keine Regenwürmer oder Samen. Sprich: Er ist weniger lebendig und belebend. Wenn Ihr Boden entsorgen müsst, dann als Erstes diesen.

Und schon wisst Ihr, ob Ihr Pflanzen aussuchen müsst, die sandigen oder eben lehmigen Boden brauchen. Die große Auswahl lichtet sich. Ihr könnt schon darauf achten, ob die Regenwasserversickerung unproblematisch ist oder ein größeres Thema wird. Ihr seid ab jetzt schon in der Lage, die ersten richtigen Fragen zu stellen.

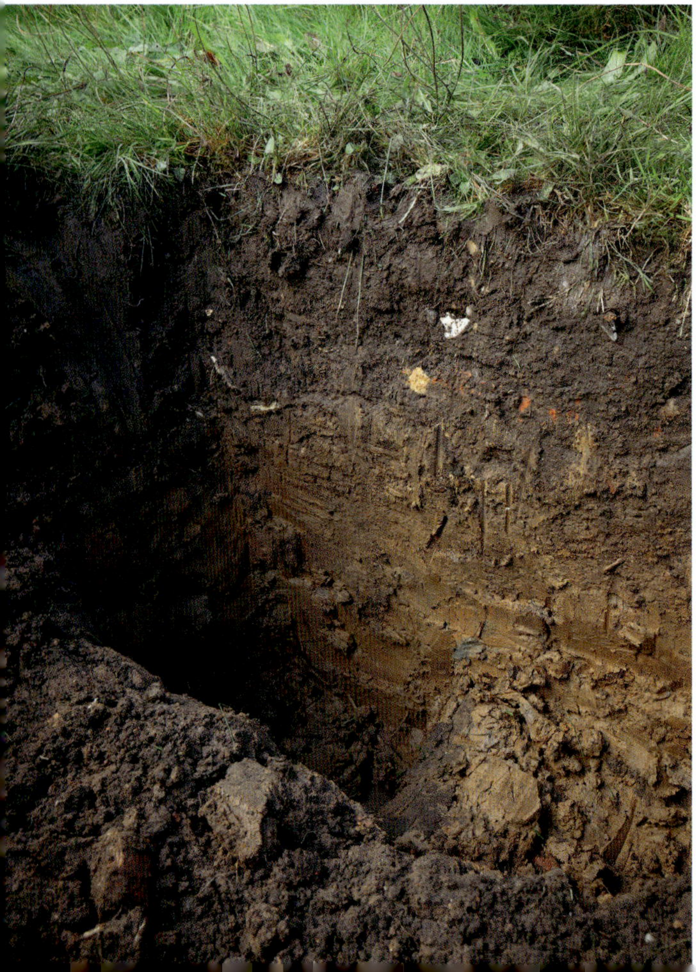

Hier seht Ihr ein Bodenprofil mit einer dicken Schicht lebendigem, dunklem Oberboden. Erst nach gut 30 cm fängt der hellere Unterboden an. In diesem Fall recht lehmig.

NIEDERSCHLÄGE ABSEITS VON FAUSTKÄMPFEN!

Wir reden jetzt vom gewöhnlichen Wetter in Eurer Region. Das hat in erster Linie mit der geografischen Lage zu tun. Etwa ob Ihr auf der regenzu- und regenabgewandten Seite eines Berges wohnt.

Des einen Not ist da immer des anderen Leid. Der Westharz ist ständig in den Wolken verschwunden und der Ostharz bekommt nie Regen (das ist jetzt natürlich etwas literarisch übertrieben). Die Nordseeküste hat immer smoothy Temperaturen und Wetter für perfekten englischen Rasen ohne Bewässerungsanlage (maritim). Der Osten Brandenburgs und MeckPomms bekommt das Wetter eher aus Osteuropa und damit trocken, mit extremen Temperaturen (kontinental). Mancherorts kommt das Wasser nicht von oben, sondern von unten. Feuchtwiesen, Flussauen, Sumpfgebiete. Das Grundwasser ist gleich beim zweiten Spatenstich parat. Das sind zwar selten auch Siedlungsgebiete, aber man weiß ja nie … Wie gesagt, geografische Lage.

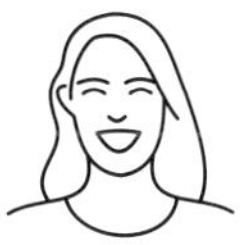

Warum erzähle ich Euch hier das ganze Schulwissen? Der Grund ist der, dass ich von meinem gemütlichen Schreibtisch aus nicht wissen kann, wo Ihr da gerade Euren Garten plant. Ich will Euch also dazu bringen, Euch selbst mal etwas zu informieren.

Kommt Ihr aus der Gegend, dann ist das nicht vonnöten. Seid Ihr recht neu da vor Ort, dann könntet Ihr Euch später wundern, was da so von oben auf Euch runterkommt oder eben nicht. Und leider lösen weder Bewässerungsanlagen noch Entwässerungen das Wetter vor Ort. Daher wieder mein Psalm vom Annehmen der Umstände und Mit-der-Situation-Umgehen. Wenn Ihr in einem regenarmen Gebiet einen Garten habt, dann sucht Euch lieber Pflanzen aus, die Trockenheit vertragen. Das bedeutet ja nicht, dass Ihr nicht gießen müsst. Nur eben in verträglichen Maßen in puncto Wasserverbrauch, Arbeitsaufwand und Sorgen beim Urlaubsantritt. Und wenn es denn eine feuchte Region ist, dann müsst Ihr auch mal gießen. Ihr habt aber vor allem darauf zu achten, dass das Wasser vom Haus und der Garage weg abfließt und dass Euch die Pflanzen nicht faulen, weil sie eigentlich nicht so lange feucht oder nass stehen können.

Feucht, frisch, trocken, nass?

Da sehe ich schon die ersten Fragen auftauchen, quasi erste Arme in die Höhe des imaginären Vortragsraumes gehen. Trocken, feucht, nass … was heißt das denn nun eigentlich? Puhhh (das heißt, ich hole etwas Luft!). Vor der Erklärung werde ich Euch noch etwas beansprechen müssen. Das ist jetzt der Moment, in dem ich hoffe, dass Ihr die Kapitel vorher wirklich gelesen habt (Ihr könntet das auch heimlich nachholen ☺).

Für den Garten und vor allem für die Pflanzen dort ist der Niederschlag in Menge und Regelmäßigkeit immer im Zusammenhang mit der Bodenart zu betrachten. Ein Beispiel: Ich lebe in der »märkischen Sandbüchse« (Berlin/Brandenburg). Dann besuche ich wieder mal meine Mutter auf ihrem Wochenendgrundstück in einem ganz anderen Landstrich und dort reicht bei ihren Hortensien trotz wochenlanger Trockenheit eine Kaffeetasse voll Wasser aus, um deren Blätter wieder straff und aufrecht werden zu lassen. Sie hat nämlich sehr schweren Lehmboden auf dem Grundstück. Dafür müsste ich in meiner Region wohl fünf Minuten den Wasserschlauch auf volle Leistung an den Wurzelbereich von Hortensien halten. Die Wurzeln bekommen ja von dem Wasser fast nichts ab, da es einfach in die Tiefe versickert. Rechnet das auf einen ganzen Garten.

Wer will so viel Wasser verbrauchen. Mittlerweile ist die Frage wichtig geworden, ob Ihr das in den heißesten Wochen auch dürft! Wenn das Wasser regional knapp wird, dann hat die Versorgung der Menschen und der Landwirtschaft immer deutlichen Vorrang vor den hübschen, aber eben nicht lebensnotwendigen Gartenblumen. Und das wird uns alle abseits der Küstenregionen immer häufiger betreffen.

Standorte von trocken bis nass

Wir Gartenfreaks unterscheiden in trockene, frische, feuchte und nasse Standorte. Auch das ist etwas, womit Ihr beim Pflanzenkauf

Für trockenen Boden und viel Sonne gibt es eine große Auswahl an Pflanzen, die wenig Wasser brauchen. Dann aber bitte auch nicht oft gießen!

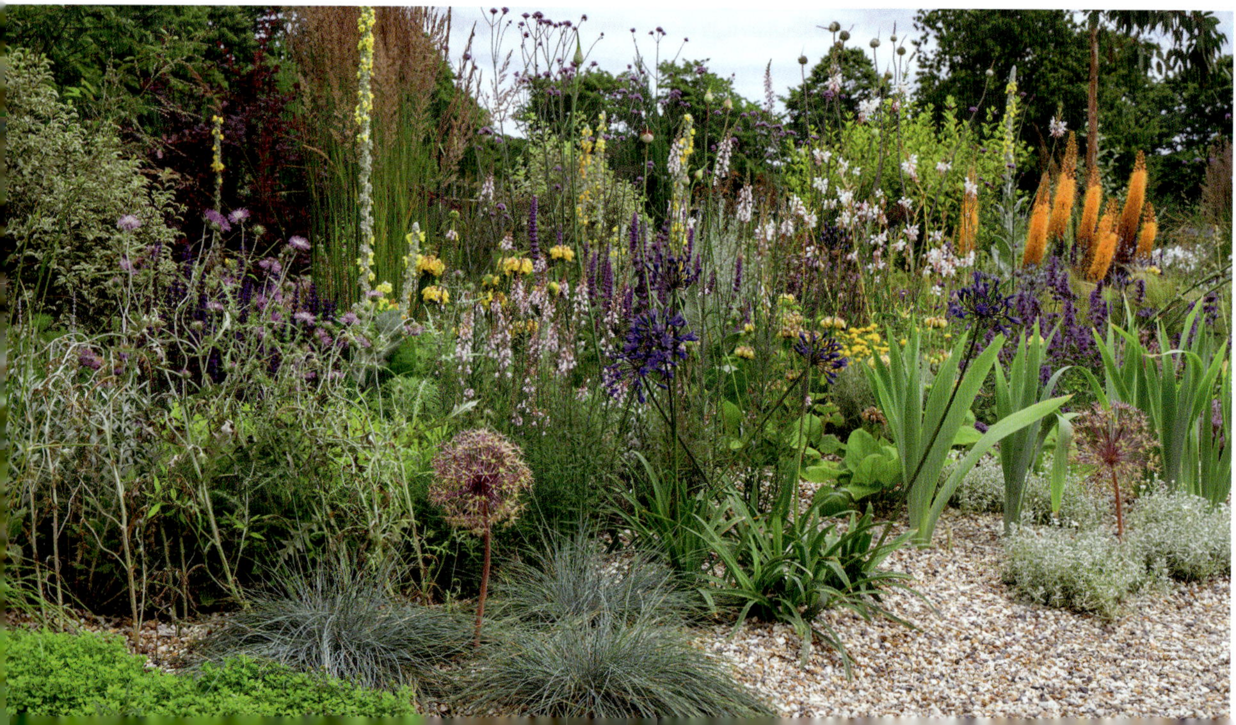

punkten oder bei der Planung der Grundstücksentwässerung mit Fachkenntnis nachfragen könnt.

TROCKENER STANDORT

Trocken ist ein Standort, der sich im Durchschnitt immer trocken anfühlt, wenig Wasser halten kann und daher nach Regen oder Gießen schnell wieder austrocknet. Das ist am häufigsten bei sehr sonnigen Standorten mit »durchlässigem« Boden wie Sand oder Steinen der Fall. Es kann aber auch durch Baumwurzeln und »Regenschatten« vorkommen. Im Wurzelbereich saugen Bäume das Regen- oder Gießwasser schnell und kräftig weg. Die Blätterkrone oder ein großer Dachüberstand vom Haus lassen hingegen den normalen Regen nicht auf den Boden auftreffen, ähnlich wie beim Sonnenschein. Oder Ihr habt einen Garten in einem regenarmen Gebiet. Der Wettermann sagt Regen für alle voraus, nur Ihr bekommt meistens nichts ab.

- Wenig Boden mit oder auf Felsen/Steine/Hanglagen
- Sandiger Boden in sonniger Lage und/oder regenarmen Gebieten
- Lehmiger Boden in sehr regenarmen Gebieten dito

Für Pflanzen wird so ein Standort mit der Zahl 1 in Bezug auf Wasserhaushalt/Feuchtigkeit gekennzeichnet. Oder Ihr findet den Vermerk »für trockene Standorte« oder etwas Ähnliches auf der Verpackung der Pflanzen.

FRISCHER STANDORT

Der Begriff »frisch« steht eigentlich für »ganz normal«. Aber was ist schon normal? Na, eben nicht sehr trocken, aber genügsam feucht. Pflanzen für normale Standorte sollten damit eigentlich klarkommen, bis auf lange Regenpausen oder sehr heiße Wetterperioden, in denen Ihr natürlich auch mal gießen müsst. Ein frischer Standort ist ein nicht zu sandiger oder lehmiger Boden. Ein gutes Gemisch eben. Regenwürmer sind hier ein gutes Indiz. Die mögen es locker und nicht trocken, dafür mit Humus (dunkler Anteil). Sie kommen bei Regen dann gerne nach oben und Ihr könnt sie sehen. Und wehe, wenn Ihr jetzt »Iiiihhh!«

Garten-Tipp

PFLANZE UND BODEN

Die Hortensie als Modepflanze der letzten Jahre machen mir in meiner Arbeitsregion also immer mehr zu schaffen. Bringt Ihr doch mal meinen Kunden auf trockenem Sandboden bei, dass sie nicht gerade zu empfehlen sind. Das ist so, als wenn Ihr einen eingefleischten iPhone-Fan dazu bringen wollt, ein Samsung oder Fairphone zu kaufen. Das soll überhaupt keine Wertung sein, nur eine Metapher, die alle kennen. Versteht Ihr das Problem ☺ ? Genauso gibt es natürlich Beispiele für feuchte Lehmböden. Der Klassiker wäre hier wohl Lavendel. Alle mögen Lavendel! Aber mag Lavendel auch Euren Garten? Fragen wir ihn doch mal …

schreit. Das geziemt sich für einen Gartenbesitzer gar nicht. Da sagt man dann auf jeden Fall »Aaahhh!«. Dann habt Ihr richtig Glück und könnt die meisten Pflanzen auswählen und normale Wegeaufbauten nehmen und überhaupt beneiden Euch sehr viele um Euer Grundstück! Wenn also der Wettermann Regen voraussagt und Ihr davon meistens etwas und nicht zu viel abbekommt, dann habt Ihr frischen Boden.

- Nicht gleich Felsen oder viele Steine im Boden, normale Niederschläge
- Wenig sandigerer/lehmiger Boden, viel Humus, normale Niederschläge

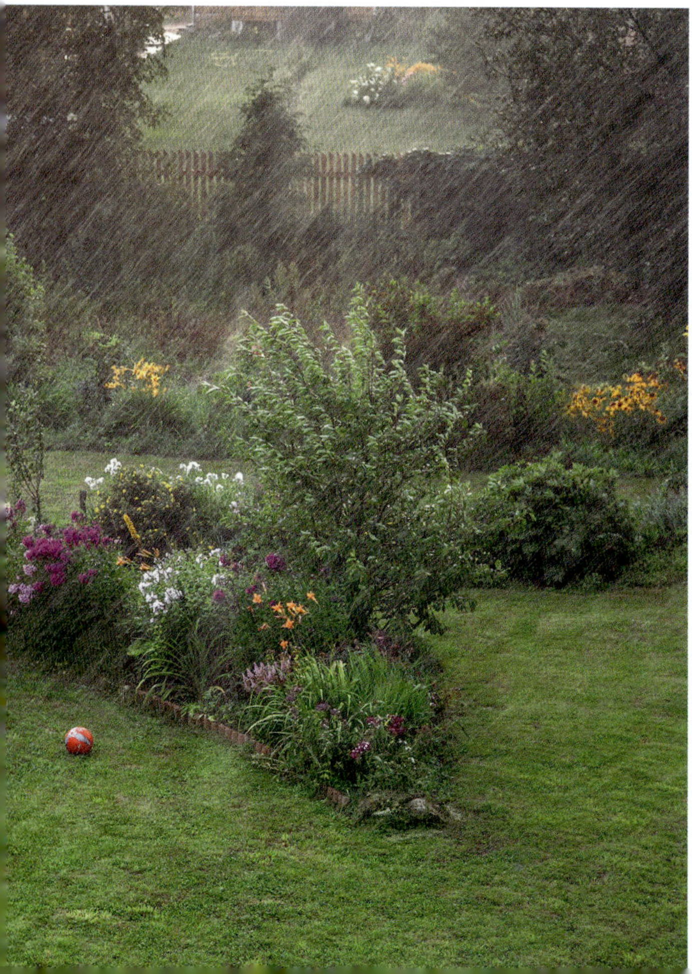

- Kein hohes Grundwasser/Feuchtgebiet

Für Pflanzen wird ein solcher Standort mit der Zahl 2 in Bezug auf Wasserhaushalt/Feuchtigkeit gekennzeichnet, meist wird jedoch konkret »für frische Standorte« oder Ähnliches dazugeschrieben.

FEUCHTER STANDORT

Wenn Ihr einen feuchten Boden habt, dann ist Gießen fast kein Thema für Euch. Entweder regnet es sowieso dauernd oder das Untergrundwasser ist sehr nahe an der Oberfläche oder die Erde ist fast immer wie Kloßteig. Feuchte Senken, Feuchtwiesen oder solche Sachen sind vermutlich auf oder in der Nähe Eures Grundstücks. Entwässerungsgräben in der Umgebung sind ein deutliches Indiz. Da immer Feuchtigkeit an die Wurzeln kommt, ist es nicht so relevant, was für ein Boden vorhanden ist. Auch Lehm ist im feuchten Zustand nicht so hart und undurchdringlich. Und feuchter Sand ist ebenfalls nicht problematisch. Der Wettermann sagt also Regen immer auch für Euch voraus oder es ist egal, da das Wasser von unten immer konstant da ist.

- Fast immer feuchter Boden, entweder von oben oder von unten
- Garten mit feuchten Senken oder in Feuchtgebiet

Für Pflanzen wird so ein Standort mit der Zahl 3 in Bezug auf Wasserhaushalt/Feuchtigkeit gekennzeichnet, meist jedoch konkret als »für feuchte Standorte« oder ähnlich dazuge-

Ein richtiges Sommergewitter ist etwas Wunderbares. Wenn es jedoch oft und stark bei Euch regnet, dann müsst Ihr das für die Pflanzen und auch die Wege wissen.

schrieben. Pflanzen für trockene Standorte fallen damit auf jeden Fall raus. Die faulen an den Wurzeln einfach weg oder werden oberflächlich zu weich und fallen dann um. Die klassischen mediterranen Kräuter wie Lavendel, Thymian oder Rosmarin gehören daher bei Euch in einen Kübel oder ein Hochbeet. Dafür könnt Ihr auf eine Bewässerungsanlage verzichten. Ist doch wirklich ein Vorteil.

NASSER STANDORT

Da sind wir jetzt raus aus dem Thema für dieses Buch. Das wären Sümpfe, Uferrandzonen oder Gewässer. Auch innerhalb Eures Grundstückes kann ein Teil davon betroffen sein. Am Rand von Teichen oder Flüssen ist es so, dass die Erde immer das Wasser ansaugen kann. Von Wasser- oder gar Schwimmpflanzen mal noch abgesehen. Die Bezeichnung 4 oder 5 in Bezug auf Wasserhaushalt/Feuchtigkeit steht für Sumpf- und Wasserpflanzen. Dafür gibt es Extrabücher und spezielle Gärtnereien und definitiv spezielle Baufirmen. Da müsstet Ihr statt Wege eher Stege bauen und Euer Haus steht vermutlich auf Stelzen wie in Venedig. Spannend und interessant, aber bitte: Informiert Euch wirklich gut!

Schnee und Frost

Zu den Niederschlägen von oben zählt natürlich auch der Schnee als »gefrorener Regen«. (Von Hagel will ein Gärtner nichts wissen, da diese Art von Niederschlag unberechenbar ist, verheerende Schäden verursachen kann und vor allem einfach hingenommen werden muss. Eine todtraurige Sache das. Daher schweigen alle dazu ☺.)

Das Thema Schnee ist immer eine Kombination aus Niederschlägen und Temperaturen im

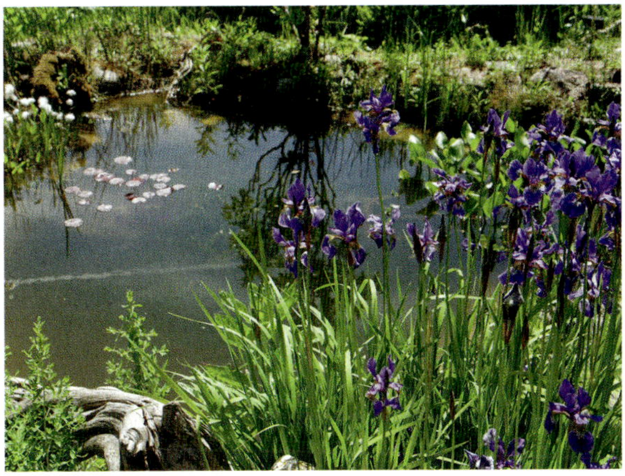

Am Rande von Teichen, Tümpeln und Entwässerungsgräben ist die Erde immer nass. Hier wachsen nur Sumpf- und Wasserpflanzen gut.

Winter. Das Erste hatten wir ja bereits. Da seid Ihr jetzt schon informiert. Bleibt noch der zweite Teil. Die Frage kann Euch betreffen, wenn Ihr in schneereichen Gegenden lebt oder in Regionen mit wenig Schnee und dennoch harten Frösten. Dann solltet Ihr bei der Pflanzenauswahl oder der Natursteinart auch gern mal danach fragen können.

Für Pflanzen können nur zwei Sachen von Bedeutung sein: zu viel oder zu wenig Schnee. Wenn Ihr zu viel Schnee erwarten müsst, wie z. B. in Gebirgsregionen, dann können Pflanzen unter dem schieren Druck der Masse brechen. In Küstennähe kommt das auch mal vor, weil der Schnee dort zwar selten, aber wenn, dann sehr nass und schwer ist. Dann könnt Ihr die Bäume und Hecken schütteln oder die Gräser im Winter zusammenbinden. Das ist im Garten im Allgemeinen ohne recht großen Aufwand machbar.

Viel entscheidender ist das Thema in Gegenden, in denen so gut wie kein Schnee fällt und dennoch mit starkem Frost zu rechnen ist. Und wo der Wind im Winter aus dem Osten kommt.

Hier sind der Boden und die Pflanzen ohne Zudecke schutzlos dem Frost ausgesetzt. Die Lufttemperaturen von manchmal unter minus 20 °C dringen tief in den Boden ein. Pflanzen, die nicht sehr frostfest sind, werden das nicht vertragen. Besonders immergrüne, nicht heimische Pflanzen reagieren darauf sehr empfindlich. Jegliche Feuchtigkeit im Boden ist ja nun Eis und somit nicht verfügbar. Die Pflanzen stehen also in völliger Trockenheit.
Aber keine Angst, es ist nicht sehr schwierig, das zu vermeiden. Dazu werden für Pflanzen Frosthärtezonen angegeben. Und wenn Ihr immer darauf achtet, dass diese Frosthärte mit höchstens 6 oder kleiner angegeben ist, seid Ihr auf der sicheren Seite. Alles ab Frosthärte 7 behalten sich bitte diejenigen vor, die Ihren Garten in bekanntermaßen wärmeren Gegenden haben. So wie im Südwesten oder der Westküste. Ihr Glücklichen könnt risikolos den Rosmarin oder sogar mal eine Palmenart pflanzen, aber Ihr habt ja dafür auch kein Glitzern im Winter. Und ehrlich: Glühwein schmeckt doch nicht halb so gut bei +7 °C wie bei –7 C °, oder?
Und da sind wir endlich wieder bei den wichtigen Dingen für den Garten: Glühwein/Wein, Bierchen oder Kaffee trinken, genießen und chillen … und erst mal das neue Wissen für das Gartendesign nutzen. Mit den neuen Erkenntnissen verändert sich auch Euer Blick auf die Welt des Gartens. Ich bin mir sicher: Ihr habt bestimmt schon eine neue Perspektive auf die Sache bekommen.

Garten-Tipp

KUSCHELDECKE

Ich vermisse den Schnee. Da waren die letzten Jahre in meiner Gegend eher enttäuschend. Ich weiß, ich bin da wohl eher die Ausnahme. Es ist aber eben kein »Problemthema« für mich. Das könnt Ihr als eventuelle »Wintermuffel« in puncto Garten ja einfach auch mal so betrachten. Die Pflanzen und die Erde mögen nämlich Schnee. Wirklich! Schnee ist prinzipiell mal super für die Natur. Das ist eine kuschelwarme Zudecke für Pflanzen und Boden, wie ein dickes Federbett.
Darunter bleibt es immer warm im Verhältnis zur Lufttemperatur.

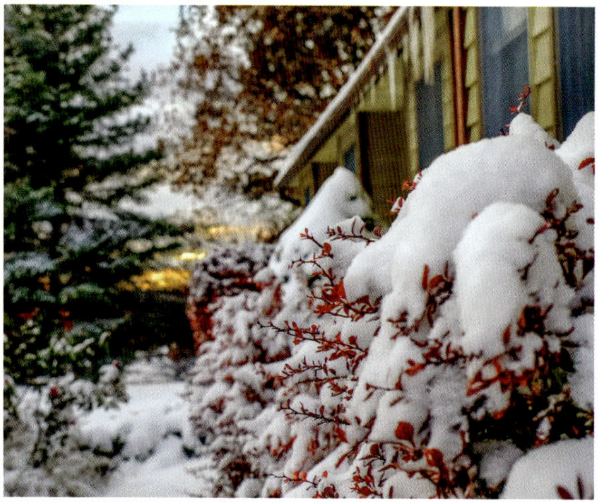

Winter im Garten kann so schön sein. Der Schnee ist wie eine Daunendecke für die Pflanzen. Ist er aber zu schwer, schüttelt ihn lieber etwas ab.

DEIN HAUS GIBT DEN TON AN ...

Na bitte, jetzt habt Ihr fast die ganze Vorarbeit geschafft! Nach so viel Grundlagenermittlung geht es endlich auch mal um gestalterische Sachen.

Jetzt beginnt das Gestalten. Hier schauen wir uns das Wohnhaus und die anderen gebauten Sachen an und beschäftigen uns mit ihren Farben und Formen. Wie setzen sich die Farben von Materialien zusammen? Welche Grundformen hat Euer Haus? Erst mit dem Ergebnis könnt Ihr dann richtig spielen und seid Ihr in der Lage, gestalterische Entscheidungen zu treffen. Ab jetzt wird es daher auch etwas anspruchsvoller für Eure Vorstellungskraft. Den Stein am Haussockel oder die Tür- und Fensterrahmen betrachten wir jetzt nicht mehr als Stein oder Holz, sondern ganz abstrakt als reine Farbfläche.

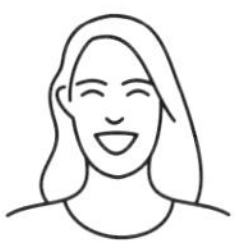

Mit etwas Anleitung fällt das Abstrahieren ganz sicher auch den Ungeübten unter Euch leicht. Und es soll ein hervorragendes Gehirnyoga sein. Viel besser als Sudoku ☺ !

Wie Euer Haus aussieht, das steht ja nun auf jeden Fall fest. Damit können wir also schon arbeiten. Nehmt Euch also ein Foto vom Haus oder die Ansichtszeichnung bzw. das Renderingbild (digitale Ansicht mit 3-D-Wirkung) davon. Völlig egal, ob ausgedruckt oder am Bildschirm. Wie Ihr es könnt oder mögt. Sowohl bei der Arbeit am Bildschirm als auch mit Ausdrucken solltet Ihr dabei unbedingt auf die richtigen – also realistischen – Farben achten. Zum einen werden Farben in Fotos schon durch die Kamera mit Objektiven, durch Schatten, Sonnenuntergangsstimmung oder – das passiert mir sehr selten ☺ – Sonnenaufgang in der Farbwirkung verändert.
Drucker und Bildschirme sind ebenfalls nicht verlässlich. Sie sind sehr unterschiedlich kalibriert (farbabgestimmt). Verschiedene Drucker/Bildschirme werde also die gleiche Aufnahme, das gleiche Bild sehr verschieden ausdrucken. Solche Veränderungen fallen Euch beim Ausdruck bestimmt auf, wenn Ihr darauf achtet.

Welches Rot ist Euer Rot?

Ich motiviere Euch hier sehr, mal die Farben an sich zu betrachten. Welches Rot zwischen Orangerot, Braunrot und Weinrot haben Eure Ziegel wirklich? Welche Farbe hat der Natursteinsockel? Ist es ein kühles Grau oder ein warmes Beigebraun? Und der Putz? Ist das Weiß eher Cremeweiß oder Reinweiß? Seht genau hin! Haltet mal etwas in ähnlicher Farbe

Arbeits-Tipp

MATERIALMUSTER

Wenn Ihr Euch unsicher seid, vergleicht die Farben mit richtigen Materialmustern Eurer Fassade. Solche Muster kann man sich vom Hersteller zusenden lassen. Einfach per Mail oder Telefon anfragen.
Oder Ihr wendet Euch wegen des richtigen Farbcodes an den Architekten bzw. Bauunternehmer für Putze, Fensterrahmen oder Geländer.
Es gibt für alles Farbtonfestlegungen, wie z. B. RAL, DB, Pantone oder ähnliche. Diese Farbnormen sind damit überall für alles gleich. Auch dafür gibt es Farbfächer zum Bestellen oder Angaben zu den Farbeinstellungen für Computer.

daneben. Dabei bemerkt Ihr auch ihre Wirkung und die feinen Nuancen im Unterschied. Das ist wichtig und es gehört zum Spiel. Es richtet Eure Aufmerksamkeit darauf.
Die braucht Ihr jetzt, da wir nun so etwas wie ein Musterbuch für Euren Garten erstellen.
Dann schaut Ihr noch, ob weiter Elemente mit anderen Farben auf Eurem Grundstück oder direkt im Sichtbereich liegen. Das kann der vorhandene Zaun oder Schuppen (Material und Farbe), ein Weg oder eine Mauer (die Steine davon) sein. Das kann auch das Haus oder die Garage des Nachbarn sein. Und schaut jetzt nicht so fragend! Ich habe sehr oft Grundstücke meiner Kunden, bei denen der Nachbar die Garage auf der Grenze gebaut und die dazu noch in sattem Orange oder Lila gestrichen hat. Das kann man nicht ignorieren. Für den Nachbarn ist da bestimmt ein Traum in Erfüllung gegangen. Wenn Ihr aber selbst ein hellblaues Haus oder eins mit roten Klinkern habt, wird es langsam schon sehr bunt, ohne dass Ihr etwas dazu beigetragen habt. Das solltet Ihr bei der Planung von Anfang an berücksichtigen. Es ergibt keinen Sinn, dagegen zu arbeiten. Euer Auge ist da unbestechlich und wird die farbige Wand immer als Hintergrund einblenden.

Farbspiele

Im besten Fall habt Ihr jetzt etliche Fotos, Farbkarten, Materialmuster oder Ausdrucke vor Euch liegen zu sehen. Und Ihr habt Euch dabei auch gleich mit den Farben beschäftigt. Ihr erstellt Euch jetzt ein größeres Blatt oder eben eine Datei mit allen schon festgelegten Farben in Eurem Garten. Nehmt für die Bilder wirklich nur Ausschnitte mit den wichtigen Teilen der Hausfassade, dem Geländer oder dem Carport. Wenn andere farbige Sachen im Bild sind, die gar nicht sein müssen, dann beeinflusst Euch das beim Probieren sehr. Also bunte Blumen oder farbige Gartenschläuche oder sonstiges Zeug bitte wegschneiden/ausblenden. Die reinen Elemente abbilden. Damit können wir gut und frei experimentieren.
Oh verdammt, da fehlt noch ein Hinweis für Neu-Häuslebauer! Ja, das tut mir leid, immer diese Zusatzsachen kurz vorm Loslegen. Aber es ist superwichtig! Also noch ein kleiner Exkurs zu Materialien, die nach etwas Zeitverstreichen die Farbe verändern. Gleich hier auf der rechten Seite.

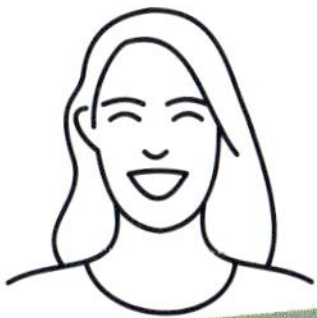

EXKURS ZUR FARBVERÄNDERUNG VON MATERIAL

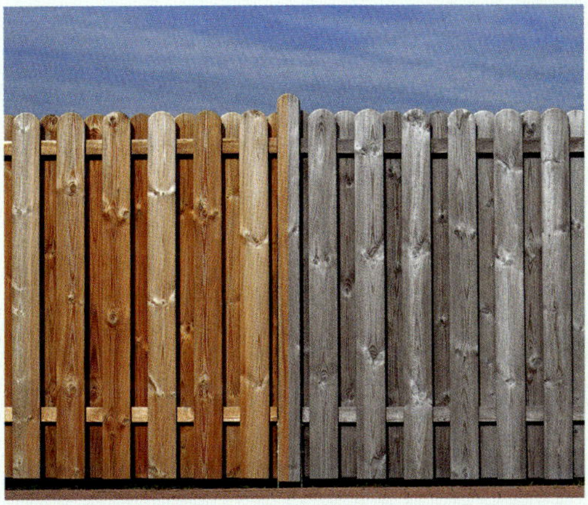

Frisches Holz wirkt fast orange. Aber nicht lange. Nehmt die rechte, vergraute Zaunseite als Farbe an.

Es gibt einige Materialien, die im neu eingebauten Zustand eine ganz andere Farbe haben als nach einiger Zeit. Outdoor ist meist die UV-Strahlung dafür zuständig, aber auch andere Umwelteinflüsse. Es wäre fatal, jetzt mit der »frischen« Farbe solcher Materialien zu arbeiten. Wir müssen hier die »Endfassung« vorwegnehmen, die Verwitterung oder Patina.

Ganz an der Spitze steht da das Holz. Es gibt sehr viele Häuser mit ganz oder teils Holzfassade. Ein Foto im frischen Zustand zeigt Euch hier eine nahezu orangefarbene Fassade. Gleiches gilt für alle anderen Holzkonstruktionen. Je nach Sonneneinstrahlung werdet Ihr bei unbehandeltem Holz schon nach einem halben Jahr ein silbriges oder bräunliches Grau sehen. Ihr müsst jetzt unbedingt mit der endgültigen Farbe arbeiten. Dabei ist es wirklich schwer, im Internet ein exaktes Bild von älteren Holzflächen Eurer Holzart zu finden, mit dem Ihr dann arbeiten könnt. Hier helfen die richtigen Suchbegriffe. Beispielsweise »Lärche« mit den Worten »verwittert« oder »vergraut« kombiniert. Ein Detailfoto reicht uns für die Farbanalyse vollkommen aus. Oder fotografiert mal solch ein älteres Haus oder eine Terrasse selbst.

Und Gleiches gilt auch für frisch gebrochenen Sandstein, Porphyr oder ähnliche nachdunkelnde Gesteinsarten.

Bei Metallen kennen das die meisten schon. Kupfer oder Stahl reagieren an der Oberfläche mit dem Luftsauerstoff und verändern extrem ihre Farbe. Stahl beispielsweise bildet Rost (außer Edelstahl) und sieht daher nach kurzer Zeit rostbraun, Cortenstahl nahezu orange aus. Das waren jetzt nur die wichtigsten Materialien, die sich durch Wetter, Licht und Luft recht schnell verändern. Denkt also nicht an den Augenblick, denkt an Eure Zukunft (oh, wie pathetisch das klingt ☺)!

Ich hoffe jetzt, dass Ihr alles für die Farbanalyse beisammenhabt.
Und ich hoffe noch mehr, dass sie Euch so erst mal gefällt. Wenn Ihr nämlich jetzt schon ein totales Kuddelmuddel von Farben auf dem Blatt habt, die zusammen überhaupt kein harmonisches Bild ergeben, dann müssen wir aussortieren. Wenn die Farben sich »beißen« (mein Lieblingsbegriff in der Farbenlehre, sehr illustrativ ☺) oder viel zu viele Noten haben (das Farbäquivalent zum Freejazz darstellen), ist das schon eine wichtige Erkenntnis. Dann heißt es Abschied nehmen von der ein oder anderen Farbe bzw. Material.

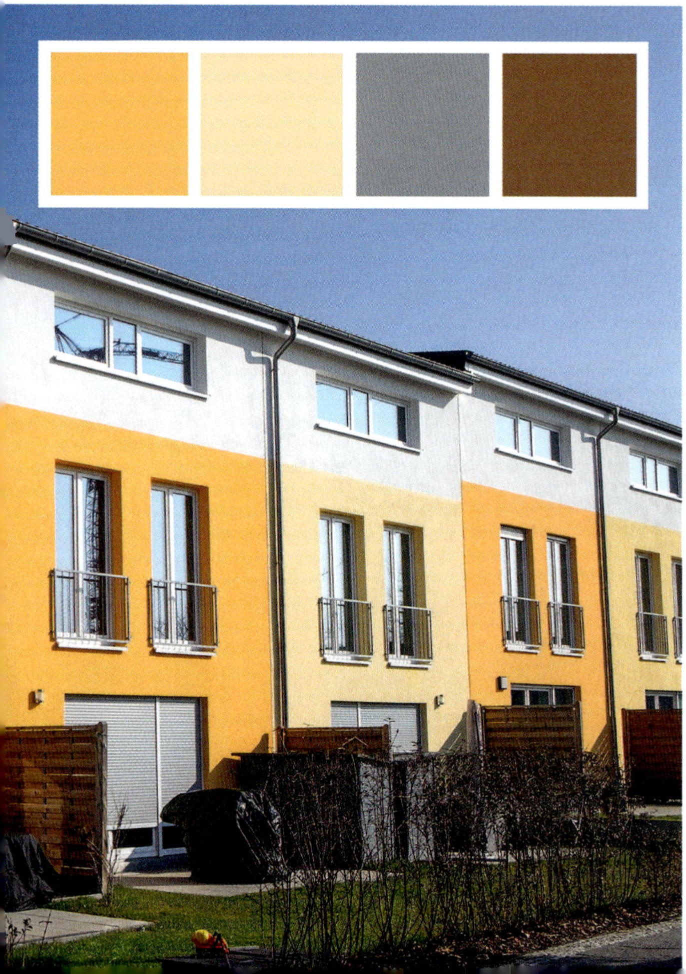

Konzentriert Euch hier als Erstes auf Euer Haus und spielt mit den anderen Bestandsfarben, indem Ihr die eine oder andere aus dem Bild nehmt. Was ist der »Störenfried«? Zaun oder Schuppen kann man ja doch leichter neu streichen. Wenn es der vorhandene Weg ist, der mit seinen unpassenden Platten oder Steinen völlig aus der Art schlägt, dann fragt Euch, ob es nicht doch sinnvoll wäre, das Material auszuwechseln. Also probieren, drüber schlafen, entscheiden. Fragt auch andere Leute mal, wenn Ihr Schwierigkeiten habt loszulassen.
Das Blatt/die Dateiseite mit Euren Bestandsfarben muss von vornherein schon mal frei von Fehlfarben sein. Sonst könnt Ihr ja nachher keine harmonischen Farbkombinationen schaffen. Wir können beim Designen nur etwas dazu tun oder im gleichen Farbraum bleiben. Wegnehmen müsst Ihr jetzt. Und redet Euch das nicht irgendwie schön. Das bringt am Ende nur Frust statt Freude am Ergebnis. Traut Euch! Das ist wie Ausmustern beim Umzug. Hinterher werdet Ihr das Weggeworfene nicht vermissen.
So, jetzt haben alle eine wunderbare und brauchbare Farbanalyse vor sich liegen. Jetzt denkt Ihr alle schon daran, was dazu kombinierbar wäre, stimmt's? Nix da. Das muss erst mal wieder ruhen. Wie ein Steak nach dem scharfen Anbraten, wie ein Kuchen, bevor man ihn aus der Form nehmen kann. Jetzt machen wir erst einmal genau das Gleiche für die Formen …

So könnte Eure Farbanalyse aussehen. Die Fassadenfarben dieser Reihenhäuser wirken zusammen. Dazu noch die grauen Jalousien und die braun lasierten Sichtschutzelemente.

DAS HAUS GIBT DIE FORM VOR ...

Für mich ist dieses Kapital jetzt etwas kniffliger. Ja, wirklich. Was wisst Ihr noch oder überhaupt über Baustile, Formensprache oder Proportionen?

Seht Ihr, ob ein Rechteck eher »schwer« oder »schlank« aussieht? Ob Euer Haus mehr liegt oder steht? Ob Eure Fassade horizontal oder vertikal betont ist? Und schon bin ich wieder dabei, Euch von den Gestaltungsgrundlagen zu erzählen ... ☺ Daher werde ich die Stilkunde einfach weglassen. Im Grunde brauchen wir sie bei dem Schritt auch nicht. Ich hab' da eine viel einfachere Methode für Euch. Ohne viel Vorkenntnisse und ohne Studium der Architekturgeschichte. Und ich mach das letztlich auch immer genau so. Die Erkenntnis kommt mir erst gerade eben. Also danke an Euch ☺ !

Flucht- und Bezugslinien

Wir haben jetzt ja schon ziemlich viel über Eure Farben am Haus und im Bestand gesprochen. Genauso gehen wir auch an die Linien und Formen im Garten heran. Wir sehen uns die Hausfassade und den Hausgrundriss an und analysieren die Formensprache. Die Fassade ist dabei wichtig, weil Ihr sie aus dem Garten heraus immer seht. Sie gibt Euch die Linien und Formen vor. Der Grundriss des Hauses bzw. die Flächen, die er für den Garten übrig lässt, geben Euch dagegen den Rhythmus und die Proportionen vor. Jeder Weg und jede Terrasse hat eine Linie, die in der Verlängerung auf das Haus zuläuft. Die sogenannte Fluchtlinie. Wir benutzen also eigentlich in umgekehrter Reihenfolge die Fassade und die Hausform, um beim Design im Garten diese Fluchtlinien aufzugreifen – sie zu verlängern und als Orientierungslinien zu verwenden.

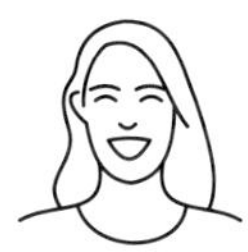

Schafft Ihr eine lineare Beziehung zwischen Haus und Garten, dann wird es zu einer zusammengehörigen Anlage. Genau das ist es, was man instinktiv empfindet, wenn man sich in einem Garten wohlfühlt.

Selbst die schnörkeligste Barockfassade hat Grundlinien, die in Vierecken von bestimmten Längen und Breiten immer wiederkehren und daher auch im Garten die eine oder andere Spiegelung wiederfinden sollten. Ebendeshalb schauen wir uns Eure Hausfassade zu der jeweiligen Gartenseite genau an.
Nichts ist schlimmer, als mit diesen stets wahrnehmbaren Bezugslinien immer ein Stück danebenzuliegen, also zum Beispiel neben der Hauskante oder dem Fensterrahmen zu lan-

den. Wir können sie entweder genau treffen oder um ein Vielfaches versetzen, womit wir ja auch Bezug auf sie nehmen. Nur das »Irgendwo« ist Willkür, ist Durcheinander, aber kein Gestalten.

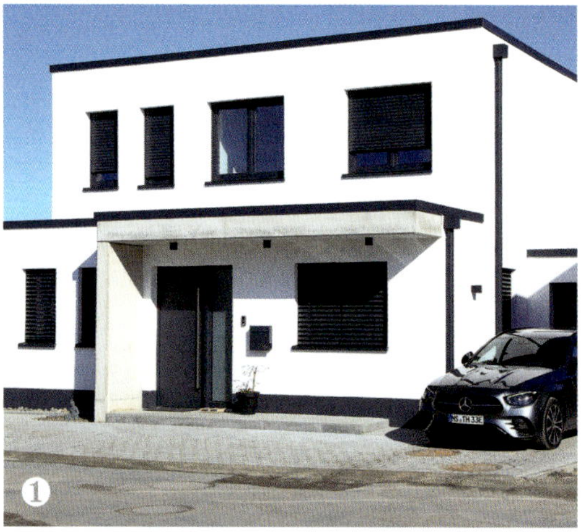

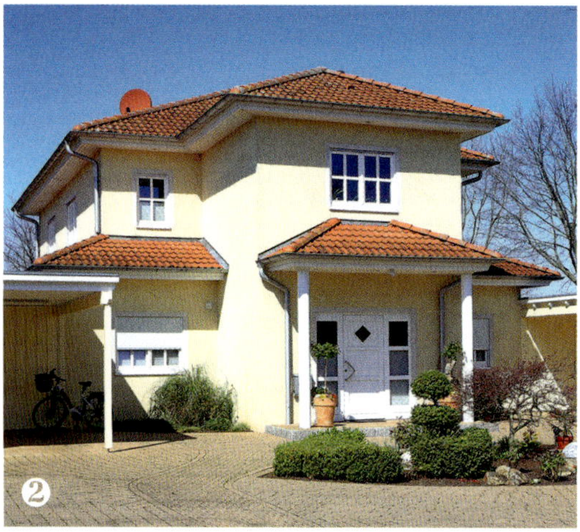

1. Moderne Häuser sind meist aus mehreren Quadern zusammengesetzt. Jeder Quader hat seine Linien. Das macht es Euch einfach. **2.** Häuser mit Säulen, Erkern und Dachüberständen haben viele Fassadenlinien. Ignoriert das Dach, nehmt die Hauskanten und Säulen.

Kastenförmig

Wir finden jetzt also Eure Bezugslinien für den Garten. Ein einfaches Beispiel zum Einstieg sind die typisch modernen Hausarchitekturen. Wenn Ihr jetzt ein modernes »Kastenhaus« mit Flachdach habt, bei dem alles auf dem rechten Winkel basiert, ist es ja relativ überschaubar mit den Linien. Ihr habt Grundformen aus Würfeln oder Quadern oder einfach nur ein einziges »Paket« als Form. Dann muss Eure Grundform im Garten zwangsläufig darauf Bezug nehmen. Aber keine Angst, das heißt nicht, dass Ihr später gar keine geschwungenen Formen verwenden dürft. Nein, das geht schon gut zusammen. Aber eben nur zusammen. Ihr solltet mit der Form des Hauses anfangen und sie auf jeden Fall »zitieren« – also im Garten wiederholen.

Zeichnet Euch doch mal auf das Foto/Bild Eurer Hausfassade jede Linie vertikal und horizontal (stehend und liegend) mit einem Lineal oder frei Hand/Maus ganz lang und weit über das Bild hinaus nach. Einfach jede halbwegs wichtige Linie. Also die Dachrinne muss jetzt nicht auch noch sein. Aber die Gebäudekanten, Fensterrahmen, Farbputzkanten, Geländerkanten, Jalousiekästen usw. Einfach über das Bild hinaus ein gutes Stück links und rechts und oben und unten verlängern. Seht Ihr jetzt, wie sich Eure Hausfassade in ein Muster verwandelt? Liegende oder mehr stehende Rechtecke hat? Es sind vielleicht auch Quadrate dabei? Oder ein Mix aus allem?

Genau diese Erkenntnis brauchen wir. Diese Formen verwenden wir nachher wieder. Und auch die Linien, die senkrecht auf der Fassade liegen und damit zu Bezugslinien in den Garten werden. Diese Linien werden wir später als Fluchtlinien verwenden.

Bei dem einen sind das natürlich viel mehr als bei anderen. Das ist jedoch nicht wichtig. Entscheidend ist das, was da ist. Wenn Ihr sehr viele Linien habt, dann nehmt Euch einen dickeren Stift und zeichnet die wichtigeren noch einmal nach. Immer dran denken, dass Ihr das Transparentpapier/die Layerebene bei Fehlversuchen einfach wegtun und neu anfangen könnt. Probieren ist wichtig. Schon die Erkenntnis, dass das jetzt nicht das Richtige war, ist designen. Ich mach' da auch immer mehrere Versuche, bis ich erkenne, was die wichtigsten Linien sind.

Fachwerk, Holzhaus, Säulen

Und jetzt zu den Häusern, die nicht so kastenförmig sind. Ich hoffe, Ihr habt den Text vorher trotzdem gelesen. Das war nämlich nur die Übung für Euch. Ihr habt es nicht ganz so leicht. Aber im Grunde macht Ihr erst einmal dasselbe. Egal ob es jetzt ein Bauernhaus mit Fachwerk, ein nachhaltiges Holzhaus mit Schrägdach oder eine neobarocke Villa mit Säulen oder Erkern ist. Wenn Ihr eindeutige Linien erkennt, zeichnet sie mit Verlängerung über Euer Fassadenbild. Fachwerk ist ja im Prinzip schon Linie. Moderne Holzhäuser haben immer größere Glasfronten mit markanten Linien. Hier gibt aber vor allem die Lattung ein Grundmuster vor. Und die Villa im Jahrhundertwende- oder Italienstil? Hier müsst Ihr genauer hinschauen. Säulen und Erker fangen irgendwo an und hören auch auf. Aber nehmt erst einmal nur die rechtwinkligen, also stehenden und liegenden Striche. Bogenfenster bilden z. B. als Reihe betrachtet eine Ober- und Unterkante. Verbindet also die obersten Punkte der Bögen zu einer Linie und verlängert diese. Bei den Unterkanten macht Ihr das genauso. Euer Haus hat ebenfalls ein Muster aus vertikalen und horizontalen Linien. Die brauchen wir. Auch diese werden zu Fluchtlinien in den Garten. Seht Ihr das? Orientiert Euch am Beispielbild auf der Folgeseite.

Arbeits-Tipp

INSPIRATIONEN SUCHEN

Ihr könnt Euch aber gern mal Bücher oder Webseiten zur Gartengeschichte anschauen. Vor allem die letzten 100 Jahre sind spannend. Die haben uns mehr geprägt als alles andere. In meinem Kopf ist das Wissen zur Gartengeschichte in all den Bildungs- und Berufsjahren nach und nach so einfach eingesickert. Es ist immer da und beeinflusst mein Handeln ganz automatisch. Für Euch kann es ganz neu sein. Ich gehe z. B. durch eine Gemäldegalerie und sehe mir die dortigen Bilder an. Sofort sehe ich eine interessante Gartendarstellung aus der Biedermeierzeit und muss mir dann das Bild als Postkarte oder den Ausstellungskatalog kaufen. Nur weil ich das Detail vom Garten »speichern« will. Da sind also auch für Euch viele Inspirationen möglich.

Runde Formen

Häuser mit runden Formen in der Fassade oder im Grundriss brauchen einen zusätzlichen Arbeitsschritt. Wir analysieren hier auch, wie sich die Rundungen ergeben. Sind sie halbkreisförmige Kuppeln auf Rechtecken (z. B. Bogenfenster) oder runde Ausstülpungen im Grundriss (runde Erker oder Balkone)? Das sind Formen, die Ihr in Formelementen im Garten wiederholen könntet. Daher ist jetzt nur die Erkenntnis wichtig. Am besten malt Ihr sie wieder mit einer anderen Farbe nach.

Schräge Linien

So machen wir es auch mit Häusern, die schräge Linien in der Fassade oder im Grundriss haben. Spitze Erker oder diagonale Fachwerkbalken beispielsweise. Erkennt sie, zeichnet sie mit einer anderen Farbe dazu und wir werden sie eventuell benutzen. Hier ist der Winkel für das spätere Design entscheidend. Schräge Sichtachsen, abgeschrägte Terrassenplätze oder Wege sind sehr schön und auch teils praktischer als rechte Winkel. Sie sehen aber nur mit dem richtigen Bezug passend aus. Dann aber sind sie ein sehr guter gestalterischer Ansatz.

Einzeichnen

Die beste Vorbereitung für die gestalterischen Arbeiten wäre, wenn Ihr jetzt die Fluchtlinien in Euren Grundplan zeichnen könnt. Über die gesamte Länge natürlich. Das ist für manche recht einfach. Die haben jetzt einen Plan vom Architekten mit dem Grundriss des Hauses und sehen daher für die vertikalen Linien die Punkte und Ecken im Plan. Lineal oder Maus und ein Strich nach dem anderen in das Grundstück durchgezeichnet … fertig ist der Arbeitsschritt. Die anderen versuchen bitte, die Fassadenlinien halbwegs im Maßstab des

So könnte Eure Fassadenstudie aussehen. Für die Fluchtlinien nehmt Ihr nur die im Gelände liegenden Linien. Die Linien auf der Fassade brauchen wir später.

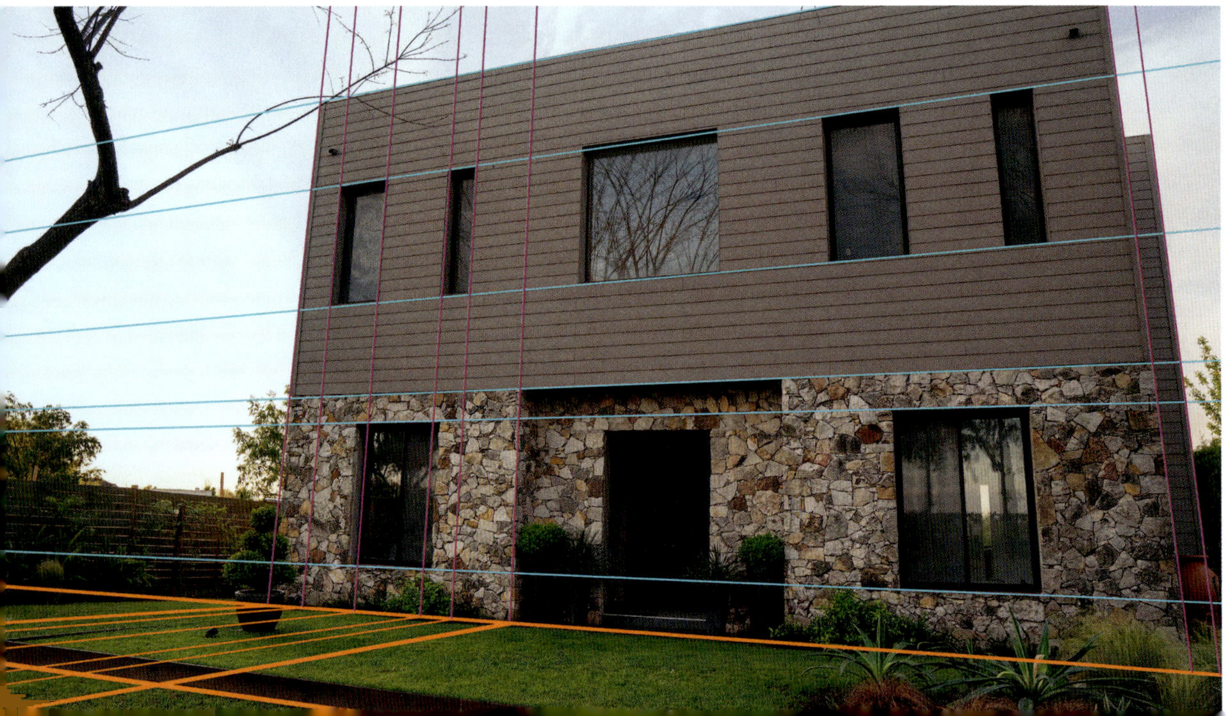

Planes zu übertragen. Ihr könnt z. B. die Fassade im gleichen Maßstab ausdrucken lassen und legt sie einfach auf den Plan drauf. Oder Ihr könnt am Computer das Fassadenbild skalieren und einfügen. Im schlimmsten Fall müsst Ihr noch mal grob draußen messen und das im Plan einzeichnen. Dann denkt immer daran, dass Ihr viel Geld für den Architekten gespart habt ☺. Das motiviert Euch sicherlich.

Sichtachsen

Apropos schräge Linien: Jetzt müsst Ihr alle schrägen Linien in Euren Plan einzeichnen. Dafür nehmt Ihr wieder ein neues Blatt Transparentpapier oder einen neuen Layer digital. Dann suchen wir die längsten einsehbaren Achsen in Eurem Garten, die sogenannten Sichtachsen. Nehmt dafür ein langes Lineal o. Ä. und probiert, wo diese sein können. In der Regel sind es die diagonalen Linien von einer Ecke zur anderen. Dabei solltet Ihr Euch im Grundplan die Gebäude und die vorhandenen größeren Sträucher und alles, wo Ihr nicht im Stehen oder Sitzen drüber oder drunter durchschauen könnt, als Hindernisse vorstellen. Bäume mit nicht zu tief liegenden Ästen sind also kein Hindernis, da Ihr jederzeit unter ihren Kronen durchschauen könnt.
Nehmt also ein Lineal, einen langen Stab oder sonst irgendetwas, was länger als Euer Plangrundstück ist, und probiert, wo diese sein können. Es sind immer mindestens zwei und sie liegen naturgemäß gegenläufig zueinander. Dabei werden sie nicht immer gleich lang sein. Das macht aber nichts.
Und warum machen wir das? Weil diese Achsen nach Möglichkeit nicht zugestellt werden sollten, sondern frei bleiben von höheren Bauten, Pflanzen oder sonstigen Sachen. So könntet Ihr diese Sichtachse immer genießen. Von da aus seht Ihr die maximale Ausdehnung Eures Gartens. Der Eindruck beim Aufenthalt im Garten ist dadurch immer größer und geräumiger. Zwei bis drei Linien solltet Ihr also jetzt im Plan eingezeichnet haben. Vielleicht nehmt Ihr Blau dafür, Blau wie die Weite des Himmels. Nehmt eine Farbe, mit der Ihr Weite assoziiert und die noch nicht da ist.

Abstrakte Kunst

So, schon ist das Wichtigste zur Formensprache geschafft. Sieht bestimmt seltsam aus, wenn Ihr jetzt mal alle bisherigen Transparentpapiere/Layer übereinanderlegt/einblendet, oder? Ein totales Durcheinander von Flecken in Gelb und Grau (Sonnen- und Schattenplätze) und den ganzen Linien kreuz und quer durch alles. Und darunter noch die ganzen Zugänge und Sichtachsen als diffuse Pfeile oder Linien über dem eigentlichen Plan. Ja, das ist genau richtig so. Quasi perfekt. Euer Grundstück besteht jetzt aus abstrakten Flächen und Linien, die verschiedene Bedeutungen haben. Hier könnten wir jetzt anfangen, die ersten Sachen an die richtige Stelle zu setzen. Ja, schon wieder dieses »könnten«. Da kommt bestimmt noch gleich wieder ein Arbeitsschritt davor ... Hhhmmpf! Was soll ich sagen, leider ja. Wir würden nämlich mit den größeren baulichen Elementen anfangen, später dann Bäume setzen usw. All solche Sachen haben bedauerlicherweise auch Einschränkungen von Gesetzes wegen. Bevor wir also größere Sachen platzieren können, müssen wir uns noch mit den so ungeliebten Regeln und Gesetzen vertraut machen. Und da man immer mit den großen Sachen beim Designen anfängt, machen wir es lieber gleich.

PLAN 03: MEINE FLUCHTLINIEN UND SICHTACHSEN

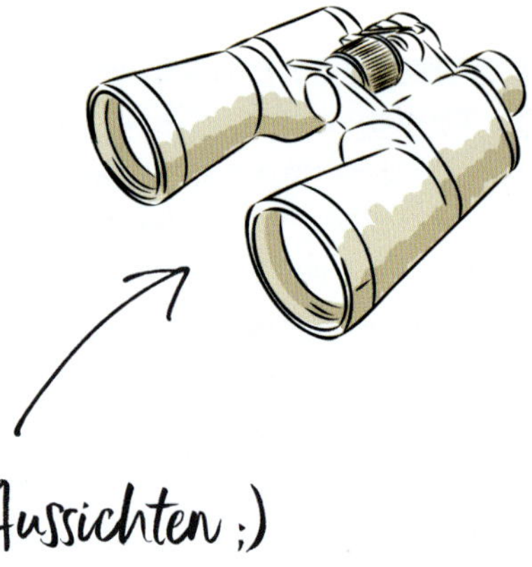

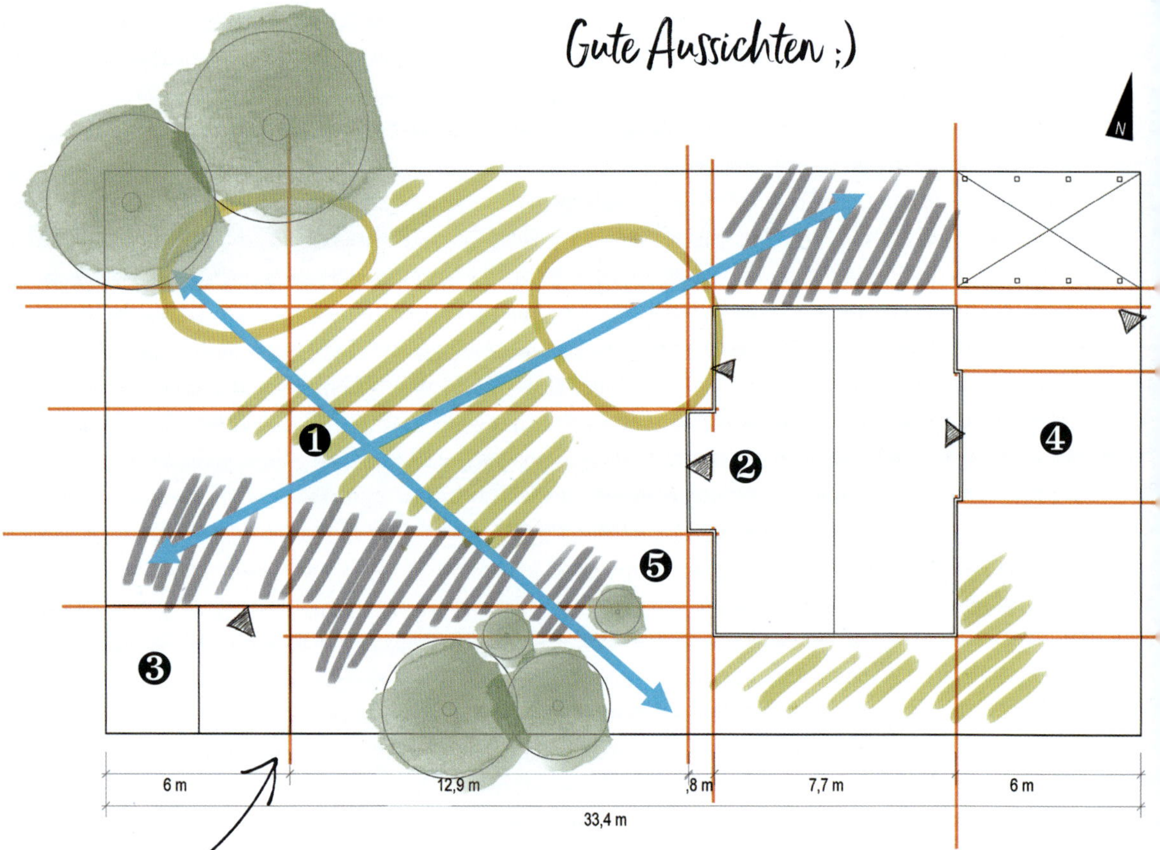

Tolles Raster für später!

JETZT HABE ICH ALLE INFOS ZUSAMMEN

1. Meine beiden Sichtachsen verlaufen auch durch die Stellen mit Früh- und Abendsonne. Na, besser geht es nicht. *2. Das Wohnhaus* gibt mir mit den beiden Hauskanten und mit den Kanten des Erkers vier wichtige Fluchtlinien im Hauptgarten vor. Daran könnte ich später gut die Terrassen ausrichten. *3. Mein Schuppen* hat nur zwei Fluchtlinien. Die eine davon teilt die Gartenfläche schön in zwei Teile nach dem Goldenen Schnitt. Ein Drittel hinten und zwei Drittel vom Haus aus. Das werde ich bestimmt beim Designen verwenden. *4. Für den Vorgarten* muss ich mir noch etwas einfallen lassen. Der Hauseingang liegt ja nicht gegenüber der Pforte in den Fluchtlinien. *5. Soll ich mich doch* von dem kleinen Busch trennen, damit die Sichtachse schöner ist?

DESIGN UND GESETZE

Wozu brauchen wir den gesetzlichen Kram eigentlich bei der Gestaltung eines Gartens? Ist Design nicht einfach nur, sich die schönen Dinge im Garten auszudenken? Ganz klar, nein! Dem ist nicht so.

Designen ist nicht wie Malerei oder Bildhauerei. Freischaffende Künstler können sich auch mal herausnehmen, Regeln und Gesetze zu hinterfragen. Design verbindet jedoch die Ästhetik mit der Funktionalität. Und zur Funktion gehört, dass es erlaubt sein muss. Ihr wollt Euch ja auch kein Auto oder Fahrrad kaufen, das nicht den Verkehrsvorschriften entspricht. Ihr würdet Euer Geld zurückverlangen – und das mit Recht.

Gartengestaltung, also eigentlich die Landschaftsarchitektur, kann ebenfalls zu den Kunstrichtungen zählen. Aber zur Kunst wird sie nur erhoben, wenn sie einen schöngeistigen oder gesellschaftlichen Kontext enthält.

Ich hoffe, ich lehne mich jetzt nicht zu weit aus dem Fenster, wenn ich mal annehme, dass Euer Garten diesem Kriterium nicht unbedingt als oberstes Ziel gerecht werden soll, oder ☺? Ihr wollt sicherlich in erster Linie darin leben, Euch erholen, darin spielen, Obst und Gemüse anbauen, Euer Auto und Eure Fahrräder unterstellen, Gäste empfangen usw. All dies sind Funktionen eines Gartens. Designer gestalten zum Benutzen. Völlig egal, ob sie nun Fleischermesser, Ladeneinrichtungen oder Gärten gestalten. Designer erhalten ihr Lob zwar oft für die optischen Qualitäten – ihren Lohn aber bekommen sie immer für die positiven Gebrauchseigenschaften. Wie liegt das Messer in der Hand, wie reagiert der Ladenkunde beim Einkauf? Wie nutzt, pflegt und erhält der Gartenbesitzer den Garten? Wenn dann Regeln zur Arbeitssicherheit (Messer), zum Verbraucherschutz (Laden) oder zur Gartengestaltung nicht eingehalten wurden, dann bekommt der Gestalter keinen Lohn, sondern ein Gerichtsverfahren.

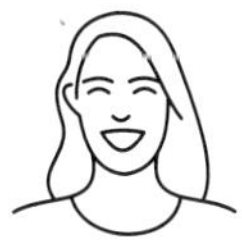

Ihr seid jetzt Gartendesigner und wollt keinen Rechtsstreit erschaffen. Das mit den Regeln und Gesetzen gehört einfach zum Job! Das muss funktionieren, sonst ist die schöne Gestaltung schlichtweg nichts wert. Und wir wollen doch Werte schaffen. Wir designen wie die Profis.

Recherche

Es ist also Eure Aufgabe, alle relevanten Vorschriften für Euer Gartenprojekt zusammenzusuchen. Die Sachen, die Euch wirklich betreffen, sollten Euch beim Überfliegen der

Stichpunkte zu den Begriffen und zu den Gesetzen/Verordnungen (→ Seite 64-67) auffallen. Am besten schreibt Ihr Euch diese Begriffe auf einen Zettel bzw. in ein Dokument. Dann sucht Ihr erst einmal mit den aufgeschriebenen Stichwörtern im Internet. Versucht, etwas schlauer zum jeweiligen Stichwort zu werden. Es gibt viele hilfreiche Seiten mit Erklärungen von Rechtsanwälten bis Verbraucherforen. Passt nur auf, dass es für Eure Region gilt. Die meisten Vorschriften sind regional sehr verschieden. Das Fischerdorf in Schleswig hat völlig andere Regeln zu Gärten als das Bergdorf in Oberbayern.

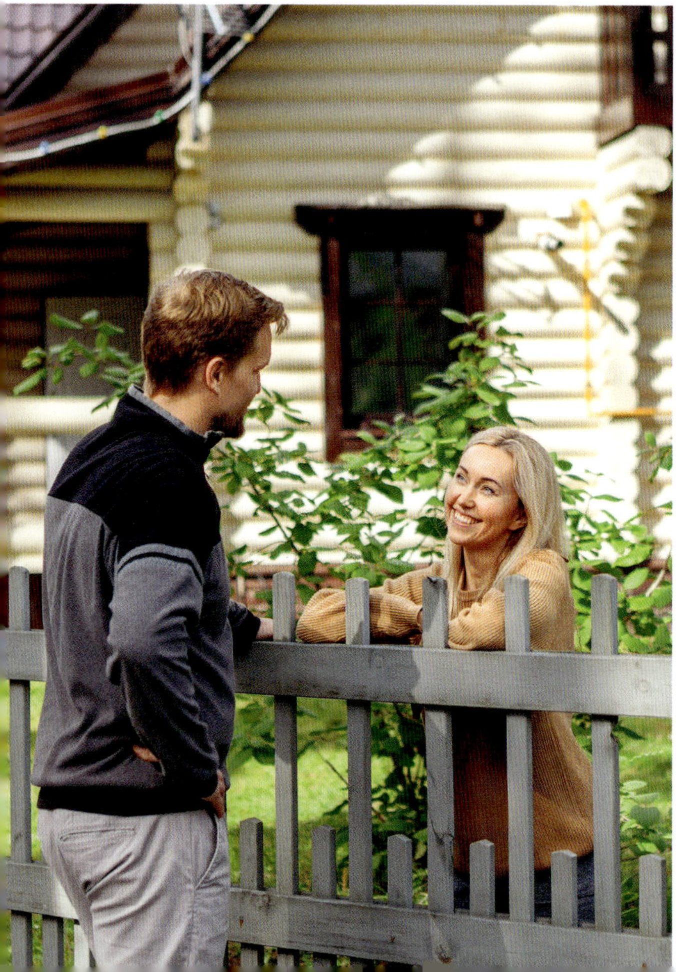

Kontakt zu den Ämtern

Mit dieser Vorbereitung fragt Ihr zur Sicherheit immer das Amt an. Das Bauamt oder das Naturschutzamt oder die Wasserbehörde. Ich weiß, die Ämter haben einen recht schlechten Ruf. Das ist oft sehr unberechtigt. Meine Erfahrungen sind im Großen und Ganzen sehr positiv. Und ich glaube, dass es daran liegt, wie ich vorbereitet bin. Ich mache genau das, was Ihr jetzt getan habt. Vorher recherchieren, die richtigen Begriffe wissen und sehr konkrete Fragen überlegen.

Die Leute im Amt freuen sich, wenn sie um Hilfe gebeten werden, wenn sie beraten und erklären dürfen. Fragt: »Was müsste ich tun, um das oder das zu machen?« oder »Ich habe bei Ihnen gelesen, dass man für das oder jenes einen Antrag braucht. Gilt das bei meinem Grundstück auch?« Das Ergebnis wird sehr viel befriedigender für beide Seiten sein als Fragen wie: »Ich will den Baum da fällen. Das geht doch, oder?« Mit solchen Formulierungen macht Ihr von vornherein klar, dass Ihr Euch überhaupt noch nicht damit beschäftigt habt und eigentlich nur ein Ja akzeptieren wollt. Da hat die Amtsperson eigentlich keine Chance mehr und weiß das auch. Das ist eine ganz schlechte Ausgangsposition.

Nehmt mögliche Absagen durch Amt oder Gesetze eher mit einem Lächeln hin. Frust ist zwecklos. Und vieles davon bedeutet sicher-

Niemand kann sich seine Nachbarn aussuchen. Aber so wäre es perfekt. Beide Gartenbesitzer reden miteinander. Nicht nur übers Wetter, auch bei Problemen.

lich eine kleine Einschränkung für Euch und meinesgleichen, aber doch auch viel Schutz vor sehr unvernünftigen Sachen. Z. B. vor radikalen Ideen der Nachbarn. Also jetzt mit Vorkenntnissen und einer positiven Grundeinstellung zum Telefonhörer gegriffen.

Die lieben Nachbarn

Das Nachbarschaftsrecht beruht für mein Dafürhalten auf der niedrigsten aller menschlichen Angewohnheiten, der Missgunst. Es ist aber auch bestimmt das älteste in der Rechtsprechung und witzigerweise in der Gartengeschichte von großer Bedeutung. Ich weiß das, weil ich mich mit der frühen Gartengeschichte lange befasst habe. Es gibt nicht gerade sehr viele Zeugnisse zu Pflanzen oder Gärten vor der Erfindung des Buchdruckes. Als nur wenige Menschen schreiben konnten, mussten sie die Gesetze oder Urteile aufschreiben. Daher stehen in frühen Quellen immer so Sachen wie Anbauanweisungen für Landgüter oder eben Urteile zu streitenden Nachbarn.

Meine Bitte an Euch: Vermeidet von vornherein Zwistigkeiten. Beredet es mit dem Nachbarn, bevor Ihr einen Schuppen an die Grundstücksgrenze baut oder einen Baum da pflanzt. Und dann haltet das gemeinsam schriftlich fest. Es ist nämlich so, dass die Nachbarschaftsgesetze nur herangezogen werden, wenn sich die Nachbarn vorher nicht selbst schriftlich geeinigt haben.

Sicherheits-Tipp

DER MENSCHLICHE FAKTOR

Was Nachbar Horst oder Tante Hilde sagen, ist nicht immer wahr. Hier wird sehr oft veraltetes, nur halb verstandenes Wissen mit eigenen Verwechslungen einfach vermischt und weitererzählt. Das hilft niemandem und Ihr müsst mir versprechen, dass Ihr Euch nur auf Eure eigene Recherche verlasst. Ich kann Euch wirklich nicht erklären, warum so viele Leute so überzeugend so viel Falsches erzählen. In meinem Berufsleben habe ich dazu schon die krassesten Beispiele erlebt. Alles verschwendete Lebenszeit und dazu noch ein viel zu hohes Risiko für Euch. Bei rechtlichen und technischen Fragen gilt immer und unumstößlich nur ein Grundsatz: Glaube ist gut, Kontrolle ist besser.

Pflanzabstände

Jetzt zu einem Thema, auf das Ihr sicher schon gewartet habt: Gibt es Regeln für die Abstände von Bäumen, Sträuchern, Hecken und Co.? Ja, die gibt es! Und ja, auch diese sind sehr unterschiedlich. Dank dieses Buches habe ich mal ein paar Bundesländer mehr als bisher recherchiert. Oh Mann, da liegen Welten dazwischen. Manchmal betrifft es nur Hecken und Bäume, woanders zählen alle Pflanzen dazu. Manchmal sind es nur 0,5 Meter vom Zaun, dann wieder bis zu 1/3 der Wuchshöhe. Letzteres würde für eine 21 Meter hohe Linde einen Abstand zum Nachbarn von mindestens sieben Metern voraussetzen. So breit sind manche Grundstücke in der Stadt gar nicht.

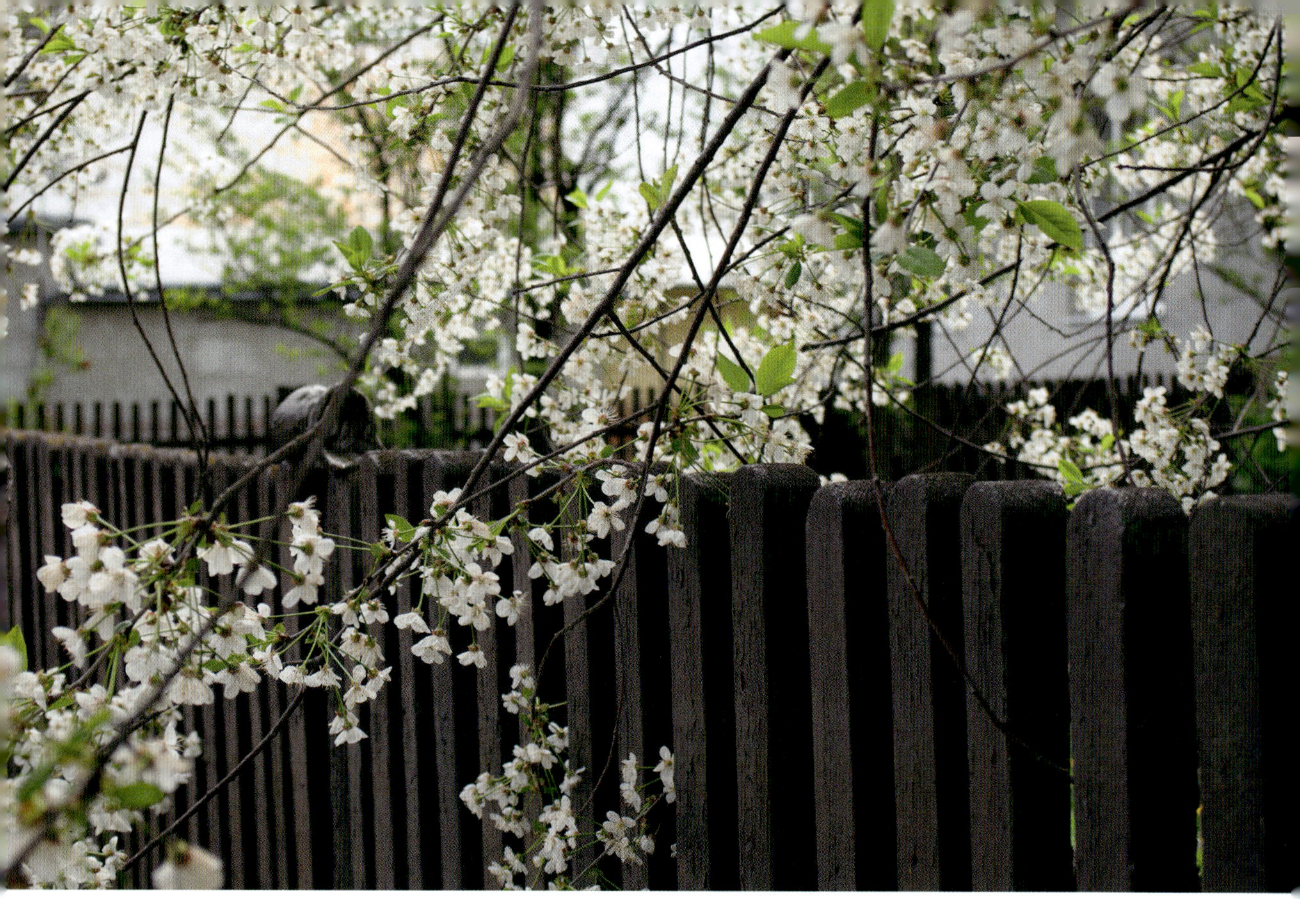

Malerisch hängen die Äste des Obstbaumes über den Gartenzaun. Was aber sagt der Nachbar dazu? Und wird der Baum noch breiter? Lieber vorher informieren!

Für mich als klassische Stadtgartenplanerin völlig irrational und unzeitgemäß. Das macht aber nichts. Bei Pflanzen ist das alles nicht ganz so tragisch.

Die häufigste Regelung ist eine 3-Meter-Abstandslinie zum Zaun, die Ihr im Plan einzeichnen solltet. Die ist auch ein sicherer Abstand für alle Baumpflanzungen. Also damit meine ich richtige Bäume, so mit hohem Stamm und erst oben, über unseren Köpfen, die Krone. Nur, dass wir uns da richtig verstehen. Das ermöglicht einen Durchmesser von sechs Metern für die Krone, ohne dass ein Ästchen zu den Nachbarn reicht. Für die meisten Gartenbäume ist das sowieso das Maximum. Für richtig groß werdende Baumarten wie die Linde reicht das langfristig aber nicht. Da reden wir aber wirklich von laaaaangfristig. Wer von uns weiß denn, was in 15 oder 20 Jahren an Regeln und Gesetzen gilt? Außerdem kann man die meisten Bäume im Streitfall mal etwas zurückschneiden. Gerade bei Linden geht das super. Das macht Ihr dann im Ernstfall ab und an und der Nachbar wird es irgendwann leid, immer zu mahnen und zu drängeln. Na, jedenfalls kann man darauf hoffen.

Es geht bei Gehölzen immer um den Faktor Zeit. Kleinere Bäume oder auch große Sträucher sehen ja beim Kauf noch recht schmächtig und niedrig aus. Bitte pflanzt sie nicht unüberlegt in die Nähe der Grundstücksgrenze. Da seid Ihr wirklich in der Pflicht. Gehölze brauchen immer etwas länger, um ihre eigentliche Größe zu erlangen. Das Problem mit dem Nachbarn würde also erst in ein paar Jahren wirklich aufkommen. Aber eben schon in zwei, drei oder fünf Jahren. Das geht schnell rum. Es ist grundsätzlich wichtig, dass Ihr selbst vorher wisst, wie groß eine Pflanze werden wird. Wenn Ihr so einen winzigen, jungen Strauch mit nur zwei Trieben in einem Topf gleich vor den Zaun setzt, obwohl er in wenigen Jahren drei Meter hoch und 2,5 Meter breit werden wird, dann ist das wirklich Euer Fehler. Das ist auch nicht mehr mit etwas Rückschnitt zu regulieren. Man kann ja Sträucher nicht zwingen, nur zur einen Halbseite hin zu wachsen. Da wartet mal lieber noch auf das Kapitel zu den Pflanzen. Hier geht es erst mal nur um die Vorschriften. Und es gilt, dass Ihr bei allen Gehölzen (Bäume, Sträucher, Heister, Büsche usw.) nachschaut, wie breit sie werden. Die Hälfte Ihrer Endbreite ist der sichere Abstand zum Zaun. Dann werden Euch die Regeln nicht in die Quere kommen und Ihr müsst später nicht jedes Jahr schneiden und schneiden und schneiden und … Kosten, Zeit, Regeln; alles spricht gegen eine andere Vorgehensweise! Ist also kein Thema, okay?

SCHNITTHECKEN

Ausnahmen sind geschnittene Hecken. Hier bestimmt Ihr die Breite und die Höhe mit der Schere selbst. Aber auch hier plant den Abstand gut. Wenn die Pflanze beim Einpflanzen nur 30 Zentimeter Platz bis zum Zaun hat, wie kann sie da noch wachsen, sich verzweigen, Blätter entwickeln? Und wie wollt Ihr sie dann später, wenn sie größer ist, noch schneiden? Ihr kommt ja gar nicht mehr zwischen Zaun und Hecke. Langer Rede, kurzer Sinn: Schaut Euch mal gut gewachsene Hecken in anderen Gärten oder Anlagen an und messt nach, wo die Pflanze aus der Erde kommt und wie breit die Hecke insgesamt ist. In der Regel täuscht man sich gewaltig mit den Abständen. Und ja, auch mit Eurem Enthusiasmus beim Nachschneiden. Hecken werden deshalb immer dicker als geplant.

CHECKLISTE ALLGEMEIN ABSTAND PFLANZEN – ZAUN:

Bäume:

- ◯ fast überall Mindestabstand zwei bis drei Meter vom Pflanzort aus zum Zaun
- ◯ innerhalb der verbleibenden Fläche könnt Ihr Bäume fast immer pflanzen
- ◯ solltet Ihr das Pech haben, in einem Bundesland mit strengeren Regeln zu leben, fragt den Nachbarn
- ◯ ein junger Baum braucht lange, bis er im Radius (also im halben Durchmesser) auf über drei Meter Kronenbreite kommt

Sträucher:

- ◯ wachsen im Gegensatz zu geschnittenen Hecken frei und gemäß Ihrer Art in typischer und vorherbestimmter Breite und Höhe, die Ihr erfragen könnt
- ◯ Strauch/Busch immer mit dem Abstand pflanzen, dass er im ausgewachsenen Zustand nur den Zaun berührt

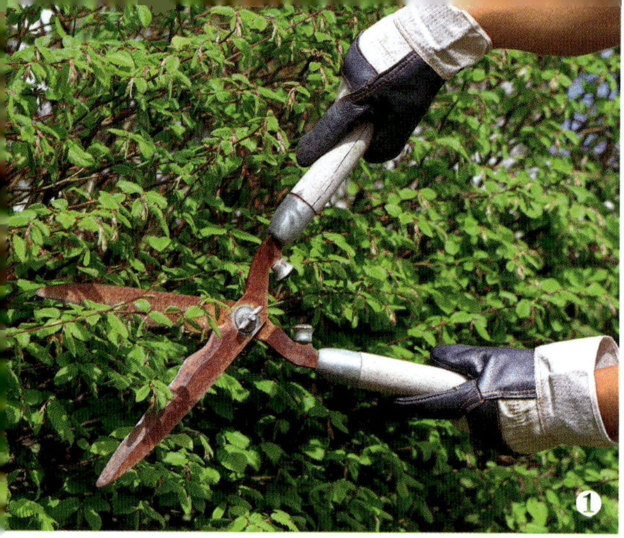

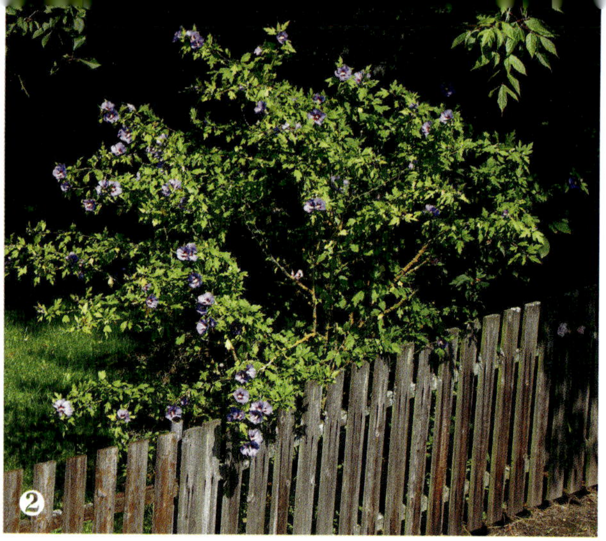

1. Formhecken sind sehr beliebt und brauchen wenig Platz. Zumindest, wenn sie regelmäßig geschnitten werden. **2.** Für frei wachsende Sträucher sollte man die spätere Wuchsbreite beim Pflanzabstand beachten. Dann gibt's nachher auch keinen Ärger.

Baumschutz

Jetzt kann es aber vorkommen, dass Ihr Bäume und Sträucher fällen oder roden müsst. Das ist immer schade. Gerade in gestalterischer Hinsicht sind Bäume und Sträucher, die schon alt sind, immer ein Gewinn. Manchmal muss es aber einfach sein. Das weiß auch ich. Was müsst Ihr da beachten? Das steht in jeder Baumschutzverordnung. Und ja, da geht es nicht nur um Bäume. Da täuscht wieder mal der Name. Bestimmte Sachen beziehen sich hier auch auf Hecken oder Sträucher.

Für alle gilt die Schonzeit vom 1. März bis zum 30. September. In dieser Zeit dürfen keine Fällungen oder starke Rückschnitte vorgenommen werden. Das ist nicht etwa zum Schutz der Bäume gedacht, sondern zum Schutz von Vögeln, Insekten und anderen Lebewesen. Und das gilt für alle Gartenbesitzer gleich. Hier werden die Kontrollen immer schärfer und die Anwohner sind immer aufmerksamer. Also wartet lieber, bis die Zeit gekommen ist. Ab dem 1. Oktober dürft Ihr bis zum letzten Februartag sägen, fällen, roden, schlagen. Aber Vorsicht: nicht jeden Baum oder Strauch. Die Schonzeit ist bundesweit gleich, die geschützten Arten nun wieder nicht. Das liegt in der Natur der Sache – jede Region hat ihre eigene schützenswerte Vegetation. Ihr findet also in Euren lokalen Baumschutzsatzungen die geschützten Bäume und Sträucher aufgelistet und auch die Größe, ab wann der Schutz gilt. Oft ist das ein Stammumfang, der in 1,3 m Höhe gemessen wird. Alle geschützten Arten müsst Ihr für eine Fällung beim Amt genehmigen lassen. Und dafür braucht es einen Grund. Etwa dass der Baum nicht mehr sicher bzw. sehr krank ist.

Ich empfehle niemandem, Baumfällungen allein durchzuführen. Das ist viel zu gefährlich. Nehmt Euch dafür immer eine Fachfirma. Diese hilft Euch beim Antrag, kann die Bäume einschätzen und weiß um lokale Besonderheiten. Solche Firmen sind für die Kontrollen zuständig, die oft vorgeschrieben sind. Sie können Totholz aus alten Bäumen schneiden oder gefährliche Äste sichern. Fragt oder sucht nach Baumpflegefirmen.

In den Baumschutzverordnungen steht zudem, dass in den Wurzelbereich der Bäume nicht eingegriffen werden darf. Die Wurzeln eines jeden Gehölzes sind immer eine größere Fläche als der sichtbare Kronenbereich. Als Faustregel könnt Ihr Euch direkt unter die letzten Blätter der Baumkrone stellen und dann noch anderthalb große Schritte nach außen gehen. Der Baum bildet mit seinen Blättern ja so eine Art Regenschirm. Das meiste Wasser tropft am Rand dieses Schirmes auf die Erde. Da Bäume nicht dumm sind, haben sie ihre feinen, wasseraufnehmenden Wurzeln natürlich genau vor diesem Regenschirm. Das Bild ist doch für alle einleuchtend, oder? Daher ist es wirklich ein großer Schaden für den Baum, wenn in dieser Zone einfach Wurzeln weggegraben werden oder die Erde versiegelt oder verdichtet wird. Zum anderen hält sich der Baum ja mit seinen starken, dicken Wurzeln bei Wind in der Erde fest. Und denkt jetzt mal an die Herbststürme, die mit mächtiger Gewalt an den Bäumen rütteln. Da sind enorme Kräfte am Werk. Die starken Wurzeln der Bäume sind wie Arme. Daran sind die mittleren Wurzeln wie Finger, die sich in die Erde krallen. Wenn da jemand auch nur einige wichtige »Finger« abschneidet, was kann passieren? Genau! Ein mächtiges Padabum! Deshalb gibt es diese Vorschrift und deshalb solltet Ihr Euch daran halten. Versprochen?

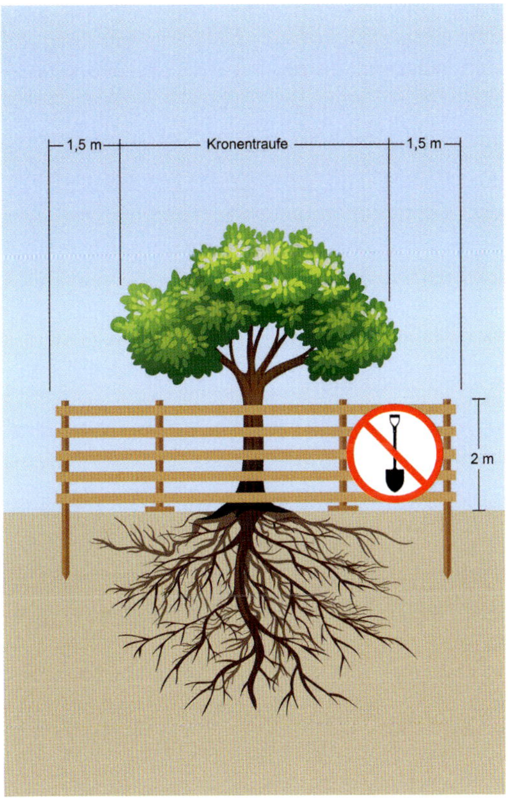

Der Wurzelraum eines Baumes ist größer als seine Krone. Beim Bauen sollte dieser Bereich geschützt werden. Grabt hier nur vorsichtig per Hand.

Besonderheiten

So, ich hoffe, ich habe nichts vergessen und wir können endlich mal was Entspanntes machen. Mir fallen natürlich noch jede Menge anderer Vorschriften ein. Da bleibt mir jedoch nur, Euch darauf hinzuweisen, dass es für Euer Grundstück mehr geben kann. Denkmalschutz, Wasserschutz, Flächenversiegelung o. Ä. Das ist aber so individuell, dass ich hier nicht darauf eingehen kann. Also bitte informiert Euch oder lest noch mal, was Ihr da so vom Amt bekommen habt, und die folgenden Seiten.

Wenn alles gut gelaufen ist, dann habt Ihr jetzt einen Rahmen innerhalb Eures Grundstückes mit 3 Meter oder ähnlichem Abstand zu den Nachbarn, Ihr habt jetzt die möglichen Größen Eurer Garagen/Carports und Schuppen. Habt Ihr alles aufgeschrieben? Prima! Ich will doch endlich mit Euch loslegen! Auf geht's!

BAUBEGRIFFE

Die folgende Liste ist auf keinen Fall vollständig. Aber mit den genannten Begriffen habe ich bei meinen Projekten oft zu tun. Das sind vor allem die wichtigsten Schlagwörter für die baulichen Sachen im Garten. Die braucht Ihr, wenn Ihr noch nicht genau wisst, wo die Garage/der Carport, der Schuppen/das Gerätehaus oder sonst irgendeine im weitesten Sinne als Gebäude zu bezeichnende Sache zu platzieren ist. Oft geht es um Mauern, Wände und Treppen im Gelände. Hier sind ebenfalls Fundamente nötig und es geht um Sicherheit und Statik, Bauhöhe und Abstände. In vielen Kommunen sind auch die befestigten Flächen – also die Wege, Terrassen oder Plätze – limitiert. Oder es gibt Vorschriften zu ihrer Beschaffenheit. Daher ist es für die Gartenplanung ebenfalls wichtig, sich vorher genauer zu informieren. Die Begriffe helfen Euch für die Anfrage beim Amt oder der Internetsuche. So werdet Ihr leicht zu Ergebnissen kommen.

Bauflucht

Das ist eine festgelegte Linie durch alle Grundstücke parallel zur Straße für die vordere Hausfront, also den Anfang des Hauses, und damit auch die Größe des Vorgartens. Das heißt nicht immer, dass Ihr ab hier bauen müsst, nur dass Ihr es dürft. Nie davor. Das gilt meist für alle Nebengebäude (siehe unten)! Ausnahmen sind manchmal Carports oder Garagen.

Baugrenzen

Ein markiertes Feld, innerhalb dessen das Haupthaus gebaut werden darf. Wenn das Haus die ganze Fläche dieses Feldes schon ausfüllt, bleibt kein Spielraum mehr zum Variieren. Wenn da noch Fläche frei ist, könnte das Haus etwas innerhalb des Feldes verrückt werden. Das ist Euer Spielraum. Einzeln stehende Nebengebäude sind davon meist nicht betroffen. Als Anbauten gehören sie aber zum Haus.

Bebaubare Fläche

Je nach Bundesland und Kommune festgelegte maximale Fläche, die zugebaut werden darf. Was zur Bebauung zählt, ist leider sehr verschieden geregelt und auch, wie diese Fläche berechnet oder festgelegt wird. Meistens ist das in den Bebauungsplänen festgeschrieben. Da solltet Ihr aber in jedem Fall fachliche Beratung suchen. Die Berechnung dazu kann sehr kompliziert sein.

Nebengebäude

Das sind alle kleineren Bauten zusätzlich und unabhängig vom (ohne Verbindung zum) Haupthaus. Z. B. Garagen/Carports, Schuppen/Gerätehäuser, Pool- oder Gewächshäuser, oft auch Pergolen oder Überdachungen. In der Regel ist Ihre Flächengröße begrenzt und manchmal auch der Standort im Grundstück.

Grenzbebauung

Als Grenzbebauung werden Haupt- und Nebengebäude bezeichnet, die auf oder nahe zur Grundstücksgrenze stehen. Der Begriff täuscht also etwas, denn er bezieht sich nicht nur auf die direkte Grundstücksgrenze. Es wird

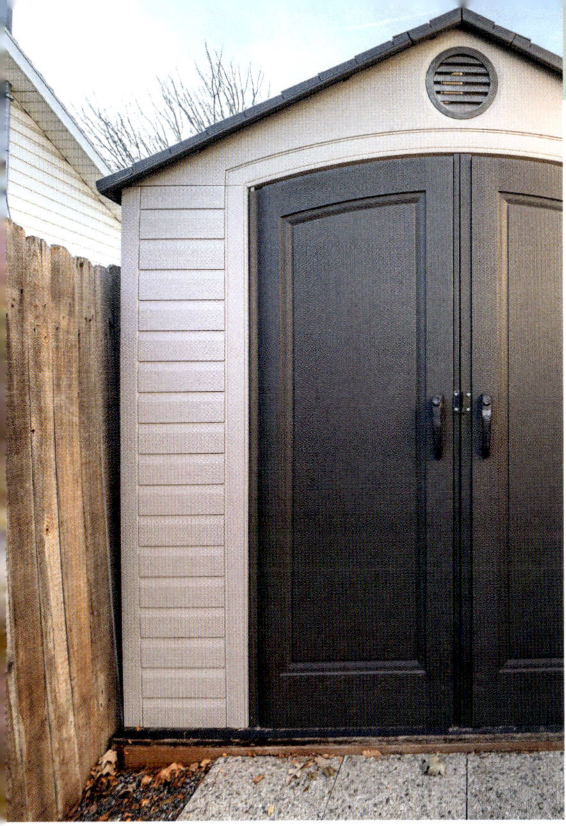

Na, das passt ja gerade noch so. Ob das jedoch erlaubt war, steht auf einem anderen Blatt.

meist ein Abstand bis zu drei Metern als Grenzbebauung gerechnet. In der Regel werden die erlaubten Mengen oder Größen solcher Bauten in Quadratmeter-Flächen oder in Meter-Länge zur Grenze angegeben. Also auch 2,99 Meter von der Grundstücksgrenze entfernt kann ein Schuppen noch Grenzbebauung sein. Bei Regeln mit Flächenangaben spielt das kaum eine Rolle, bei Längenbegrenzung wäre es entscheidend. Und alle Neben- und Hauptgebäude zählen hier zusammen. Da ist jetzt Mathe gefragt!

Genehmigungspflichtige Bauten/Einbauten

Das sind alle baulichen Sachen, die laut Eurer Bauverordnung eine Genehmigung benötigen. Da das sehr unterschiedlich geregelt ist, nehmt diese Suchbegriffe und sucht online in Eurer kommunalen Bauverordnung (siehe Gesetze und Verordnungen) danach. Manchmal hängt die Genehmigung davon ab, ob ein richtiges Fundament benötigt wird. Dann sind auch Mauern oder Sichtschutzwände davon betroffen. Oder es ist mit der Höhe des zu bauenden Objekts geregelt. Habt Ihr dann schon etwas gebaut, dann könnte es sein, dass Ihr solche Bauten zurückbauen (abreißen) müsst, wenn das Bauamt es beanstandet. Also besser vorher prüfen.

Versiegelte Fläche

Das sind Flächen in Eurem Garten, die, teils oder ganz, mit wasserundurchlässigem Material belegt sind. Anders ausgedrückt sind es alle Flächen, die nicht mehr 100 %ig offenen Boden haben. Beete, Rasen, Wiese haben überhaupt keine Versiegelung. Geschlossene Asphalt- oder Betonflächen sind 100 %ig versiegelt. Natürlich sind Gebäude immer vollkommen wasserundurchlässig. Ein gepflasterter Gartenweg hat hingegen noch kleine Fugen zwischen den Steinen, durch die etwas Wasser versickern kann. Daher gilt er als nicht völlig undurchlässig. Rasengittersteine lassen noch mehr Wasser durch. Dazu gibt es festgelegte Werte, die Ihr aber wieder erfragen müsst. Auch hier lohnt sich Fachberatung oder Hilfe vom Bauamt.

Gehwegüberfahrt

Der Fuß- oder Gehweg ist öffentliches Land. Da darf keine Privatperson einfach etwas umbauen. Für eine neue oder verlegte Zufahrt muss eine Genehmigung vorliegen. Also bitte nicht schon das Tor bauen und die Garagenzufahrt pflastern, bevor die Stelle mit Position und Breite genehmigt wurde.

VERORDNUNGEN UND GESETZE

Und wo findet Ihr die Gesetze und Verordnungen zu den eben genannten Baubegriffen? Mittlerweile ganz selbstverständlich auf den Webseiten Eurer Bauämter. Also noch den Namen der Kommune dazugeschrieben, bevor Ihr die Enter-Taste drückt. Oder gleich die Webseite der Kommune aufrufen und dort suchen.
Da es viele verschiedene Regelwerke gibt, folgen nun noch die wichtigsten Gesetze und Verordnungen dazu. Auch solche, die zu anderen Ämtern wie den Grünflächen- oder Naturschutzabteilungen gehören. Achtung: Die Ämter haben sehr verschiedene Namen für ihre Unterabteilungen. Daher ist es eben oft einfacher, direkt nach dem Regelwerk zu suchen. Hier geht es ja nicht nur um Eure Nebengebäude, sondern auch um Baumpflanzungen, Entwässerungsanlagen und Brunnenbohrungen. Checkt also mal, ob Ihr Euch da angesprochen fühlt mit Euren Wünschen und Ideen für den Garten! Let´s go!

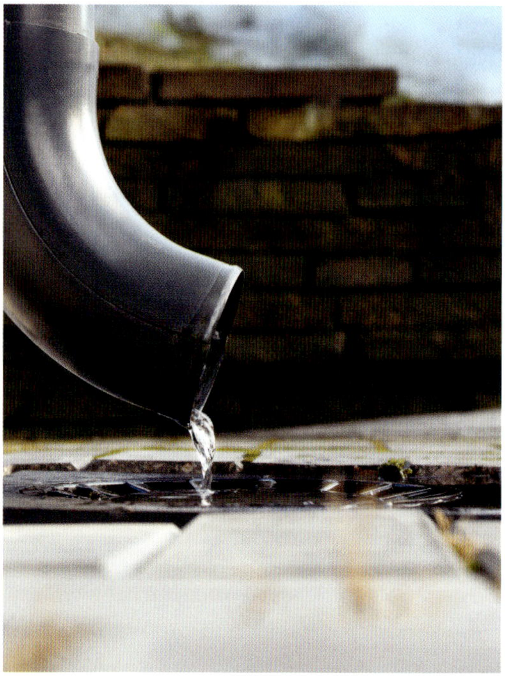

Der Umgang mit dem Regenwasser ist mehr und mehr gesetzlich geregelt. Nicht ohne Grund. Klimawandel und Flächenversiegelung machen es notwendig.

Bauordnung/Bauverordnung

Diese ist Ländersache. Hier findet Ihr alles zu den baulichen Sachen in der typischen Juristensprache erwähnt. Z. B. was alles genehmigt werden muss, bevor Ihr es bauen dürft. Sie regelt die meisten Dinge für Euer Grundstück in Bezug aufs Bauen. Vieles davon hängt eher mit Eurem Haus zusammen, aber eben nicht alles. Die bebaubare Fläche oder die erlaubte Menge Grenzbebauung beispielsweise haben auch viel mit dem Garten zu tun. Das ist aber eben sehr kryptisch formuliert und selten beim ersten Überfliegen zu verstehen. Dann doch lieber das Bauamt anrufen und fragen.

Nachbarschaftsrecht

Na, der Name spricht für sich, oder? Worüber können sich Nachbarn streiten? Zäune, Bäume, Ruhezeiten, alles um die Grundstücksgrenze bis hin zu Heckenhöhe und Fallobst. Also ist es sehr wichtig für uns. Eine der häufigsten Fragen ist immer, wie nah an der Gren-

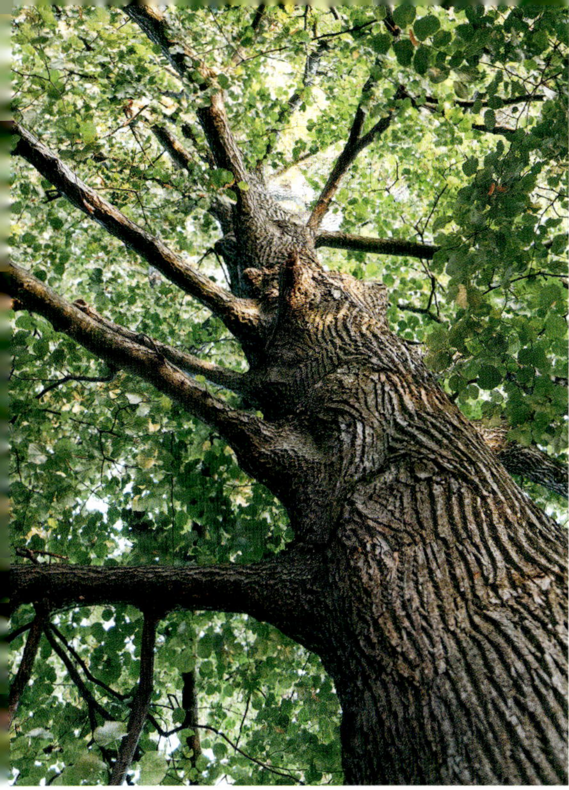

So eine rüstige Eiche ist unbezahlbar für die Natur. Viele alte, heimische Bäume stehen daher unter Schutz.

ze kann ich Bäume, Hecken und Sträucher setzen. Hier steht es drin. Wer ist für welchen Zaun zuständig? Dito.

Wasserhaushalts-/Trinkwasserschutzgesetze u. Ä.

Der Umgang mit Wasser wird auch für Privatgärten immer wichtiger. Die meisten Grundstücksbesitzer dürfen das anfallende Niederschlagswasser (Regenwasser) nicht mehr in das öffentliche Kanalnetz einleiten, sondern müssen es auf dem eigenen Grundstück versickern lassen. Hier findet Ihr alle Regeln dazu. Entwässerungs- und Versickerungseinrichtungen (Gruben, Rigolen, Zisternen) dürfen nicht überall hingebaut werden und müssen sicher berechnet und gebaut sein. Die Stärke der Regenereignisse (wie viel Regenwasser pro Zeit fällt auf unsere Flächen) nimmt immer mehr zu. Daher werden die Regeln für den Umgang damit auch nachgebessert. Wasser im eigenen Keller oder der Garage des Nachbarn ist ganz schlecht und sehr teuer. Wenn Ihr da keinen fachlichen Beistand habt, fragt eher ein Landschaftsarchitekturbüro oder eine Fachfirma für Garten- und Landschaftsbau. Immer öfter wird ein Überflutungsnachweis für das Grundstück verlangt. Bei neuen Brunnen müsst Ihr ebenfalls nachfragen. Im Schadensfall wird das richtig teuer. Es geht aber auch um den Schutz der Trinkwasserleitungen im Garten und vieles mehr.

Baumschutzverordnung

Das ist nun definitiv für jeden Gartenplaner von Bedeutung. Hier steht, welche Bäume und Sträucher geschützt sind und daher nicht einfach gefällt werden dürfen. Auch wann überhaupt Gehölze gefällt, gerodet bzw. stark beschnitten werden dürfen und wann Schonzeit zum Schutz für Kleintiere, Vögel und Insekten ist. Und, was viele nicht wissen, hier steht zudem, dass im Wurzelbereich der Bäume nicht in die Erde eingegriffen werden darf. Anschütten oder weggraben ist nicht so einfach möglich. Einiges gilt für uns alle, anderes ist wieder mal individuell.

Sonderfälle

Es gibt natürlich noch viele andere Gesetze, die für spezielle Gebiete oder Fachbereiche gelten. Z. B. haben Grundstücke in Wasser- oder Landschaftsschutzgebieten zusätzliche oder sogar ganz andere Vorschriften. Auch betreffen manchmal Belange des Naturschutzes oder des Denkmalschutzes unsere Gärten. Das sind jedoch Sonderfälle, die ich hier nicht alle aufführen kann.

Eckig oder lieber rund?

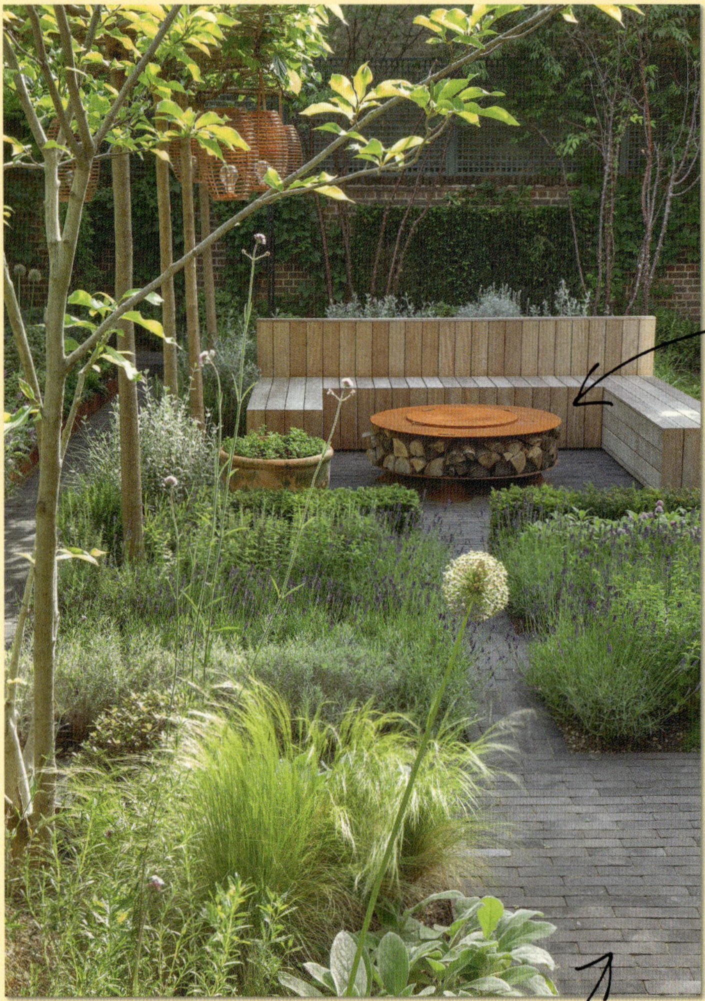

Wo haben Blumen Platz?

Wie breit ist ein Weg?

GESTALTUNG – AUF ZUM DESIGN

Herzlichen Glückwunsch!
Alle Vorarbeiten sind geschafft und Ihr bekommt schon mal ein Zwischendiplom von mir: »Auszeichnung für hervorragende Leistungen bei der Grundlagenermittlung zum Gartendesign«

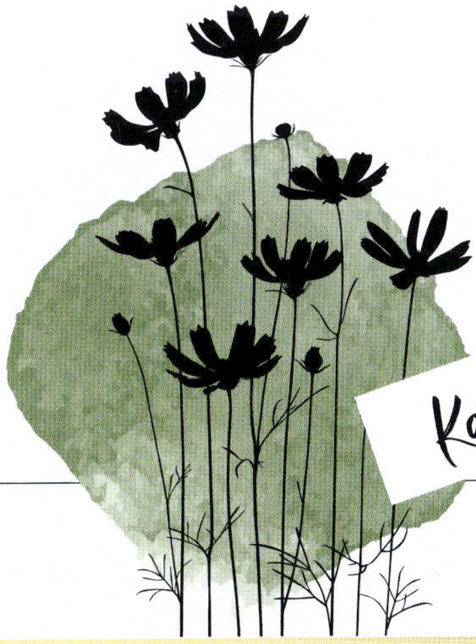

Kapitel 03

PLATZIEREN DER BAULICHEN ELEMENTE

Man fängt beim Design im Garten immer mit dem Setzen der großen, gebauten Elemente an. Das sind zunächst die Gebäude und Plätze.

Gartengebäude sind, neben dem eigentlichen Haus, vor allem Garagen oder Carports, Schuppen, Gerätehäuschen oder Gewächshäuser. Andere Gebäude sind eher selten geworden. Immerhin sind Nebengebäude, wie Werkstätten, Außenküchen, Ställe oder Scheunen, nicht mehr sehr im Trend. Falls Ihr da noch Ideen verwirklichen wollt und auch könnt, nehmt sie mit auf in Eure To-do-Liste.

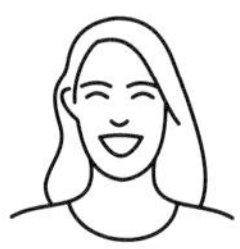

Pavillons, Überdachungen oder Pergolen gehören hingegen aus gestalterischer Sicht zu den Sitzplätzen und Terrassen dazu. Sie sind eigentlich nur zusätzliche Ausstattungen dafür. Daher suchen wir erst den perfekten Platz zum Sitzen und später ergänzen wir sie dann, wenn es sinnvoll und gewünscht ist.

Alles nur Flächen

Egal ob wir jetzt Gebäude oder Plätze in Eurem Grundplan arrangieren, von oben sind es nur Flächen. Mit diesen Flächen können wir spielen. Überlegt, welche Größe Ihr braucht. Wenn Ihr z. B. eine große Familie seid, immer viele »Mäuler zu stopfen« sind oder Ihr gerne und oft Gäste im Garten empfangen wollt, dann müssen die Terrassen dafür genügend Platz bieten.

Gleiches gilt für die Nebengebäude. In einem kleinen Schuppen finden nur wenige Gartenutensilien Platz. Solltet Ihr aber eine kleine Fahrradsammlung haben oder im Winter alle Loungemöbel dort unterstellen wollen oder viele Spielgeräte für die Kinder haben, die auch mal weggeräumt werden sollten, dann muss ein größerer Schuppen her. Ihr wisst am besten, was Ihr so an Sachen einplant. Ich gebe Euch auf Seite 72/73 einige Flächenmaße als Anhaltspunkte mit.

Terrasse/Sitzplatz

Mehr als acht Sitzmöglichkeiten am Gartentisch würde ich nur in Ausnahmefällen für feste Plätze einplanen. Zu größeren Feiern kann man immer auch auf die Rasenflächen als Zusatzmodul zurückgreifen. Nichts ist schlimmer als zu große Plätze. Sie wirken im Alltag leer und überdimensioniert. Und der Alltag sollte immer Eure Maßvorgabe sein. Die meiste Zeit verbringt bitte in gemütlicher und passender Atmosphäre.

Schuppen/Gerätehäuser

Beim Schuppen habe ich nur grobe Richtwerte. Es gibt unter Euch einige, die perfekte Stapelkünstler sind und daher mit recht wenig Platz auskommen. Gerade bei Gartenmöbeln und Fahrrädern ist die Unterbringung ja oft nur im Winter nötig. Da muss man sehr selten in den Schuppen. Wenn Ihr aber zu den Ordnungsfans zählt und immer ein System braucht, das das ganze Jahr über funktioniert, dann nehmt Euch nach Möglichkeit mehr Platz dafür. Nutzt zusätzlich die Wände, z. B. für Fahrrad-Aufhängungen. Das gibt es auch für Möbel, Spielgeräte usw. Es spart Raum und alles hat seinen bestimmten Platz.
Und achtet auch auf die Modelle der jeweiligen Anbieter. Oft sind es modulare Systeme für solche Häuschen. Das heißt, es gibt nur Grundmodule, die in Länge und/oder Breite anbaubar sind. Ihr könnt den Schuppen natürlich auch individuell bauen lassen, aber falls Ihr das nicht wollt, solltet Ihr schon mal recherchieren, was so die gängigen Maße dafür sind.

Garagen/Carports/Stellplätze

Der Platz für Eure Autos ist zum einen abhängig von der Fahrzeuggröße. Denkt dabei unbedingt ein paar Jahre voraus: Wenn die Familie wächst, dann wächst das Auto mit. Zum anderen ist es direkt abhängig von Euren Fahrkünsten und Euren Nerven dafür. Aber das Thema fasse ich lieber nicht an. Das Eisen ist mir zu heiß ☺.
Wenn wir die passende Größe der Terrassen, Schuppen und Parkplätze wissen, wenn wir überprüft haben, ob wir im erlaubten Rahmen sind (denkt an die Regeln und Vorschriften Seite 57 und 66/67), dann schauen wir nach dem perfekten Platz.

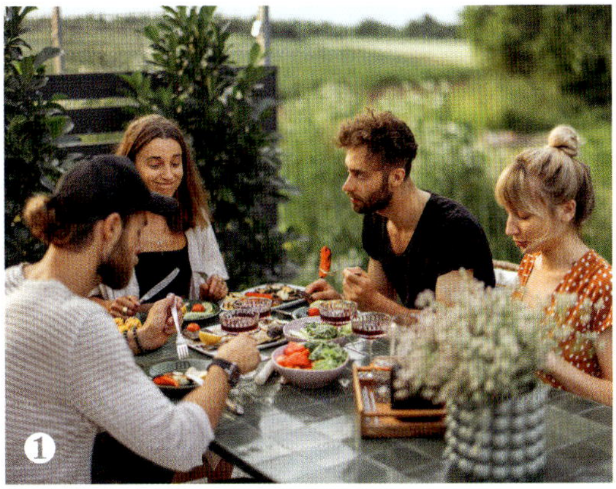

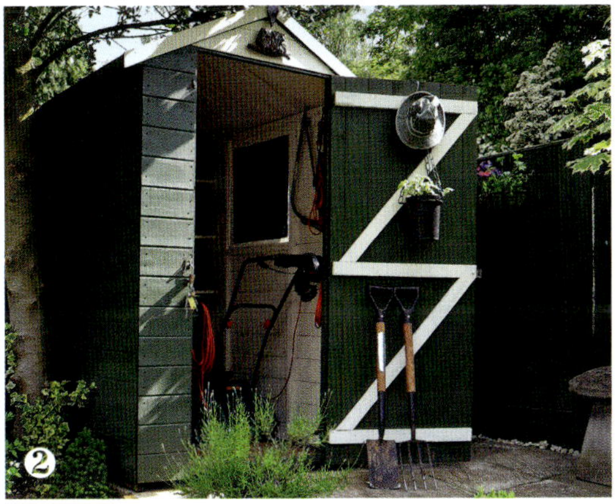

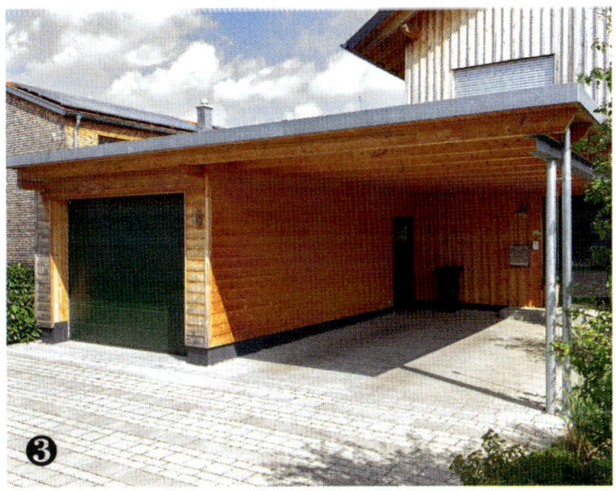

1. Wie groß Eure Terrasse werden muss, hängt davon ab, wie groß Euer Tisch ist, und das wiederum davon, wie viele Leute daran Platz nehmen. **2.** Kein Schuppen ist je groß genug. Aber brauchen wir das ganze Zeug eigentlich wirklich? Überlegt erst einmal, was unbedingt nötig ist. **3.** Garagen oder Carports sind immer massive Gebäude, die großen Einfluss auf den Garten haben.

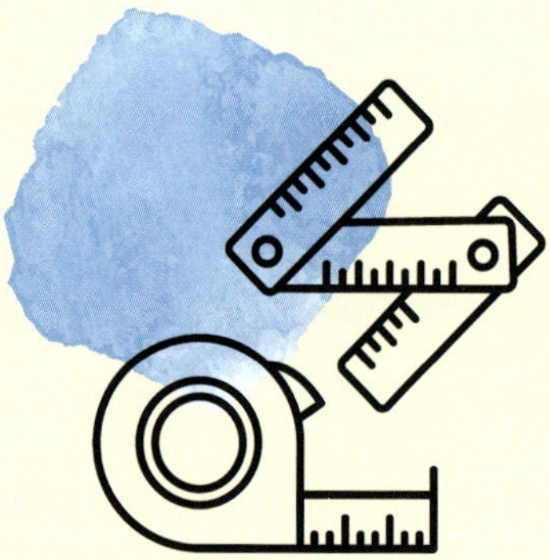

GROSS ODER KLEIN – WAS BRAUCHT IHR WIRKLICH?

Die Platzgröße der wichtigen Plätze und Nebengebäude ist eine Frage der Grundstücksgöße, ganz klar. Aber Ihr könnt auch Platz effektiv nutzen und verteilen. Das liegt ganz an Euch. Verhalten, Ausnutzung und Organisation - das sind die beeinflussbaren Faktoren für Euch. Wählt also mit Bedacht und Weitblick in die Zukunft.

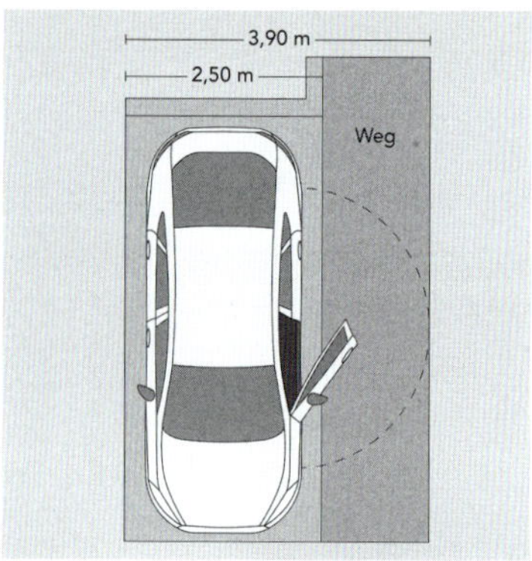

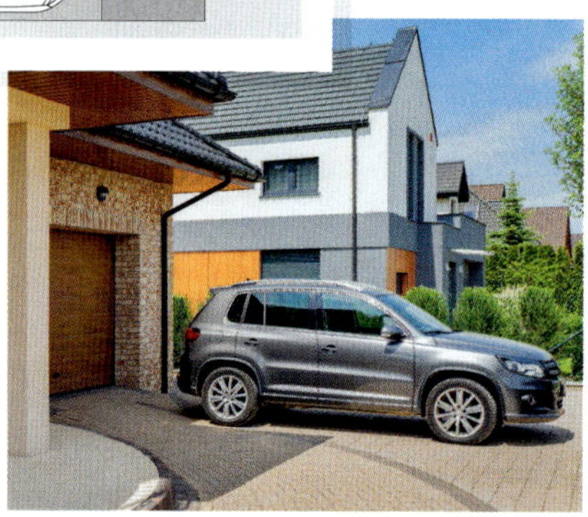

FLÄCHENBEDARF GARAGEN/ CARPORTS/STELLPLATZ:

Achtung: Das gilt jetzt nur für Parkflächen mit gerader Zufahrt. Also nur beim Einparken ohne Kurvenradien oder sonstige Manöver. Dazu kommen noch Hinweise im entsprechenden Abschnitt. Und es ist natürlich sehr von der Autogröße abhängig. Smarts brauchen weniger und SUV´s mehr.

- Ein Parkplatz im öffentlichen Raum misst 2,5 x 5.0 m / 12,5 m²; das ist aber ohne Raum zum bequemen Aussteigen oder Auspacken geplant; dafür nutzt man in der Regel dann den sich seitlich überschneidenden Raum und den Gehsteig dahinter – den habt Ihr im Garten nicht immer;
- Ein Stellplatz für ein größeres Auto plus etwas Platz für das Aussteigen und Auspacken benötigt 3,5 x 6,0 m / 21,0 m²
- Ein Stellplatz für zwei Autos nebeneinander plus etwas Platz für das Aussteigen und Auspacken: 6,0 x 6,0 m /36 m²
- Ein Carport benötigt noch etwas Platz mehr, da die Pfosten einengen
- Eine Garage beansprucht wieder etwas Platz mehr, da die Wände stärker einengen und oft auch noch anderweitig genutzt werden

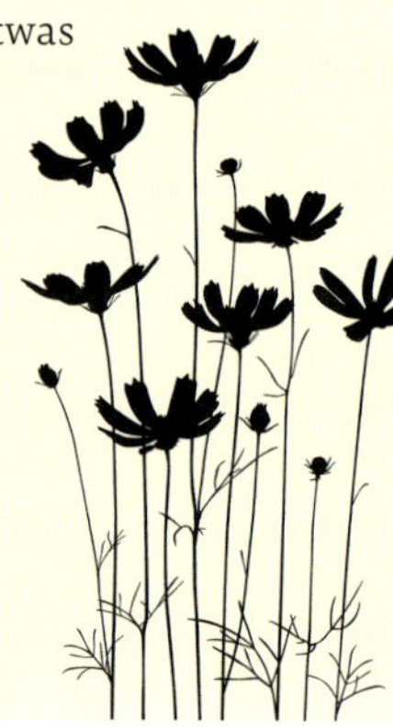

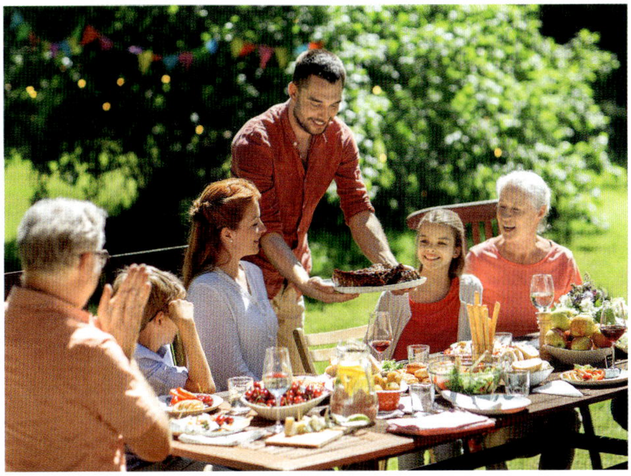

FLÄCHENBEDARF TERRASSE/SITZPLATZ:

(Mindestmaß je nach Anordnung und Möbelgröße)

- Tisch und Stühle für 2 Personen ab 3,0 m x 1,8 m / ca. 5,0 m²
(mit Bewegungsraum)
- Tisch und Stühle für 4 Personen ab 3,0 m x 2,0 m / ca. 6,0 m²
(mit Bewegungsraum)
- Tisch und Stühle für 6 Personen ab 3,0 m x 3,0 m / ca. 9,0 m²
(mit Bewegungsraum)
- Tisch und Stühle für 8 Personen ab 3,0 m x 4,0 m / ca. 12,0 m²
(mit Bewegungsraum)

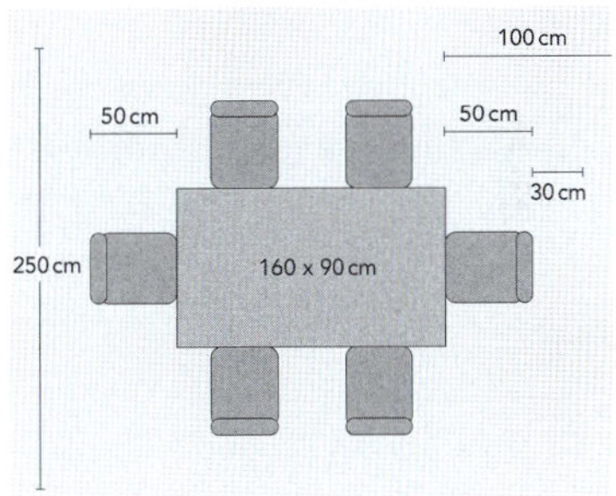

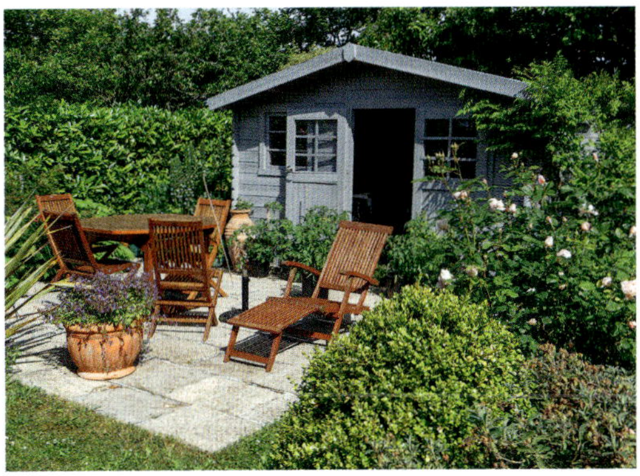

FLÄCHENBEDARF SCHUPPEN/ GERÄTEHÄUSER:

- Einfacher Stauraum für eine Regalwand und kleinere Geräte zum Hinstellen ab 2,0 x 2,0 m / 4,0 m²
- Größerer Stauraum für eine Regalwand und größere oder viele Geräte zum Hinstellen ab 3,0 x 2,0 m / 6,0 m²
- Zusätzlich Platz für Fahrräder im Winter oder stapelbare Gartenmöbel ab 3,5 x 2,5 m / 9,0 m²
- Für alles zusammen, größere Geräte, Fahrräder und Gartenmöbel im Winter ab 5,0 x 3,0 m / 15,0 m²
- Schuppen mit mehr als einem Raum für viele Funktionen und Unterstellmöglichkeiten ab 20,0 m²

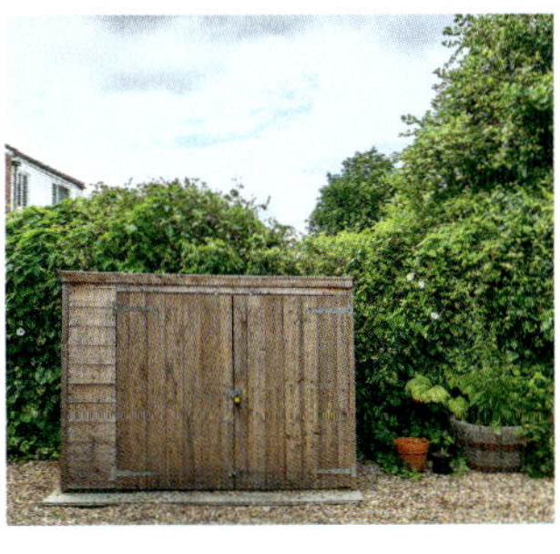

Arbeits-Tipp

WARUM MIT PAPIER ODER GEGENSTÄNDEN ARBEITEN?

Na, weil wir damit auf dem Grundplan völlig frei probieren können, indem wir die Sachen dahin oder dorthin schieben. Da ist dann das Einzeichnen und dann doch wieder Wegradieren etwas umständlich für den Anfang. Bei diesem Ausprobieren steht man auch mal auf und schaut von Weitem auf das Ensemble, schiebt dann wieder etwas und schaut wieder … Ihr versteht schon. Eben mit Muße und Spaß die Ideen spielerisch erobern.

Das Suchen und Finden der richtigen Stellen

Die richtige Stelle für die Terrassen und Nebengebäude finden wir durch Ausprobieren. Dazu können wir uns jetzt viereckige Flächen basteln. Also, wenn Ihr auf Papier arbeitet, schneidet Euch eine entsprechende Fläche aus, die Ihr auf dem Plan hin und her schieben könnt. Ich erinnere noch mal an das Millimeterpapier für den Maßstab 1:100, das Euch sogar das Messen erspart, da Abzählen reicht. Maßstab 1:100 bedeutet immer 1 Zentimeter im Plan = 1 Meter in Wirklichkeit, also das Einfachste. Sonst lest noch mal oben nach.

Es geht auch mit irgendwelchen Gegenständen, die in etwa die Größe und Proportion haben. Ernsthaft! Schachteln, Dosen, gefaltete Taschentücher … Hauptsache, es sind in etwa die Maße für Euren Plan. Super sind Legosteine oder Ähnliches. Die Idee hat sehr viele Vorteile. Damit könnt Ihr Euch richtige Raumkörper bauen und Euch die dritte Dimension (Höhe) viel besser vorstellen. Damit könnt Ihr sogar die größeren Bestandsbäume oder Hecken richtig nachbauen. Das muss ich ja selbst gleich mal ausprobieren. Wo sind gerade Kinderzimmer aufzutreiben? ☺

Wenn Ihr digital arbeitet, dann könnt Ihr Euch natürlich einfach ein entsprechend großes Feld erzeugen, es etwas farbig füllen und damit am Bildschirm probieren. Das Prinzip ist ja das gleiche. Für die 3-D-Wirkung müsstet Ihr aber schon anspruchsvolle Programme verwenden und können. Einige Programme bieten das an. Der Aufwand ist aber etwas größer und der Effekt kleiner. Daher überlegt noch mal: Legosteine! ☺

Jetzt kommen unsere Vorarbeiten zum Einsatz. Also blenden wir uns nun die Layer mit der Lichtanalyse, den Fluchtlinien und den Sichtachsen ein bzw. legen die Transparentpapiere übereinander auf den Grundplan. Beim Papier sind jetzt etwas Klebstreifen oder schwerere Gegenstände (Briefbeschwerer) zum Fixieren hilfreich. Glaubt mir, es nervt, wenn sich die Papiere dauernd verschieben … Also irgendwie festmachen. Und los geht's!

Womit fangen wir an? Für mich sind die Terrassen und Sitzplätze immer der Anfang. Da haben wir schon die meisten Vorgaben erarbeitet und sie sind letztlich auch die eigentlichen Aufenthaltsbereiche im Garten. Sie sind also am einfachsten und noch dazu am wichtigsten. Der Schuppen prägt ja nicht unseren Garten. Das wäre eine seltsame Priorität.

SITZECKEN UND TERRASSEN

Wir kommen also jetzt zu unseren wichtigsten Flächen in der Gartengestaltung, den Terrassen und Sitzplätzen. Und Ihr wisst bereits, wie groß Eure Sitzbereiche sein sollen.

Die Vierecke, die Ihr ausgeschnitten, aufgebaut oder angelegt habt, schieben wir jetzt im Plan herum. Dabei suchen wir erst einmal nur den richtigen und ausreichenden Platz dafür. Später könnt Ihr daraus dann auch noch schrägere, abgerundete oder ganz runde Formen machen. Das ergibt aber erst Sinn, wenn Ihr wisst, wo genau und wie genau. Also erst einmal Vierecke …

Platzieren zu den Fluchtlinien

Es sollte immer mindestens zwei Sitzplätze geben: Morgensonne und Abendsonne. Dafür sind ja schon Eure markierten Flächen gezeichnet. Jetzt orientiert Ihr Euch zusätzlich an Euren Fluchtlinien, sie bilden ja schon ein Raster dafür.
Ihr könnt auch parallel dazu neue Fluchtlinien mit diesen Terrassen kreieren. Das heißt, Ihr versetzt die Plätze mit einem gewissen Abstand zur bisherigen Flucht. Am besten ein Vielfaches von schon vorhandenen Linienabständen dieser Fluchten. Ein kleines bisschen danebenzuliegen ist in der Wirkung eher schlecht. So nach dem Motto: Knapp daneben ist auch vorbei. Das merkt dann jeder gleich in der realen Ansicht. Es muss zu Eurem Raster passen. Z. B. die Hälfte vom Rasterabstand nebenan oder das Doppelte. Gut ist hier auch der »Goldenen Schnitt« möglich, das ist die 1/3 zu 2/3 Aufteilung. Viel mehr Varianten gibt es nicht. Und das ist doch wieder gut, oder? Da ist der Spielraum auf wenige Möglichkeiten begrenzt. Es sind erst einmal nur Plätze im Sinne von gepflasterten Flächen oder Terrassenplatten oder Holzdielen. Sie haben keine dreidimensionale Wirkung. Wenn Ihr könnt und es zusätzlich passt, dann legt sie ans Ende oder wenigstens in Eurer Blickachsen.

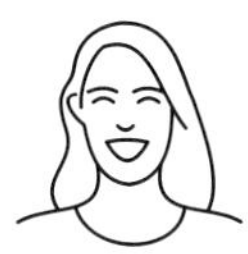

Auf Terrassen in den Blickachsen könnt Ihr dann neben der auf- oder untergehenden Sonne auch noch den weitesten Blick im Garten genießen. Das wäre perfekt. Klappt aber leider nicht immer. Ist eben so. Macht auch nichts. Be easy.

Und nun schiebt die Papier-Terrassen oder Pixelfelder noch möglichst nach dem praktischen Nutzen herum. Im besten Fall ist eine der Terrasse sehr nah am Haus oder direkt dran. Das ist einfach superpraktisch. Für ein Essen draußen will niemand andauernd ganz

bis ans Ende des Gartens laufen. All das Geschirr und Essen hinbringen und wieder zurück. Das macht man nicht jeden Tag so gern. Daher ist etwas näher am Haus eine Terrasse sehr komfortabel. Und ja, ich weiß, dass Ihr da doch eigentlich immer sitzen wollt. Das werdet Ihr aber nicht tun, wenn die Sonne ganz woanders scheint.
Ihr glaubt mir nicht? Ich habe recht oft Gärten, die schon fertig gebaut waren, für Kunden neu zu planen, weil sie gemerkt haben: Wir würden eigentlich lieber dort sitzen, wo jetzt der Schuppen ist. Ich freu' mich ja über Aufträge, aber mir tun auch die Gartenbesitzer leid, die noch einmal so viel Geld in die Hand nehmen müssen, damit sie das bekommen, was sie eigentlich gleich hätten haben können.
Also Scheuklappen weg und pragmatisch auf den Grundplan geschaut! Ihr könnt durch die Analyse ganz genau sehen, wo Ihr am liebsten sitzen werdet. Und wenn Ihr schon eine Hausterrasse auf der schattigen Nordseite habt, dann nutzt sie in heißen Sommermonaten. Das sollte dann aber der dritte Sitzbereich sein. Schaut dennoch nach den beiden ersten.

Rechtecke

Die Form der Terrassen ist jetzt abhängig von Eurer Formenanalyse. Rechtecke gehen nahezu immer gut. Sie sind sozusagen eine sichere Bank. Solche Terrassen oder Sitzplätze wirken immer gewollt und geordnet. Die meisten Häuser basieren ja auf dieser Grundform. Da macht Ihr selten etwas falsch. Aber Rechteck ist nicht gleich Rechteck. Auch damit könnt Ihr jetzt mal spielen. Vielleicht passt ein Quadrat richtig gut an den Platz, in Euer Fluchtlinienraster und zu Eurem Haus? Oder lieber ein schmaler und langer Platz? Rechtecke können verschiedene Proportionen haben. Z. B. 1:2 oder 1/3:2/3 im Verhältnis Länge zu Breite. Sie wirken dann schlanker oder dicker. Seht Euch noch einmal die Fassadenstudie dazu an.

Runde Formen

Ihr könnt diese aber auch rund gestalten, indem Ihr sie einseitig oder an den Ecken abrundet, wenn Ihr das zu Eurer Hausfassade erarbeitet habt. Schwierig wird es bei ganz freien runden Formen. Das ist etwas für schon recht

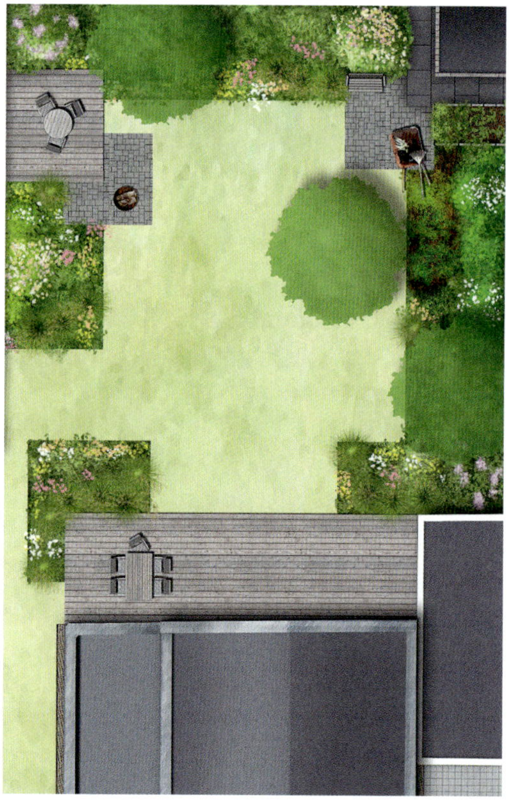

Ein schönes Beispiel für Rechteck-Terrassen in einem kleinen Garten. Sieht gar nicht so kühl aus. Sucht mal die Fluchtlinien!

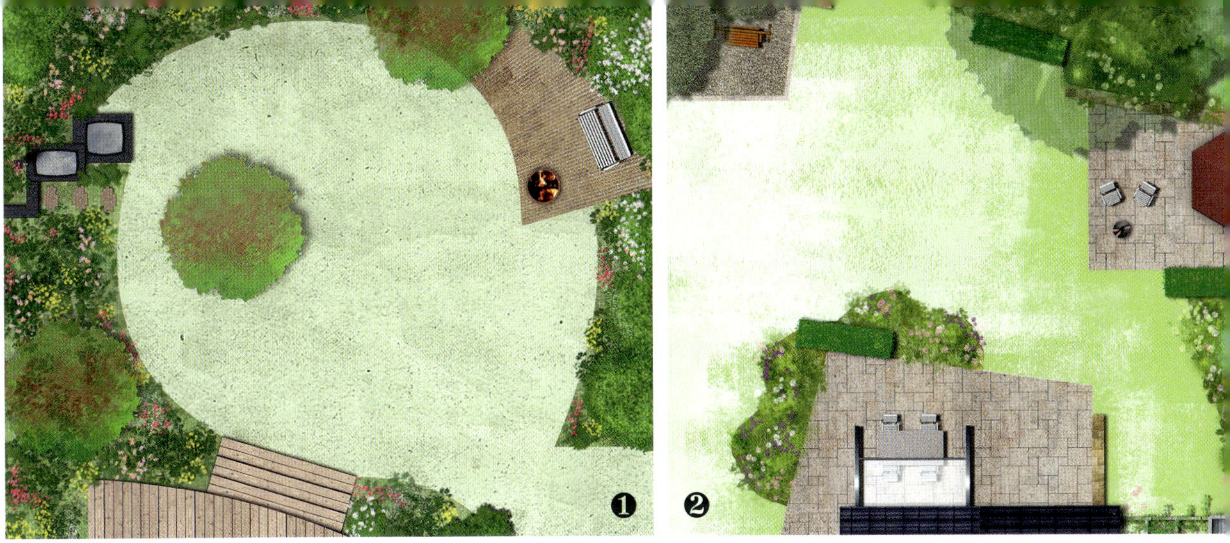

1. In diesem Beispiel sind die Terrassen und Beete alle aus Kreisbögen gemacht. Der Garten wirkt beschwingt und dennoch geordnet. **2.** Schräge Terrassen klingen erst einmal befremdlich. Das Beispiel zeigt, dass es dennoch eine gute Idee sein kann. Schrägen schaffen Weite.

geschulte Leute. Sogenannte Nieren- oder organische Formen. Dafür probiere ich auch länger herum. Hier die Form, die Proportion und den Rhythmus in Einklang zu bringen, braucht wirklich viel Gefühl für Formensprache und Design. Dazu müsst Ihr auch wissen, dass nicht alle Materialien für runde Formen geeignet sind. Große Terrassenplatten sind z. B. dafür nicht brauchbar. Niemand kann diese in halbwegs guten runden Grenzen abschneiden. Das schlagt Euch bitte gleich aus dem Kopf. Trennschleifer hin oder her, das sieht immer dilettantisch aus. Holzterrassen sind nur bedingt geeignet, da man nur die Lauflängen etwas abrunden kann. Sonst habt Ihr ja ganz kleine Dielenstücke, die niemand auf irgendeiner Tragkonstruktion befestigen kann.
Für völlig runde Formen werdet Ihr daher nur sehr kleinteilige Materialien verwenden können. So etwas wie Pflastersteine oder Klinkerriemchen (siehe Kapitel Materialien), die die Rundungen auch ausformen können. Oder ganz flächige, aber losere Beläge wie Splitt-Wegedecken (wie bei Parkwegen oder roten Tennisplätzen). Die Wahl der Form ist also, wie Ihr merkt, schon wieder ausschlaggebend für Euer Material und Budget.

Schräge Flächen

Genauso könnt Ihr die Rechtecke für Eure Terrassen auch schräg stellen oder die Ecken abschrägen, wenn Ihr so eine Fassadenstudie vorliegen habt. Das ergibt sich ja aus Eurem Fluchtlinienraster oder der Hausform ganz genau. Auch hier ist das Versetzen um ein Vielfaches immer möglich und förderlich. Die Auswirkungen auf die Materialwahl sind aber nicht sehr groß. Größere Terrassenplatten können immer recht einfach abgeschrägt werden, da das ja eine gerade Linie ist, die ein Trennschleifer oder ein Sägeblatt gut machen können. Auch durch das Verlegemuster sind Schrägen machbar, wie z. B. das berühmte Fischgrätmuster bei Ziegeln/Klinkern oder länglichen Pflastersteinen.
Aber jeder Zuschnitt am Rand kostet Geld. Und der Verschnitt, der übrig bleibt, den müsst Ihr mit kaufen. Das ist jetzt nicht die Welt und auch kein entscheidendes Kriterium. Wenn es gut zum Gesamtdesign von Haus

und Garten passt, dann macht das bitte und unbedingt. Schräge Plätze können den Blick in und aus dem Garten inszenieren, Platz sparen bei kleineren Gärten oder einfach schön eingebettet werden in Blumenbeete. Es lohnt also der Versuch.

Und ab in den Plan

Ihr schiebt und dreht also die Terrassenflächen auf Eurem Grundplan so lange hin und her, bis Ihr mit den Orten dafür zufrieden seid. Das braucht etwas Zeit. Macht Fotos von den Papierversionen oder speichert Varianten digital ab. Schaut immer mal über die Vorversionen drüber. Geht noch mal tagsüber und abends über das Grundstück. Lasst Euch dabei nicht von der momentanen Jahreszeit oder dem momentanen Zustand täuschen. Seht den Raum, die Blickachsen, die Ausblicke … solltet Ihr noch verschiedene Varianten haben, dann ist jetzt der Moment, an dem Ihr vielleicht merkt, dass der Platz für Terrassen nur in einer Variante wirklich gut ist. Damit hättet Ihr schon mal einen Favoriten.

Irgendwann hat das Probieren ein Ende und Ihr habt einen Platz für die zwei oder drei wichtigsten Plätze gefunden. Dort zeichnet Ihr sie ein. Einige haben sicherlich zwei unterschiedliche Versionen gefunden, die beide gut aussehen. Das ist auch super. Nehmt sie beide mit in die nächsten Runden.

Ihr probiert sicher schon etwas mit den Formen herum. Verspielt Euch dabei noch nicht ganz. Das könnt Ihr im Laufe der kommenden Arbeiten immer weiter tun, wenn wir die anderen Elemente dazu einarbeiten. Es folgen ja noch die nächsten größeren Sachen. Und zwar genau jetzt …

Ein Gartenbeispiel zur Inspiration. Zwei versetzte Rechteck-Terrassen an einer geschwungenen Rasenfläche. Seht Euch doch mal wieder Eure Ideensammlung an.

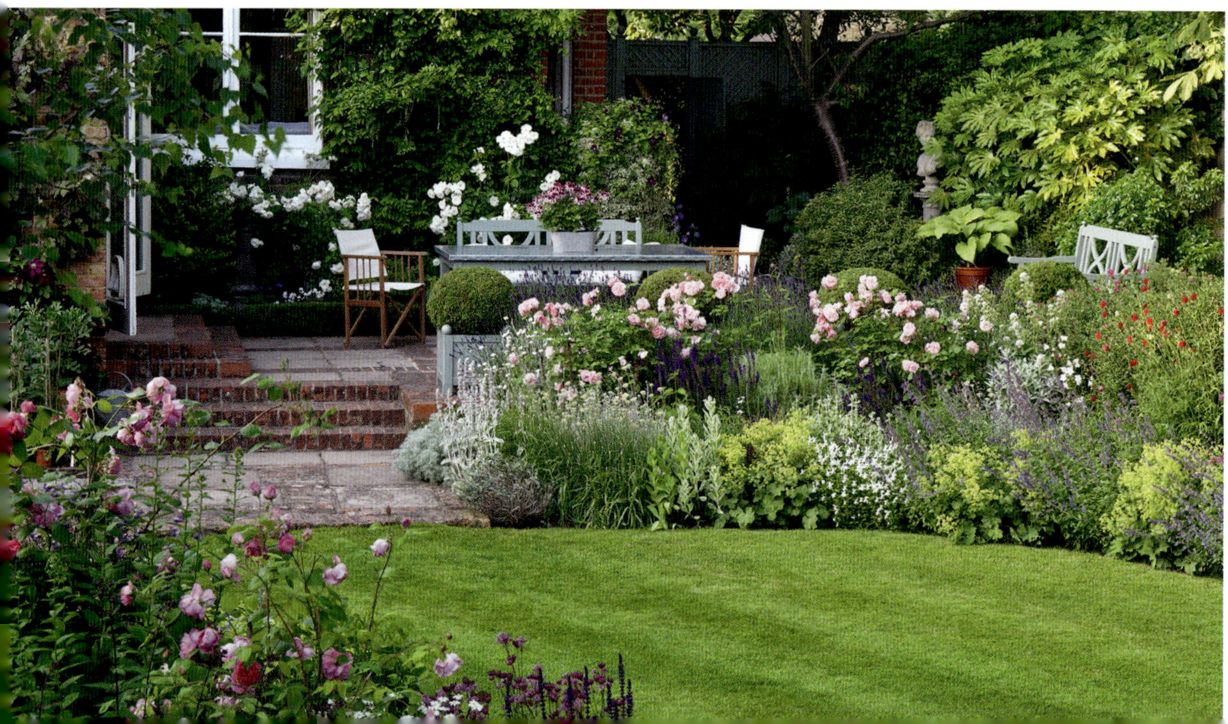

PLAN 04: MEINE TERRASSEN UND VORPLÄTZE

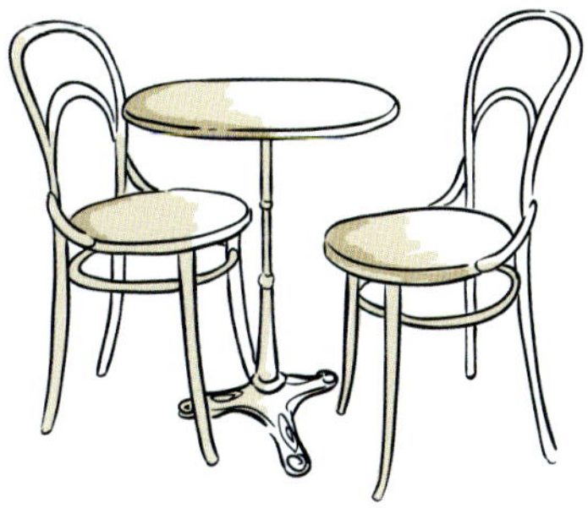

Für den Kaffeeklatsch ;)

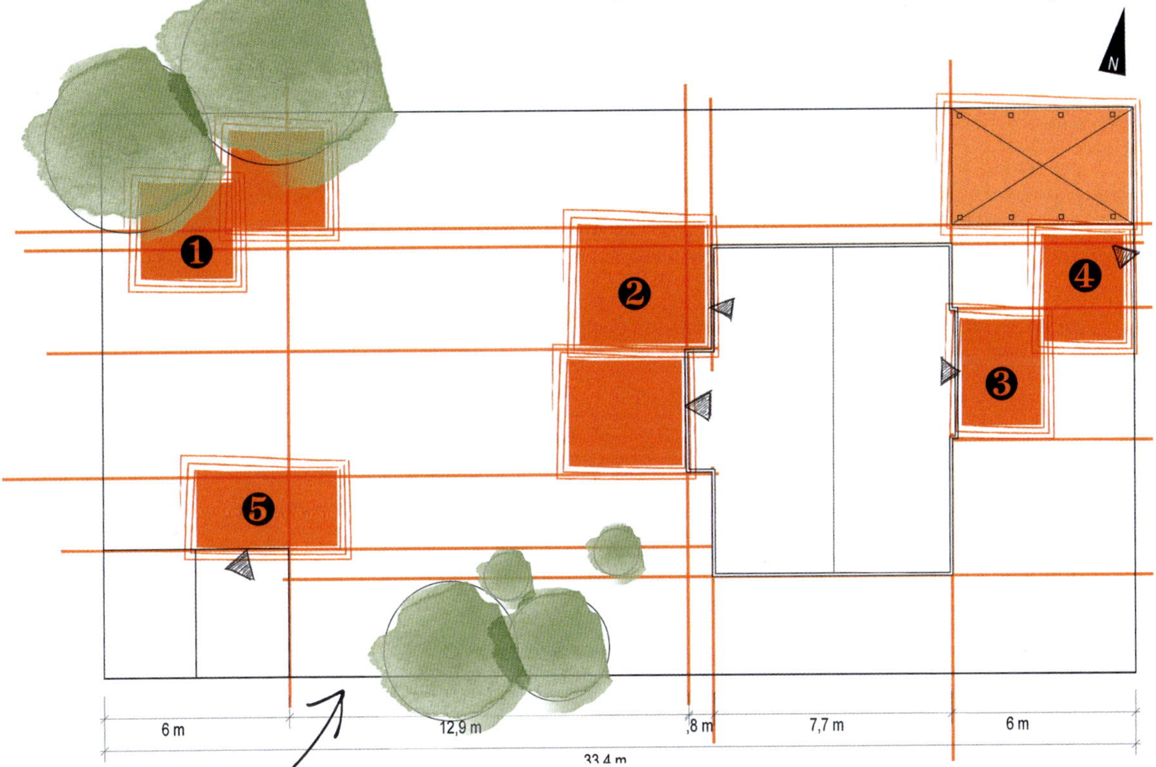

Wo steht der Grill?

HIER SIND ALLE PLÄTZE AN ORT UND STELLE

1. Meine Frühstücks- und Gartenterrasse werde ich etwas versetzt gestalten. So liegt sie schön in der Sichtachse und den Fluchtlinien und wird nicht zu groß. *2. Die Hausterrasse* sollte größer werden und beide Terrassentüren mitnehmen. An der Form muss ich aber noch arbeiten. *3. Die erste Idee* für den Vorgarten ist da. Das Podest am Haupteingang ist wichtig. Da wartet mein Besuch dann bequem. *4. An der Eingangspforte* braucht es noch einen kleinen Platz. Da ist der Briefkasten und beim Ausräumen des Autos wäre etwas Raum auch bequemer. *5. Zuletzt noch ein kleiner Vorplatz* für den Schuppen. Da sollte ja noch eine Bank im Schatten hin und zum Rumräumen und Gärtnern ist eine feste Fläche am Gartenhaus ein Muss.

DIE NEBENGEBÄUDE FEHLEN NOCH

Bei einem neuen Hausbau wurde die Frage, wo diese Nebengebäude stehen, sicherlich schon mit dem Bauantrag geklärt. Meistens jedenfalls die Garage oder der Carport.

Wenn nicht oder wenn Ihr diese Sachen auf einem bereits bebauten Grundstück zusätzlich einplanen wollt, dann sind hier die verschiedenen Vorgaben zu beachten, die Ihr jetzt schon für Euer Grundstück erarbeitet habt. Diese müsst Ihr beim Ausprobieren für den perfekten Standort einhalten.

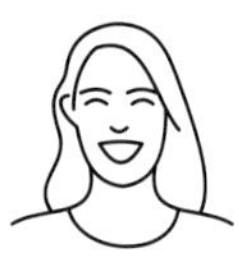

Der Spielraum, den wir zum Gestalten nutzen, sind zum einen ihre Proportionen. Also die Frage, ob sie eher lang und schmal oder breit und kurz werden. Und als Zweites natürlich ihr Platz: Wo passen sie gut in den Garten und sind auch am besten benutzbar? Also eher eine Frage der Funktion.

Garage, Carport oder einfacher Stellplatz

Die beiden Gebäudevarianten für Eure Autos haben prinzipiell keinen großen Unterschied in der Wirkung. Ein Dach haben sie beide. Die Garage ist ringsum geschlossen, der Carport seitlich offener. Optisch bilden sie jedoch den gleichen Raum. Und dieser ist sehr voluminös und dominant, da beide doch sehr massiv konstruiert sind und wir nicht darüber hinwegschauen können. Sie wirken daher sehr weit in den Gartenraum hinein und werden den Garten prägen. Es ist immens wichtig, dass Ihr sie so gestaltet, dass sie gut mit dem Haus korrespondieren, also perfekt zu ihm passen.
Am besten haben sie das gleiche Dach und/oder die Fassadenfarbe. So wirken sie als Ensemble und bringen keine neuen Farben und Formen in unser Design, auf die wir ja wieder reagieren müssten. Zu viele Noten verderben das Gesamtbild.
Die bloßen Stellplätze für Eure »Transportmaschinen« sind etwas weniger bedeutend, da sie ja viel kleiner und vor allem völlig flach sind (nur so hoch wie das Auto, wenn es denn da parkt) und daher optisch weniger Raum einnehmen. Sie wirken weit weniger dominant in den Garten. Kleinere Sträucher oder Hecken verstecken sie schon gut oder lockern die Fläche schnell auf. Ihr wählt dann nur das gleiche Pflaster wie im Rest Eures Gartens und schon passen sie in Euer Gartendesign. Easy.
Außerdem können sie anders genutzt werden, wenn das Auto mal nicht da rumsteht. Grillen, Ball spielen, Gartenmöbel putzen u. v. m. Stellplätze sind also ähnlich wie Terrassen zu

planen. Nur müsst Ihr natürlich die Bedürfnisse Eurer Autos zusätzlich mit einkalkulieren ☺ .

AUTOPALAST ODER PARKPLATZ

Der Platzbedarf für die Flächen ist abhängig von Euren Autos und ihrer Anzahl. Als typisches Großstadtkind verstehe ich nicht immer so ganz, warum man auf jedem Grundstück gleich »Paläste« für Autos bauen muss, wenn vor der Haustür genug Platz zum Parken ist. Wie viel Geld für den Bau der befahrbaren (also sehr belastbaren) Pflasterfläche kostet das und wie viel Gartenraum und unversiegelte Fläche sind damit gleich mal weg? Mit Blick auf Euer Budget, die Umwelt und die Gestaltung fragt Euch also bitte, ob Ihr das wirklich braucht. Das übliche Argument mit dem Versicherungsschutz oder dem längeren Werterhalt des Autos ist definitiv nicht mehr haltbar. Das könnt Ihr Euch gern mal durchrechnen. Carport oder Garage werden Euch auf jeden Fall einen kleinen bis mittleren Neuwagen kosten. Das muss es Euch wert sein. Und da hängt dann auch gleich noch eine elektrische Toranlage mit Fernsteuerung und die Versickerung des Regenwassers für diese versiegelte Fläche auf dem eigenen Grundstück dran. Also im Normalfall noch mal ein Kleinwagen. Zusammen ein ganzer Haufen Geld und Technik und nicht zuletzt gestalterischer Spielraum. Das noch mal zu hinterfragen, lohnt sich für alle immer.

Allerdings weiß ich natürlich, dass zumindest ein bis zwei Stellplätze in manchen Baugebieten vorgeschrieben sind. Vor allem in städtischen Gebieten. Aber auch hier sind keine Überdachungen oder gar »Wohnhäuser« für Autos verlangt. Und ein Stellplatz kann so gebaut werden, dass noch etwas oder sogar alles Regenwasser versickert. Sobald ein Dach darüber ist, müsst Ihr das mit Entwässerungstechnik lösen. Dachbegrünung hin oder her.

CHECKLISTE PARKFLÄCHEN

Parkflächen und -gebäude sollten:

- ○ Nicht unbedingt auf der Sonnenseite platziert werden (schade um die Fläche für anderes; schnelles Aufheizen im Sommer)
- ○ Nicht unter Baumkronen/im Wurzelbereich von größeren Bäumen platziert werden (Wurzelschutzraum darf nicht einfach gepflastert werden, Äste können runterfallen)
- ○ Nicht die schönste Sichtachse für das Auto vergeben (Ausnahme: Oldtimer! Da schaut man gerne hin)
- ○ Mit etwas Abstand für Sichtschutz/Auflockerung wie Hecken oder Sträucher zum Auto platziert werden
- ○ Parallel zur oder mit der Hausflucht platziert werden (Eure Fluchtlinien)
- ○ Genügend Abstand zur Einfahrt/zum Eingang für Schiebe- oder Schwenktor haben (Schiebetor ist länger als Tordurchfahrt, Schwenktor braucht Platz nach innen zum Aufgehen)
- ○ Im Gelände so platziert werden, dass kein Regenwasser auf die Straße läuft, sondern es möglichst in angrenzenden Grünflächen versickert (Höhen/Gefälle)

CHECKLISTE SCHUPPEN ETC.

Schuppen und Gerätehäuschen sollten:

- ◯ Nicht direkt in die langen Sichtachsen platziert werden (verkürzt den Garten optisch)
- ◯ Nicht unbedingt auf der Sonnenseite platziert werden (schade um die Fläche; schnelles Aufheizen)
- ◯ So platziert werden, dass ihr Schatten nicht stört (Lichteinfall Terrassen, Rasen usw.)
- ◯ Nicht unter Baumkronen/im Wurzelbereich von größeren Bäumen platziert werden (im Wurzelschutzraum sind Fundamente schwierig)
- ◯ Dort, wo Ihr auch Strom und/oder Wasser im Garten brauchen/haben könnt, platziert werden (Innenlicht, Versorgung von Stromgeräten usw.)
- ◯ Möglichst näher an hausferneren Sitzplätzen platziert werden (Stromversorgung, Unterstellmöglichkeit usw.)
- ◯ Dort platziert werden, wo auch ein fester Weg hinführen kann (Zuweg bei Wind und Wetter wichtig und häufig)

JETZT EINGEPARKT

Als Erstes und ganz wichtig: Plant den Stellplatz, ob mit oder ohne Dach, so nah wie möglich an die Einfahrt. Natürlich nur, wie es die Bauverordnung erlaubt. Vermeidet jeden Meter Zufahrt dafür. Platziert die Fläche möglichst so, dass Ihr einfach gerade rein- und rausfahren könnt, ohne Wenden oder Kurven. Dann reichen Euch immer die drei Meter breite Einfahrt und der übliche Stellplatz.

Sobald Ihr mit Euren Autos eine Kurve fahren müsst, müsst Ihr mehr Platz in der Breite einrechnen und mehr Platz in der Länge der Fahrstrecke. Hier sind die Kurvenradien und -längen abhängig von der Fahrzeuglänge und dem Radabstand. Recherchiert mal den Begriff »PKW-Schleppkurve« als Bildsuche dazu. Für ein ganzes Wendemanöver auf Eurem eigenen Grundstück braucht Ihr sogar die dreifache Pflasterfläche. Fläche, die Ihr dann nicht bepflanzen oder als Rasen nutzen könnt. Hier ist der Suchbegriff »Wendehammer PKW« interessant. Achtet bitte darauf, dass die Einfahrt in die Garage auch wirklich funktioniert.

Wenn Eure Zufahrt und die Garage noch nicht festgelegt wurden, können wir uns den Platz mal aus gestalterischer und praktischer Sicht anschauen. Benutzt jetzt wieder die Fluchtlinien und die Lichtanalyse. Stellt Euer Auto nicht ausgerechnet in die beste Blickachse, wenn Ihr nicht den Anblick als allabendliche Daseinsmotivation benötigt ☺ .

Schuppen oder Gerätehaus

Schuppen oder Gerätehäuser haben ihren praktischen Nutzen, auch wenn Ihr einen Keller oder genügend Abstellraum im Erdgeschoss habt. Die Gartengeräte sollten schnell zur Hand sein. Auch die Möbel im Winter oder die Sitzkissen bei Regen sollten möglichst einfach verstaubar sein.

Aber je größer der Schuppen, desto mehr Zeug wird sich ansammeln. Das ist eine alte und wahre Weisheit. Ihr kennt sie sicherlich

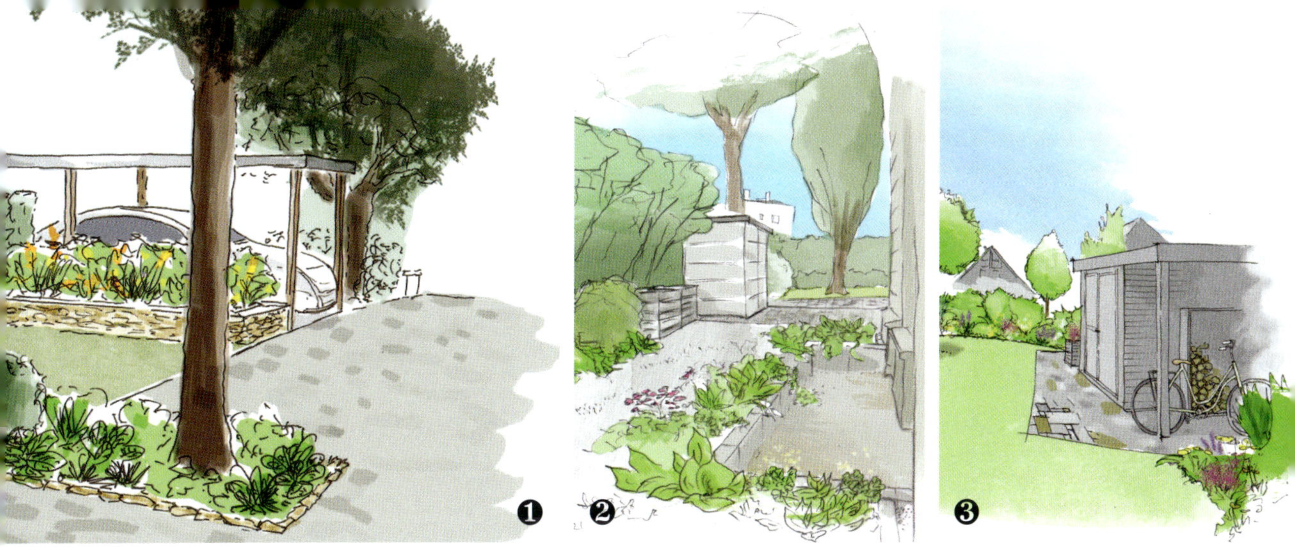

1. So ist ein Carport gut zugänglich und doch etwas mit Grün abgeschottet. **2.** Moderne Gartenschränke statt Schuppen nehmen weniger Platz weg und bieten gute Ordnungssysteme. **3.** Der größere Schuppen hat auch noch eine überdachte Stellfläche.

und ich übertreibe aus Erfahrung nicht. Ihr werdet in der Anfangszeit sehr verführt werden, so viele tolle Geräte für den Garten zu kaufen. Bitte, bitte hört auf eine alte Gärtnerin: Das meiste davon wird letztlich nur ein-, zweimal benutzt werden und dann verstauben. Viele seltener gebrauchte Geräte könnt Ihr Euch einfach bei Bedarf ausleihen. Das ist viel praktischer. Kurz gesagt: Ihr braucht nichts, was Euch die Werbung nur suggeriert. Ihr braucht nur das, was Ihr auch sicher, gern und häufig benutzen werdet.

Und wohin jetzt mit dem nicht mehr ganz so überdimensionierten Schuppen? Wir richten uns wieder nach unseren Fluchtlinien. Wir bleiben parallel dazu und nehmen nach Möglichkeit eine oder sogar zwei Linien davon auf (für Anfang und Ende). So ein Häuschen ist ja eine richtige Sichtbarriere, da solltet Ihr jetzt nicht gerade die Mitte des Gartens aussuchen. Wir sehen uns mal in den Rand- und Nebenbereichen um. Andererseits könntet Ihr Euch dahinter eine versteckte Ruheecke einrichten, den Kompost verbergen oder etwas Sichtschutzhecke zum Nachbarn einsparen.

Wenn Ihr nun die praktischen Hinweise auf der Checkliste beachtet, bleiben vermutlich nicht mehr so viele Stellen im Garten übrig. Zumindest, wenn Euer Garten nicht gerade sehr groß ist. So langsam wird das Gartendesign zum Tetrisspiel. Aber genau das hab ich Euch ja angekündigt. Es bleiben immer weniger Entscheidungsmöglichkeiten. Das ist ja das Einfache daran. Also genießt die Einfachheit. Formen und Farben machen dann einen praktischen Garten zum Gartendesign.

Und die Gewächshäuser? Die fehlen doch noch? Könnt Ihr die nicht gleich auch so mitplatzieren? Nein! Das ist etwas ganz anderes. Da geht es nämlich nach Himmelsausrichtung und Lichteinfall und solchen Sachen. An Gewächshäusern hängt wieder viel mehr dran, als jetzt so schnell erklärt wäre. Es gibt sehr verschiedene Glashäuser für verschiedene Pflanzen. Da müsstet Ihr Euch separat belesen oder beraten lassen. Das ist Spezialwissen. Und dafür wäre es …? Genau! Wieder das falsche Buch! Stattdessen sehen wir uns lieber den nächsten Designschritt an. Also blättert um und schaut auf die nächste Seite.

WEGEVERBINDUNGEN ZWISCHEN ALLEM

Wir brauchen Wegeverbindungen zwischen allen Schuppen, Terrassen, Parkplätzen und dem Haus. Das ist die nächste Herausforderung.

Na, schwer ist es auch nicht. Aber es ist nicht damit getan, dass Ihr einfach zwischen allen Türen und Terrassen mit dem Lineal gerade Verbindungsstriche zieht. Erstens sieht das ja wirklich nicht gerade toll aus und zweitens würde das nur dann auch in der Praxis funktionieren, wenn dazwischen einfach nichts ist. Ein leeres, ebenes Feld also. Dem wird aber im Garten nie so sein.

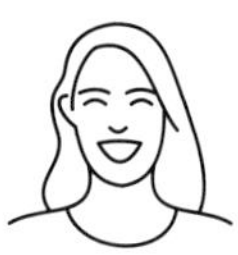

Ja, ich weiß, Ihr seid jetzt nicht so dumm und zieht den Wegstrich durch einen Busch oder Baum einfach durch. Natürlich werdet Ihr den umgehen. Aber da stellt sich schon die Frage: mit welchem Abstand? So gerade mal knirsch am Baum vorbei läuft ja kein Mensch gerne.

Einem Baum wird es nicht gefallen, wenn direkt am Stamm mal schnell ein Weg gepflastert wird. Das sagt er Euch einfach so ins Gesicht: entweder der Weg oder meine Wurzeln und ich! Und daher hole ich jetzt etwas länger aus. Ich mach das sogar sehr gerne, weil eigentlich alle, die ich kenne, sich für dieses Thema begeistern konnten. Einschließlich – wie Ihr gerade merkt – mir. Es geht um niedere Instinkte! Wen interessiert das nicht? ☺

Wie wir laufen

Der Mensch ist in seinen Wegen berechenbar. Das klingt besonders für Total-Individualisten sehr negativ. So unter dem Motto: Niemand schreibt mir vor, wo ich langgehe! Nun, das macht ja auch niemand. Und ich schon gleich gar nicht. Ich möchte nur vermeiden, dass Ihr Euch Wege baut, die Ihr dann nicht benutzen werdet, weil Ihr instinktiv eine andere Verbindung beim Laufen nehmen wollt und das im Alltag dann mit Sicherheit tut. Und jeder läuft instinktiv nach bestimmten Regeln.
Der Mensch nimmt tatsächlich die gleichen Wege wie die Tiere, genauer die größeren Landsäugetiere. Denkt jetzt also bitte nicht an Fische oder Vögel. Ihr habt bestimmt schon einmal Wildpfade im Wald gesehen. Wenn Ihr diesen Pfaden folgt, habt Ihr immer das Gefühl, es wären Menschen hier entlanggegangen. Das stimmt aber meist nicht. Die Gründe für die Wegeführung sind eben die gleichen bei beiden, bei uns und bei ihnen: Energie sparen, sicheres Auftreten und sich sicher bzw. geschützt fühlen. Auf das noch einfachere

Maß übersetzt: Wir sind faul, etwas tollpatschig und haben Angst. Wenn Euch das besser gefällt ☺ .

DAS ZIEL ANSTEUERN

Das Bedürfnis zum Energiesparen (in dem Fall Muskeln schonen) führt natürlich dazu, dass wir immer direkt auf unser Ziel zusteuern, wenn uns nichts in die Quere kommt. Auf dem Weg dahin werden wir also keine extremen und komplizierten »Wendemanöver« machen.

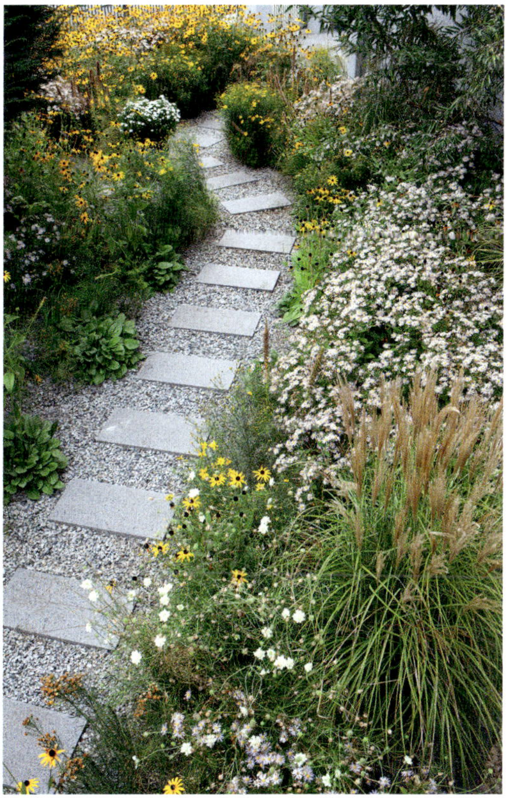

So ein schöner Weg aus Trittplatten in Splittfläche ist eher etwas für Nebenwege wie hier durch die tollen Blütenstauden und Gräser im Vorgarten.

Wir gehen nie im Zickzack, wenn wir ein Ziel ansteuern. Es gibt nur einen Grund, warum wir und die besagten Tiere im Zickzack gehen, und das sind sehr steile Anstiege oder Abhänge, sprich Serpentinen. Und die gehen wir aus dem gleichen Grund: Energie sparen und Gefahrenminimierung.

Befolgen wir diese Regel nicht, dann entstehen schnell die klassischen Trampelpfade über den Rasen. Die seht Ihr oft in den öffentlichen Anlagen, wenn bei der Grünanlagenplanung die Landschaftsarchitekten mal wieder Form vor Funktion gesetzt haben. Achtet mal drauf, wenn Ihr ab jetzt so durch die Gegend lauft.

LIEBER ABSTAND HALTEN

Dabei seht Ihr vermutlich, dass solche Trampelpfade seltsame Schlenker machen, wenn etwas in der Nähe herumsteht. Ein Baum oder sogar ein Busch führt zu einer kleinen Kurve im Pfad. Kommt eine Hauswand oder Mauer/Zaun in die Nähe, verläuft der Pfad mit einem gewissen Abstand dazu. Niemand geht direkt an der Hauswand entlang. Das ist dann die zweite Regel: Wir halten immer Abstand zu Hindernissen. Je größer und vor allem höher diese sind, desto weiter ist unser Abstand. Das hat mit unserem Bedürfnis nach Sicherheit zu tun. Wir wollen instinktiv rechtzeitig sehen können, wer um die Ecke lauert oder hinter dem Busch hervorspringt. Theoretisch fühlen wir uns natürlich in unserem eigenen Garten nicht wirklich bedroht. Aber unser Instinkt sieht das anders. Er denkt sich: Sicher ist sicher! Dem könnt Ihr mit vernünftigen Argumenten nicht kommen. Der antwortet Euch immer nur: Du wirst mir noch dankbar sein!

Zwischen zwei gleich großen Hindernissen wählen wir also immer die Mitte. Zwischen ei-

Garten-Tipp

TIPP FÜR RASENFLÄCHEN ALS LAUFWEGE

Selbstverständlich müsst Ihr nicht überall Wege pflastern oder befestigen. Rasen ist bei guter Pflege hervorragend geeignet, um darüberzulaufen.
Nur leider nicht bei jedem Wetter und auch bitte nicht zu oft an der gleichen Stelle. Sonst entstehen die unschönen Trampelpfade. Also wenn Ihr täglich genau die gleiche Lauflinie mehr als fünf-, sechsmal über den Rasen gehen müsst, und das auch bei schlechtem Wetter, dann ist ein befestigter Weg sinnvoller. Wenn er nur zur Wochenend-Frühstücksterrasse führt, können gern auch acht Personen mehrmals hin- und herlaufen. Der Rasen hat dann ja wieder fünf Tage Zeit zum Erholen. Für die wenigen großen Feste im Jahr geht das sogar mit sehr vielen Gästen. Ist richtig nasses Wetter, werdet Ihr bestimmt drinnen bleiben. Also auch keine Gefahr.
Prinzip verstanden? Super! Für die anderen noch der Zusatz: Wenn der Boden von längerem Regen schlammig aufgeweicht ist, zerdrückt Ihr beim Drüberlaufen die Grasnarbe, was sie auf Dauer zerstören wird. Das ist die eigentliche Ursache für die Trampelpfade im Rasen.

nem niedrigeren Busch und einem hohen Baum werdet Ihr immer näher am Busch entlanglaufen. Man kann das in einem Garten sogar ausprobieren. Ich nenne es immer die Trampelpfadmethode. Dazu müsst Ihr es aber schaffen, Euch nicht auf das Laufen zu konzentrieren. Wie beim Atmen funktioniert es nicht, wenn man es plötzlich bewusst machen will. Einfach laufen lassen. Und immer mehrfach hin- und herlaufen, mal schnell, mal schlendernd. Merkt Euch diese Regeln auch für später, wenn Ihr Bäume setzt oder Büsche oder Mauern und Skulpturen oder irgendwelche anderen Raumkörper aufstellt – der richtige Abstand zum Weg entscheidet über die Gemütlichkeit und Richtung des Weges.
Bei der Planung der Wege müsst Ihr Euch also von diesen Grundbedürfnissen leiten lassen. Und wenn Ihr aus gestalterischer Sicht die Wege anders führen wollt? Na, dann nehmt Ihr genau diese Bedürfnisse und »baut« etwas ein, das den Weg, so wie Ihr ihn möchtet, auch instinktiv benutzbar macht. Dreht also den Spieß einfach um. Ihr könnt Euch und alle anderen zu einem Laufweg bringen, der Euch gefällt, wenn Ihr den Instinkt ausnutzt.

Situationen durchspielen

Jetzt holen wir uns die Bestandsanalyse mit allen Ein- und Ausgängen hervor. Dann noch die neuen Gartengebäude mit den Zugängen, die wir ja auch verbinden müssen. Nun legt Ihr noch Eure Terrassen in den Plan. Verbindet nun alle Punkte mit groben Strichen.
Dabei stellt Euch einen Tag im Garten vor und was Ihr alles so tun werdet. Die Kissen aus dem Schuppen holen und auf die Terrassenmöbel legen, den Einkauf ins Haus (z. B. Lebensmittel) oder in den Schuppen (z. B. Ra-

sendünger) tragen, das Tablett mit Kaffee und Kuchen aus der Küchentür zur hinteren Terrasse bringen usw. Spielt das mit Euren Partnern oder für die Kinder oder bei Besuch mal durch. Im Sommer seid Ihr vielleicht alle schon im hinteren Garten und der Besuch sollte gleich direkt nach hinten kommen können und nicht erst durch das Haus laufen. Was fällt Euch sonst noch als mögliche Situation ein? Einfach sammeln und im Plan die Verbindungswege grob markieren. Fertig? Gut!

Laufweg mit dem Stift finden

Das war jetzt erst einmal nur die Analyse dazu, was wir an Verbindungen brauchen. Jetzt nehmen wir uns einen neuen Layer darüber und werden probieren, wie wir alles verbinden. Das Lineal ist jetzt kein gutes Werkzeug. Jetzt zeichnen wir frei Hand. Und da ist zu viel Zeichentalent eher hinderlich. Ein grober Bleistift, den wir ganz hinten anfassen und ihn »laufen lassen«, ist perfekt. Damit werdet Ihr gezwungen, keine zu steilen Kurven zu zeichnen. Kurven, die Ihr in der Praxis nicht gehen werdet. Ihr lasst den Bleistift nur leicht über das Papier gleiten (stellt den digitalen Stift/Maus auf transparente oder dünne Striche ein). Dafür geht Ihr immer wieder von der Terrasse zur Küchentür und wieder zurück und wieder hin … Macht das mal schnell und dann langsam. Das ergibt jedes Mal einen etwas anderen Verlauf, stimmt's? Klasse, das ist genau richtig. Wenn Ihr jetzt immer die gleiche Linie getroffen habt, dann seid Ihr zu sehr bemüht und nicht locker genug. Niemals ist der Weg zurück genau der gleiche wie hin. Es sei denn, die Ziele liegen genau gegenüber. Ich zeig Euch auf der nächsten Seite mal ein Beispiel, wie so etwas aussehen sollte. Da ein Weg ja eine gewisse Breite hat, machen diese Abweichungen genau das nach, was wir wollen: eine Toleranz bei der Lauflinie.

Das Ergebnis ist immer ein Netz aus geschwungenen Linien wie im englischen Landschafts-

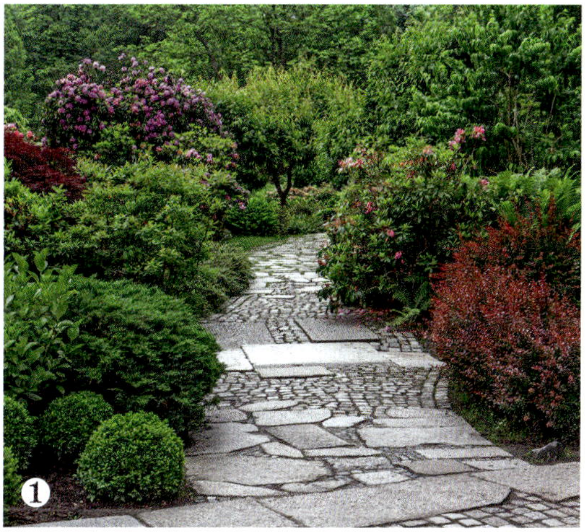

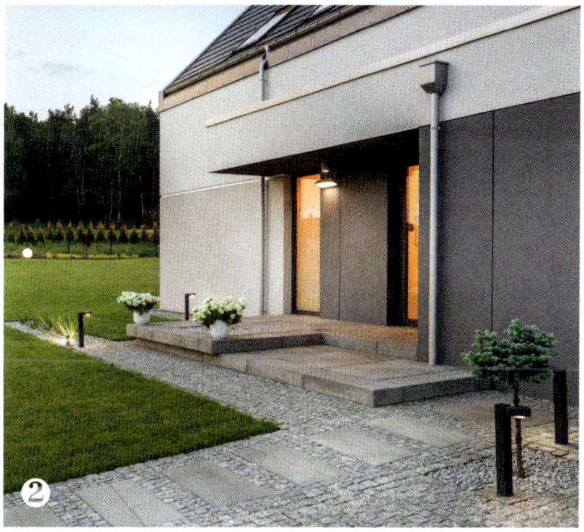

1. Ihr könnt aus dem gleichen Material je nach Muster ganz verschiedene Wege machen. So wie hier im Bild der lockere und geschwungene Seitenweg oder … **2.** … aus den gleichen Granitplatten und Pflastersteinen einen modernen Hauptweg an der Einfahrt.

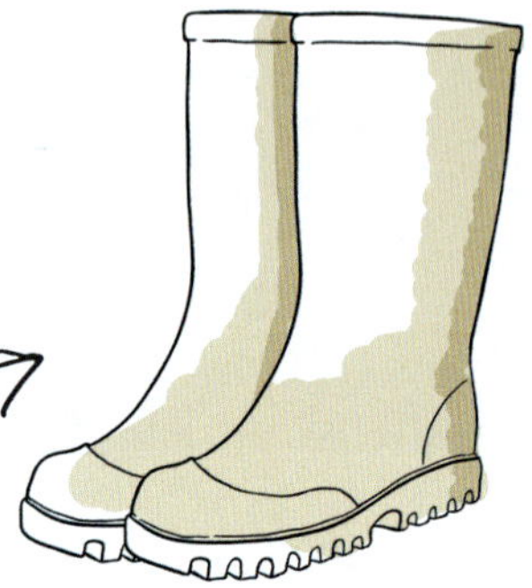

PLAN 05: MEINE WEGEVERBINDUNGEN

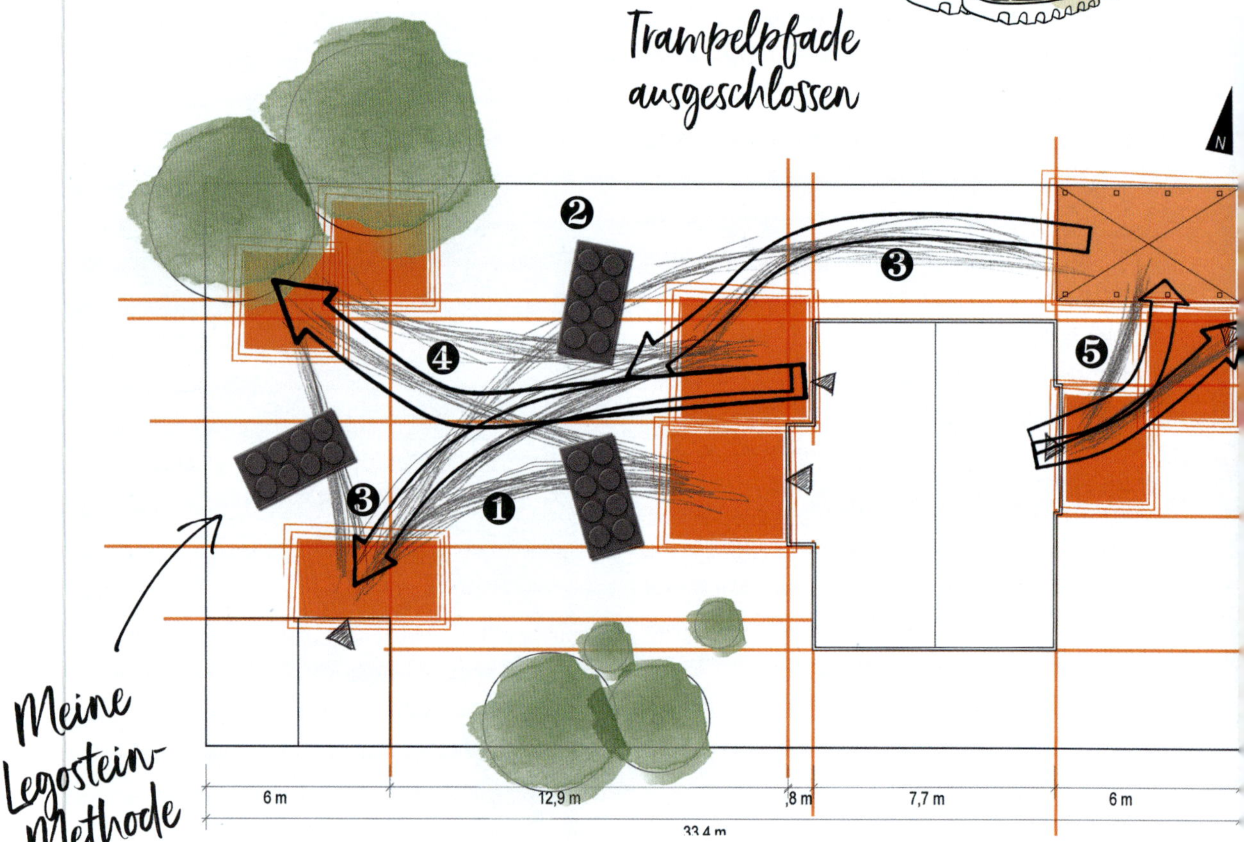

ABKÜRZEN IST BEI MIR VERBOTEN

1. Mit den Bleistiftlinien hab ich begonnen. Ganz locker mal alle denkbaren Verbindungen zwischen Plätzen und Türen gezeichnet. Da kamen sehr viele Wege raus, die auch nicht gerade hübsch aussahen. *2. Dann kamen die Legosteine* zum Einsatz! Sie sind meine »Hindernisse«, mit denen ich den Laufweg beeinflusse. Was ich da tatsächlich nehme, überleg ich später. *3. Den Weg vom Haus* zum Schuppen brauche ich auf jeden Fall. Den zwischen Gartenterrasse und Schuppen eher nicht. *4. Der wichtigste Weg* wird der zwischen Haus und hinterer Terrasse. Er sollte nicht zu schmal sein. Ihr wisst schon: Frühstückstablett, Familie, Besuch usw. *5. Im Vorgarten* sollte ich möglichst einen Weg von der Pforte und vom Carport hinbekommen. Viel Platz ist da ja nicht.

park. Wir nennen das tatsächlich Brezelwege. Das beschreibt es richtig gut, oder? Bei dem einen ist der Teig etwas zerlaufen, bei dem anderen hat die Form zu viele Knoten. Es sieht also eher wie beim Bäckerlehrling aus ☺ . Das ist unser Grundgerüst. Aus diesem Gerüst der puren Funktionen machen wir jetzt die schönen und stilistisch passenden Wege.

Die Breite der Wege

Wege haben je nach Funktion eine bestimmte Breite und sollten an Kreuzungen und Eintritten/Austritten sogar noch etwas breiter sein. Warum? Weil wir hier mehr Platz für die Kurve/Abbiegung brauchen, weil hier mehr Spielraum für Aufmerksamkeit benötigt wird. Und weil es immer kleine Plätze sind, an denen man etwas langsamer wird, stehen bleibt, sich begegnet. Das sind die kleinen Zwischenplätze, die einen Garten so liebenswert machen können. Eine Bank neben dem Hauseingang, ein schöner Blumenkübel an der Kreuzung … das macht Euren Garten einfach zum Hausgarten und Wohlfühlort.

Dazu brauchen wir erst einmal einige Angaben zu den üblichen Wegebreiten. Nicht alle Wege müssen die gleiche Breite haben. Das hängt von der Benutzungsart und der Häufigkeit dieser ab. Kommen wir nach der Arbeit oder dem Einkauf mit dem Fahrrad alleine an und gehen durch die Gartenpforte, den Weg weiter bis zum Schuppen, wo wir das Rad unterstellen wollen, dann sollten wir bequem mit dem Rad neben uns bis dahin kommen. Ich und mein Rad haben aber die 1,5-fache Breite im Verhältnis zu einem einzelnen Fußgänger. Jeden Tag, ob im Winter oder Sommer, ob in Stress oder mit viel Gepäck, da langlaufen und dabei immer knapp manövrieren müssen? Bitte nicht! Dagegen wird der Weg zur Brunnenpumpe nur wenige Male im Jahr benutzt und dabei immer durch eine Person ohne Fahrrad oder Koffer. Ein klassischer Nebenweg, wenn überhaupt nötig. Ich denke, das Prinzip hinter den beiden Beispielen ist Euch klar, stimmt`s? Die Abstufungen der verschiedenen Wegebreiten seht Ihr im Infoblock oben. Wählt mit Bedacht und probiert es ruhig mal mit dem Zollstock (auf Nerd-Deutsch: Gliedermaßstab) draußen aus. Wege sind teuer und versiegeln Fläche. Was nicht sein muss, lasst Ihr besser weg. Aber eben nur, wenn es langfristig bequem bleibt. Okay?

Info Wege- und Laufbreiten

Breite	***Nutzung***
ab 60 cm	schmaler Pfad, wenig benutzt, Einzelpersonen
ab 80 cm	einfacher Weg, Einzelperson mit »Gepäck«
ab 1,00 m	bequemer Weg, paarweise oder Gegenverkehr, Einzelperson mit Rad
ab 1,5 m/ 1,8 m	barrierefreier Weg ohne/mit Gegenverkehr, luxuriöser Hauptgartenweg
ab 2,00 m	öffentliche Fußwege in der Stadt

Kreuzungen

Jetzt fehlen uns noch die Kreuzungen bzw. Abzweigungen. Wegekreuzungen sollten, wie gesagt, etwas mehr Platz bekommen. Kurven entschleunigen nämlich beim Laufen. Und wenn die Kurve so extrem wie bei Serpentinen ist, bleiben wir fast stehen beim Richtungswechsel. Das macht Ihr bestimmt nicht täglich gerne im Garten mit. Die vielen Lauflinien auf Eurem Plan haben Euch schon gezeigt, wie viel Platz Ihr bei der Kurve benötigt. Dadurch sind an den Kreuzungen größere Laufflächen entstanden. Ganz automatisch. Da Ihr jetzt die Wege in Ihre gewünschten Breiten erweitern müsst, wird daraus der kleine Platz, von dem ich Euch schon erzählte. Alle Linien sollten ja nun innerhalb der Wegeflächen liegen. Und die Kreuzungen könnt Ihr an den Ecken schön abrunden, wenn Ihr einen Entwurf mit geschwungenem Design probiert. Oder Ihr zeichnet Vierecke so groß darüber, dass alle Wege in ihrer Breite an der Kreuzung in die Vierecke eingebunden sind. Eckige Kreuzungen sind dadurch natürlich etwas größer. Das macht aber nicht viel aus und dafür sind sie leichter zu bauen. Kostentechnisch also neutral und daher kein Auswahlkriterium für Euch.

Damit habt Ihr jetzt die Gebäude, Wege und Terrassen nach Ihrer Funktion, Ihrer Benutzbarkeit und all diesen praktischen Kriterien eingezeichnet. Ihr könnt immer noch mehrere Varianten beim Probieren gefunden haben, die zur Auswahl stehen. Das ist klasse, solange es nicht mehr als drei sind. Wenn das der Fall ist, müsst Ihr leider noch einmal eine Runde durch dieses Kapitel machen.

Bisher haben wir nur auf den flachen, zweidimensionalen Plan geschaut. Also nicht so ganz. Ihr hattet ja schon Mauern und Treppen, so sie denn vorhanden sind, einzeichnen müssen. Treppen sind natürlich Verbindungspunkte beim Laufen und Mauern sind bei den Abständen für die Wege als Raumkörper zu beachten. Aber wenn Ihr nun ein Hanggrundstück habt, auf dem solche Sachen noch nicht gebaut sind? Das wäre jetzt ja noch zu machen. Machen wir!

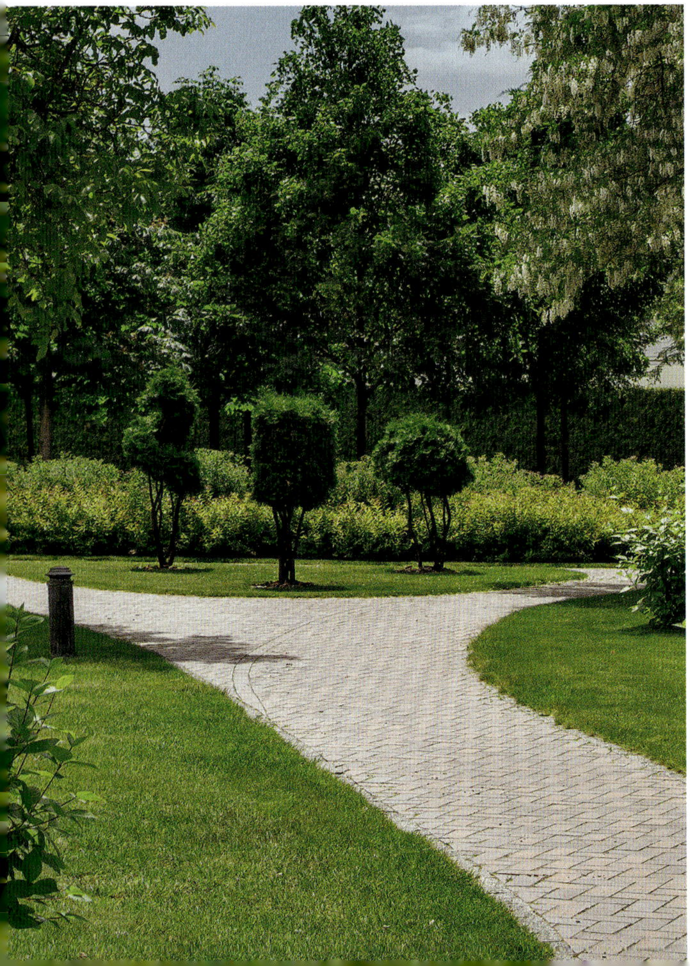

Wegkreuzungen bilden immer kleine Plätze, damit Ihr bequem laufen könnt. Betont sie mit Pflanzen oder hübschen Elementen. Das erhöht den Charme des Gartens.

TREPPEN UND MAUERN

Treppen und Mauern sind tolle Gestaltungselemente im Garten. Denkt an Weinbergsmauern oder Freitreppen – was für ein Flair. Allerdings brauchen wir dafür schon etwas Hanglage, nicht wahr?

Treppen und Mauern kommen in meinem Planungsgebiet (Norddeutsche Tiefebene) wirklich selten vor. So selten, dass es sogar schwierig wird, bei steilen Lagen eine Fachfirma zu finden, die das auch machen will. Ihr hört ja immer, dass Fachkräfte Mangelware sind. Das stimmt wirklich! Ich kann Euch aber beruhigen: Erstens können die Firmen das in bergigen Gebieten natürlich immer gut und zweitens bin ich in bergigeren Gegenden aufgewachsen und daher durchaus firm.

Und jetzt kommt dennoch ein großes »ABER« von mir. Treppen und Hangmauern setzen eine Höhenplanung voraus. Das heißt, die eingemessenen Geländehöhen sind schon mal Grundvoraussetzung. Warum? Nun, weil eine Stufe in der Regel im Außenbereich 15 Zentimeter Höhe hat und dafür eine Auftrittsfläche von circa 35 Zentimeter benötigt. Um also auszurechnen, wie viele Stufen Ihr benötigt und wie viel Länge die Treppe dann hätte, müsst Ihr den Höhenunterschied im Gelände ganz genau kennen. Und das sind nur die Standardstufen. Ändert sich die Tritthöhe, ändert sich auch die Auftrittslänge. Treppen, die nicht dem menschlichen Tritt- bzw. Schrittmaß entsprechen, laufen sich furchtbar und sind zudem eine Gefahrenstelle. Auch wenn ich Euch viel zutraue, kann ich Euch hier nicht alle Regeln und Normen für Mauern und Treppen beibringen. Nicht ohne das Risiko, dass etwas nicht richtig beachtet oder verstanden wird. Das ist auch in der technischen Umsetzung zu komplex. Gefälle, Drainage, Fundamente, Geländer, Entwässerungsrinnen … alles Sachen, die mir sofort einfallen. Das hat nichts mehr mit Design zu tun. Das ist technische Planung und dafür gibt es Fachkräfte. Die solltet Ihr dann unbedingt auch zurate ziehen.

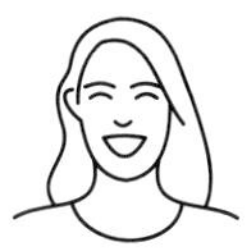

Zeichnet Euch also gern in den Grundplan ein, wo Ihr in etwa die Wege mit Treppen abstufen möchtet, wo Ihr eine Mauer zum Hangabfang einbauen würdet oder wo Ihr das Gelände einebnen möchtet. Aber lasst das von einem Fachplaner oder einer Fachfirma überprüfen und Euch genau zeigen.

Und das gilt auch für die Stufen aus dem Haus. Nicht selten sind diese mit Fliesen beklebt, die so rutschig sind, dass bei feuchtem Wetter der Unfall mit Steißbruch unvermeidlich ist. Falscher Belag oder fehlende Entwässerung

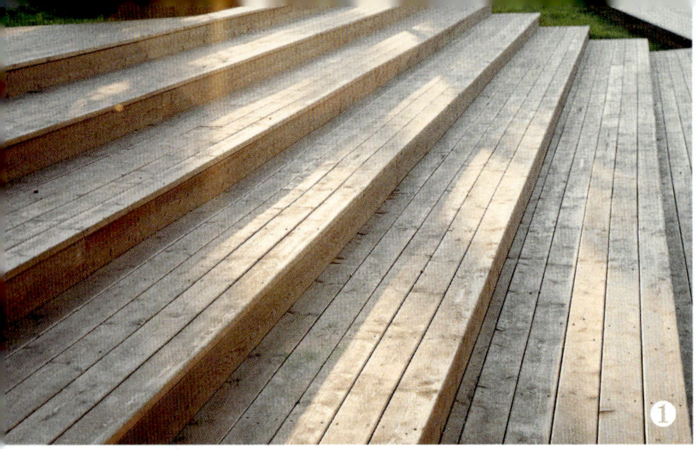

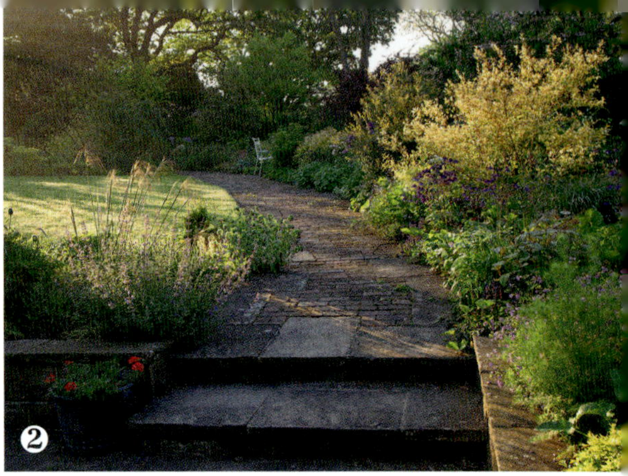

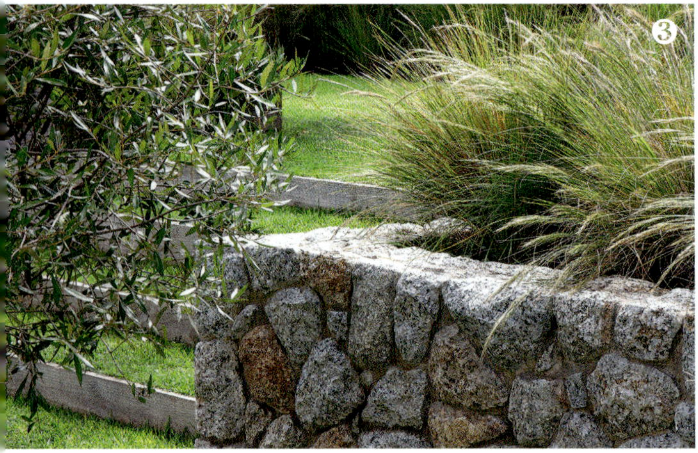

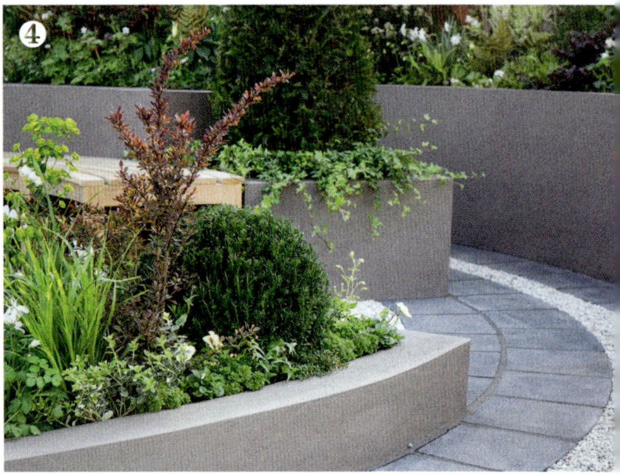

1. Treppen kommen vor allem bei Hanglagen vor. Hier können sie zu tollen Gestaltungselementen werden. Je nach Stil und Raum könnt Ihr sie rustikal in Holz oder … **2.** … malerisch aus Naturstein gestalten. Und es gibt noch viel mehr Möglichkeiten. **3.** Gleiches gilt für Mauern. Naturstein passt auch zu modernem Stil, wie das Bild zeigt. **4.** Für ein ausgefallenes Design wie in diesem Beispiel oder große Höhen solltet Ihr aber einen Fachmann fragen.

auf Treppen sind die häufigsten Fehler mit erheblichen Folgen. Gleiches gilt für Mauern. Ich muss Euch da warnen. Wenn Ihr richtig fit seid, könnt Ihr natürlich dazu auch Fachbücher finden. Aber das ist hier in diesem Buch nicht das Thema. Daher kann und möchte ich das nicht behandeln. Das geht einfach über die Gestaltung des Gartens weit hinaus.

So, Ihr habt jetzt alle fest zu bauenden Sachen im Gartenplan erarbeitet. Diese Elemente sind wirklich wichtig, da Ihr sie ja nicht jedes Jahr einfach mal umbauen könnt. Das sind Flächen mit einem Unterbau aus Tragschichten und Pflastersteinen oder Platten, das sind Gebäude oder Mauern mit Fundamenten, das sind einfach die Dinge, die für immer oder doch laaaange bleiben werden (sollten). All das muss daher wohlüberlegt und überschlafen sein. Die möglichen Formen habt Ihr schon mal ausprobiert. Das ist auch gut, dafür müssen wir etwas Gefühl entwickeln. Was jetzt auf Euren Plänen übrig bleibt, das sind die Flächen für die Vegetation, für das Grün in Eurem Garten. Also für Rasenflächen und Beete. Das sollten die größten Flächen sein und sie werden auch die prägendsten. Es sind aber eben auch die flexibelsten und anpassungsfähigsten Teile. Und die gehen wir jetzt an.

FLACHER RASEN UND HOHE STRÄUCHER

Zwischen all diesen Wegen, Kreuzungen, Nebengebäuden und Terrassen ist jetzt unser Platz für die grünen Formen. Und ich hoffe, da ist noch ordentlich Platz! Beginnen wir mit dem Rasen.

Rasen ist die ruhige Fläche im Garten. Sie ist wie eine Wasserfläche, wie ein See oder Teich: eine große, homogene und fast monochrome Fläche. Das Auge ruht sich aus. Sie ist der Gegenpol zu den unruhigen und farbenfrohen Pflanzenbeeten und den Mustern der Wege und Terrassen. Das gleichmäßige Grün verbindet optisch die Pflanzen mit den Wegen und Terrassen. Die einen sind eher unruhig, aber mit Grün als verbindende Farbe. Die anderen sind genauso flach und eben, jedoch ohne Grün. Rasen stellt also zu beiden eine Beziehung her.

Ihr könnt auch Gärten ohne Rasenflächen kreieren, sie wirken ganz anders. Beides kann unglaublich schön sein. Da gibt es keine Wertung. Es ist eine Frage des persönlichen Geschmacks. Eures Geschmacks.

Allerdings sind Rasenflächen die pflegeintensivsten Areale im Garten. Keine Fläche braucht so viel Zuwendung wie ein guter Rasen. Und »gut« heißt hier, dass er wie ein Teppich gleichmäßig durch geeignete Gräser verwebt ist. Er muss, um diese Teppich-Eigenschaft zu erlangen, ständig sehr kurz gehalten werden, regelmäßig Nährstoffe und Wasser bekommen, ab und an »ausgekämmt« werden, um nicht zu verfilzen und sich immer wieder zu verjüngen. Auf seiner Fläche stört sofort jedes Blatt im Herbst und jede Unruhe durch Fehlstellen. Und es gibt noch so einiges mehr an To-dos, je nach Boden und Klima. Na, jedenfalls bei den klassischen Rasenflächen, wie sie ursprünglich gemeint sind.

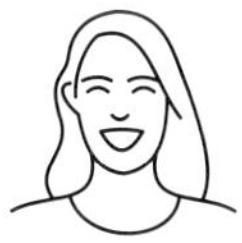

Inzwischen dürfen zumindest bei den meisten von Euch einige Gänseblümchen und etwas Klee zwischendrin wachsen. Eine Blumenwiese ist hier nicht gemeint. Das ist etwas völlig anderes. Solche Flächen sind nicht wie Teppiche zu nutzen. Das ist ein anderes Thema.

Mähroboter?

Ihr wollt auf jeden Fall einen Mähroboter? Das ist wirklich eine Empfehlung. Der Rasen wird einfach besser damit und es spart immens viel Zeit. Und natürlich Platz im Schuppen, Ihr erinnert Euch? Und wer will schon immer wieder mindestens ein- bis zweimal die Woche die ganze Fläche mähen müssen. Einige Einschränkungen sind aber auch durch diese

Technik zu beachten. Mähroboter brauchen eine Mähkante. Also eine (je nach Modell) mindestens 15 Zentimeter breite befestigte Fläche zwischen Rasen und Beeten, erhöhten Terrassen, Mauern und sonstigen Kanten. Darüber muss er fahren können, um den Rand sauber zu mähen und dort zu wenden. Sonst müsst Ihr doch ab und an per Hand die Kanten nachschneiden. Rein vom Gartendesign her empfehle ich meist die Handarbeit, denn solche breiten Platten- oder Pflasterflächen sind optisch ganz schön prägend und auch teuer und aufwendig. Wenn das nicht zum Konzept passt oder der Garten sehr klein ist, dann wirkt es unschön. Da müsstet Ihr jetzt die Prioritäten selbst setzen. Design oder innerer Schweinehund – wer gewinnt?
Einige Vorurteile sind hingegen unberechtigt. Für Mähroboter sind beispielsweise ein Weg oder eine Terrasse kein Hindernis. Er kann so programmiert werden, dass er drüberfährt und dabei die Messerrotation unterbricht. Aber über Beete oder Stufen muss er getragen werden – das nervt auf Dauer und daher ist das keine gute Idee. Das solltet Ihr auf jeden Fall beachten.

Wohin mit den Rasenflächen?

Wo sollte jetzt Euer Rasen – so Ihr den denn haben wollt – im Garten liegen? Wenn ich Euch bitten darf, dann macht keine Rasenfläche zur mittigen Hauptfläche. Oft sehe ich solche Beispiele für Gärten, bei denen der Rasen zwischen Haus und Terrasse die einzige Fläche ist und die Beete nur einen Rahmen am Rand bilden. Das ist, mit Verlaub gesagt, das langweiligste und unspannendste, was Ihr machen könnt. Das ist das grüne Äquivalent zu einem

Dieser kleine Garten hat seine rechteckige Rasenfläche von Pflanzbeeten umrahmt. Das wirkt wunderschön, braucht aber viel Sonne und Pflege.

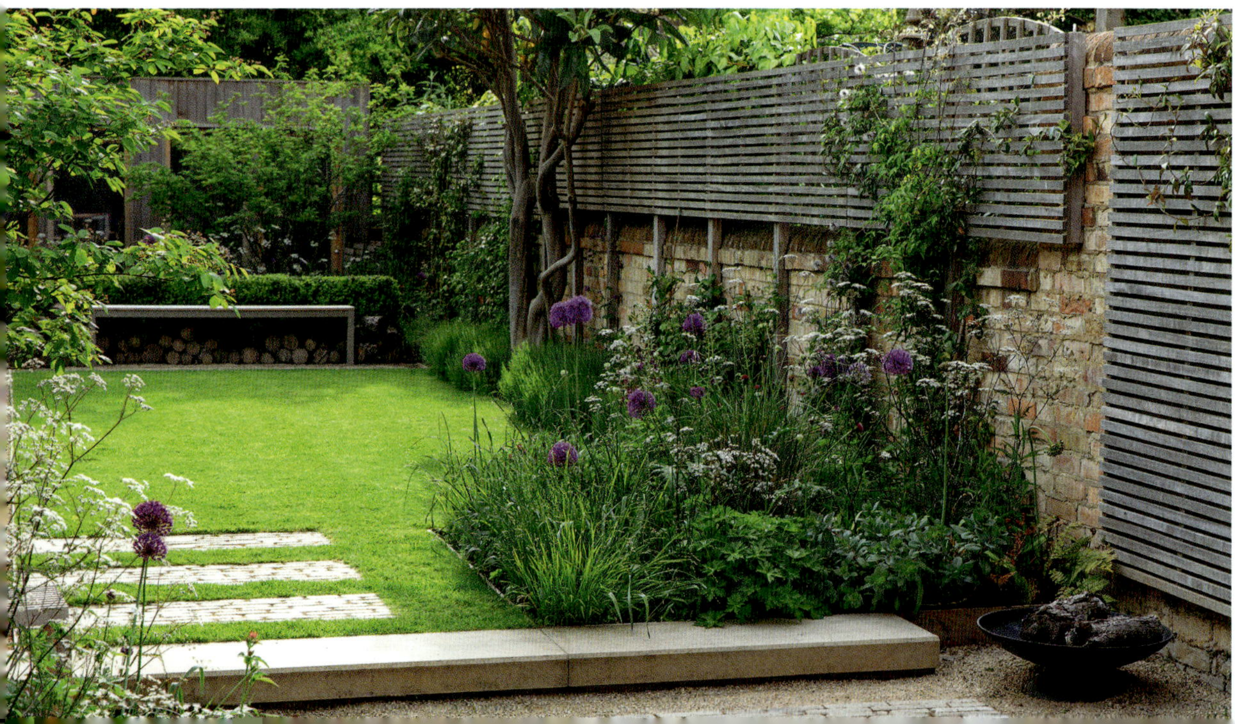

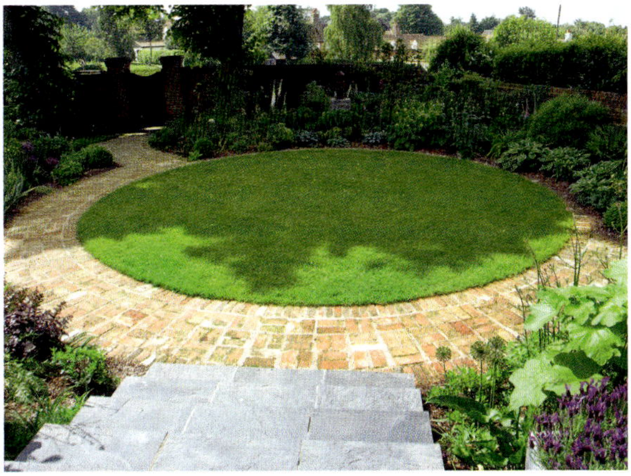

Dieser kleine Garten hat eine runde Rasenfläche. Aber erstens ist es für Rasen recht schattig und zweitens werdet Ihr den Weg immer etwas über den Rasen abkürzen.

Supermarktparkplatz. Spannend wird ein Garten, wenn Ihr den Weg entlanglauft und dabei mal durch Blumenbeete und mal durch Rasenflächen geführt werdet. Das werdet Ihr als Erlebnis und schöne Atmosphäre empfinden. Rasenflächen wechseln sich mit Beeten und Terrassen/Kreuzungen ab. Versucht, Euch auf dem Plan in den Garten hineinzuversetzen. Schreitet in Eurer Vorstellung herum. Euer Rasen ist nur ein Teil des Gartens an der richtigen Stelle. Er ist nicht die Gartenfläche selbst.

An Terrassen beispielsweise sollten immer auch Beete angrenzen. Inmitten von Blüten sitzen, rückseitig geschützt durch höhere Sträucher oder Hecken, nur zu 1/3 oder 2/3 offen zur Rasenfläche, das ist ein Wohlfühlort. Eine Terrasse inmitten einer monochromen Rasenfläche ist kein guter Sitzplatz. Es fehlt an Höhe für das Schutzgefühl und an Erlebnis durch Blüten und Duft und Jahreszeiten. Die Japaner würden sagen, es ist schlechtes Feng-Shui. Das bedeutet übersetzt, hier können die bösen Geister einfallen. Bei uns ist der Geisterglaube nicht mehr sehr verbreitet, allerdings hatte ich ja schon unsere Instinkte angesprochen. Ihr erinnert Euch an das Thema Wegeführung? Beim Sitzen ist das nicht anders. Niemand sitzt gern auf dem »Serviertablett«. Das fühlt sich nicht gemütlich an, weil wir uns nicht sicher und geschützt wähnen.

Rasenflächen sollten also zusammen mit den Beeten geplant werden. Das kommt gleich im Anschluss. Sie sollten sich möglichst zusammenhängend durch den Garten ziehen, aber in ihrer Form und Größe zum Design passen. Egal ob geschwungen oder aus versetzten Vierecken gemacht. Diese ruhigen und zweidimensionalen Flächen wirken vorwiegend durch ihre Linienführung und Proportion.

Fangen wir langsam an. Ihr solltet erst mal die Rasenflächen eingrenzen. Dazu malt Ihr Euch im Plan die möglichen Flächen ein. Wir nehmen mal einen hellgrünen Stift und malen zunächst alle möglichen Flächen aus. Fangt am besten von ihren sinnvollen Außengrenzen her an. Was sollte Verbindung zum Rasen erhalten? Zum Beispiel ein Teil der Gartenterrassen. Es wäre auch schön, wenn einige Wege links und rechts eingebunden sind. Und Achtung: Rasen wächst nur in sonnigen Bereichen. Maximal – also wirklich nur, wenn es sein muss – auch im Halbschatten. Dazu müsst Ihr dann schon die sogenannten »Schattenrasen-Mischungen« kaufen. Ja, da wird Euch wieder mal etwas vorgetäuscht! Das, was Ihr als »Schattenrasen« kaufen könnt, ist nur für etwas mehr Schatten als in voller Sonne geeignet. Und da wisst Ihr jetzt wie die Profis, dass das Halbschatten ist und nicht gerade die Nordseite des Hauses oder die Stelle unter größeren Bäumen. Flächen, die Ihr in Eurer Lichtanalyse als sehr schattig markiert habt, sind tabu! Das grenzt den Rasen automatisch

CHECKLISTE RASENFLÄCHEN

Rasenflächen sollten:

- ◯ Immer in sonnigen Flächen liegen, notfalls etwas im Halbschatten, nie im Schatten
- ◯ Wenn möglich, nie unter Bäumen sein, auf keinen Fall unter Walnuss oder Eiche
- ◯ Möglichst zusammenhängende Flächen über Wege/Terrassen hinweg bilden
- ◯ Keine Miniflächen sein (vertrocknet zu schnell, lässt sich schlecht mähen, wirkt nicht)
- ◯ Niemals direkt an Fassaden oder Holzterrassen angrenzen (bei Berührung Schimmel- und Algenbefall)

für Euch ein. Die schattigen Flächen spart Ihr beim Ausprobieren und Ausmalen aus. Also malt Ihr jetzt nur die möglichen und gleichzeitig gewünschten Bereiche hellgrün aus. Als Hilfe gebe ich Euch eine kleine Checkliste mit. Wenn Ihr die Checkliste beim Ausmalen immer mitprüft, bleiben Euch hoffentlich genügend Möglichkeiten offen. Jetzt betrachten wir noch die Raumwirkung. Da der Rasen eine vollkommen ruhige und ebene Fläche ist, wird er Eure Sichtachsen perfekt inszenieren. Er lenkt den Blick über seine Fläche ungestört in die Weite. Das wollen wir erreichen. Wo habt Ihr diese Blickachsen noch mal eingezeichnet? Schaut nach! Eventuell verlaufen sie in schräger Richtung durch Euren Garten. Dann versucht, sie mit dem hellgrünen Stift weit in die Fläche mit hineinzumalen. Das vergrößert Euren Garten optisch sehr stark. Wenn es von den Lichtverhältnissen sinnig ist, wäre das klasse. Probiert es aus. Dabei geht Ihr nicht zu weit an die Grundstücksgrenze heran. Für den Sichtschutz zu Straße und Nachbarn brauchen wir noch genügend Platz. Zum Schluss schaut Ihr noch, ob Ihr den Schuppen in die Rasenfläche integrieren oder lieber verstecken möchtet. Je nachdem wird er an die hellgrüne Fläche etwas angrenzen oder Ihr geht mal nicht so sehr an ihn heran. Habt Ihr das? Super. Dann nehmen wir uns die Fläche für die Beete vor.

Grünen Sichtschutz platzieren

Ihr nehmt Euch dafür wieder eine neue Stiftfarbe. Das kann z. B. Dunkelgrün sein. Mit Dunkelgrün male ich mir gern erst mal die Stellen aus, die für Sichtschutzpflanzen wichtig sind. Das ist ja sehr pragmatisch in der Auswahl. Wo wollt Ihr auf jeden Fall verhindern, dass der Nachbar Euch auf den Teller schaut? Dunkelgrün wirkt in seiner Farbe stärker auf dem Plan und verdeutlicht uns gut die höheren, dichteren Pflanzen. Das macht es immer recht anschaulich für mich. Und es überdeckt auch gut die hellgrünen Flächen für den möglichen Rasen. Wie ich sagte, waren das ja nur die Bereiche, an denen Rasen funktioniert und seinen Sinn hätte. Das war kein Muss. Malt ruhig darüber, wenn Ihr lieber Sichtschutz an der Stelle möchtet.

Haben wir viel Platz für Sichtschutzpflanzen innerhalb der restlichen Flächen, dann können wir dafür ungeschnittene Sträucher einplanen. Solche Büsche sollten dann mindestens zwei Meter hoch wachsen und daher auch in der

Breite so viel Fläche erhalten. Haben wir im Plan nicht mehr so viel Raum übrig, dann nehmen wir lieber geschnittene Hecken. Da reichen in der Regel 70 Zentimeter aus. Das hängt etwas von der Pflanzenart ab. Viel schmaler geht es aber nicht. Hecken wirken nicht so natürlich, eher wie eine Mauer oder Wand. Und Hecken machen immer auch mehr Arbeit. Dessen müsst Ihr Euch bewusst sein. Zu viele Formschnitthecken sollten schon aus diesem Grund vermieden werden. Ein Garten mit Hecken ringsherum hätte aber auch wenig Atmosphäre. Er wirkt wie eingemauert. Es fehlt die Abwechslung, die weichen Formen natürlich gewachsener Sträucher. Auch Blüten und Früchte können sich nicht bilden, wenn die neuen Triebe ständig abgeschnitten werden. Versucht daher, geschnittene Hecken mit Flächen für frei wachsende Sträucher abzuwechseln. Das macht einen tollen Garten aus und funktioniert auch bei kleinen Gartenflächen hervorragend.

Setzt Euch am besten imaginär auf Eure Terrassen und Sitzplätze und lehnt Euch entspannt zurück. Nehmt dazu ein Lineal oder einen langen, geraden Gegenstand (Messer, Stifte, Holzspieße o. Ä.) und lasst ihn von Eurem Sitzplatz aus im Kreis über das Papier drehen. Überall dort, wo er etwas trifft, was Ihr eher nicht im Blick haben möchtet, malt Ihr hohe Sträucher oder schmale Hecken ein. Breitere Büsche ragen mehr in den Garten hinein und verdecken damit viel mehr Blickrichtung als die Hecken entlang der Grundstücksgrenze. Manchmal ist es daher besser, ein, zwei Sträucher quer in den Garten zu setzen. Natürlich möglichst dort, wo Ihr noch Platz für Beete übrig habt. Betrachtet nicht nur den Rand Eures Grundstücks. Höhere Pflanzen können auch Eure parkenden Autos, Euren Schuppen, die Kompostecke oder irgendetwas anderes verstecken. Und dann das Lineal auf dem nächsten Sitzplatz anlegen und wieder drehen. Super Methode, oder?

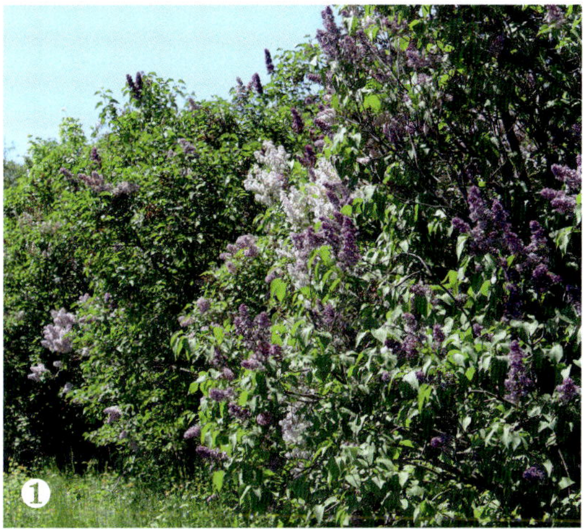

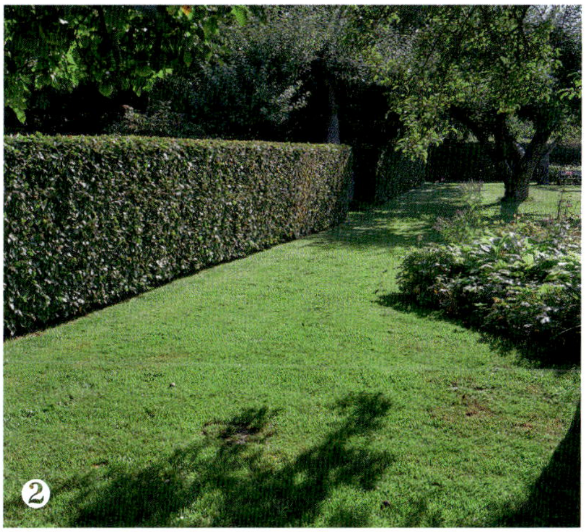

1. Das ist eine tolle Sichtschutzhecke aus hohen Blühsträuchern wie Flieder. Hier fühlt man sich geborgen. Allerdings braucht das auch richtig viel Platz. **2.** Bei Platzmangel bieten sich eher Formschnitthecken an. Die machen aber viel mehr Arbeit und blühen nicht.

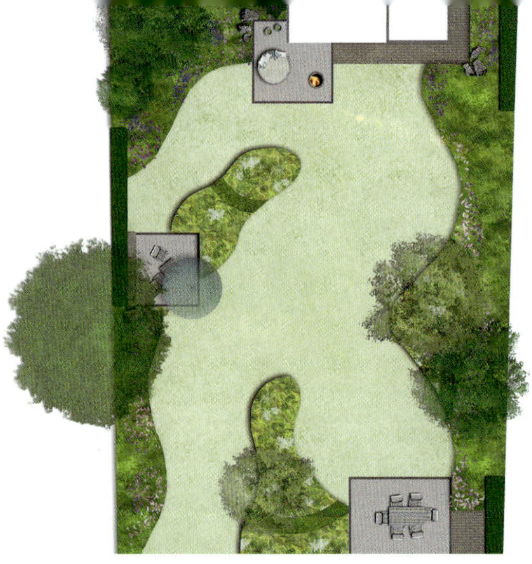

❶

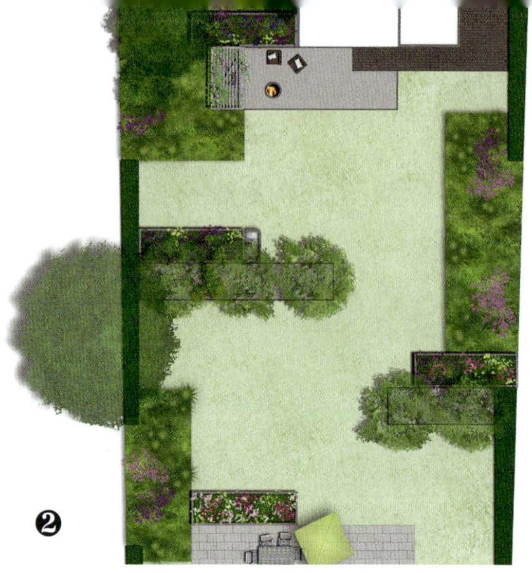

❷

1. Ein Beispiel für die Raumaufteilung im Garten. Alle drei Sitzplätze sind etwas abgeschirmt von den anderen. Dennoch wirkt der Garten als ein großer Raum. **2.** Dagegen ist die zweite Variante in zwei Gartenzimmer aufgeteilt, die trotzdem eine weite, diagonale Achse frei lassen.

Die räumliche Garteneinteilung

Ihr könnt den Garten mit Sichtschutzpflanzen in verschiedene Räume teilen oder die eine oder andere Sitzecke zu einem Separee machen. Gerade bei größeren Familien braucht doch jeder mal etwas Rückzugsraum. Dafür reicht schon eine 1,5 Meter hohe Hecke oder vergleichbar hohe Sträucher. Im Sitzen ist das Sichtschutz genug. Und es wirkt nicht so massiv. Im Stehen kann man ja locker drüber hinwegschauen, dennoch teilt es Euren Garten und führt zu einer Kuschelecke.

Jetzt wären Eure Inspirationsbilder hilfreich. Wisst Ihr noch, ganz zu Beginn? Was für eine Art Garten schwebte Euch am Anfang vor? Nehmt Euch die Bildersammlung wieder mal raus. Was seht Ihr? Weite und großzügige Flächen oder viele kleine Teilecken zum Entdecken und Verstecken?

Beim offenen Garten seht Ihr immer von jedem Standpunkt aus alle Gartenteile und Ihr könnt den ganzen Raum mit sehr vielen Menschen zusammen nutzen. Ihr seht von der Terrasse aus alle blühenden Beete ringsum, alle Farben der Blätter, alle wogenden Gräserbüschel gleichzeitig. Die Spielecke der Kinder ist vom Sitzplatz aus genauso gut einsehbar wie vom Küchenfenster. Ihr seid aber auch immer im Blick. Ist das Euer Ziel?

Das zweite Prinzip bietet viele Nischen. Man sieht nicht gleich das Ende aller Flächen. So »entdeckt« Ihr den Garten erst beim Hindurchgehen. Eine oder zwei Sichtachsen könnt Ihr dabei immer offen lassen. Von der Gartenterrasse aus hättet Ihr noch einen schönen weiten Blick. Links und rechts gibt es dafür Abteile wie in alten Zügen. Wie kleine, offene Zimmer. Da spielen die Kinder, dort lest Ihr ein Buch. Auch mit dieser Methode kann ein kleiner Garten sehr viel größer wirken.

Dies Entscheidung müsst Ihr selbst treffen. Es ist jetzt wichtig, Vor- und Nachteile gut abzuwägen. Wenn Ihr noch verschiedene Versionen aus den vorangegangenen Arbeitsschritten habt, ist es Zeit, sich festzulegen. Mit dem Platzieren der höheren Pflanzen formt Ihr nun den Raum in Eurem Garten. Wählt immer erst nach der besten Benutzbarkeit aus und auch auf lange Sicht. Die Kinder werden größer, Ihr werdet älter, die Pflanzen wachsen …

DIE GELIEBTEN SCHMUCKBEETE

Und damit kommen wir endlich zu den Blumen. Die Schmuckbeete sind natürlich unsere liebsten Beete und die Stimmungsmacher in unseren Gärten. Wir wollen sie möglichst immer und von überall aus sehen.

Dazu nehmen wir uns eine richtig leuchtende Farbe wie Pink oder Orange. Sie soll für die üppigen und attraktiven Stauden- und Gräserbeete stehen. Diese Beete müssen nicht hoch sein oder etwas verdecken. Sie sollen nur Platz für die schönen Pflanzen haben. Daher Mut zu leuchtenden Stiften.

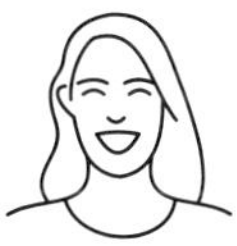

Das kann, muss aber noch nicht die richtige Farbe für die späteren Pflanzen sein. Wir wollen nur, dass es symbolisch für Farbenpracht steht. Gelbe Blumen sind bestimmt bei vielen von Euch beliebt. Aber Gelb ist oft blass, ohne Deckkraft für den Plan.

Wie bei den Sträuchern gilt dennoch, dass die Pflanzenhöhe im Verhältnis zur Beetbreite steht. Aber nicht mehr so stark. Es gibt auch recht schmale, straff aufrecht wachsende Blütenstauden oder Ziergräser. Mit 50 Zentimeter Breite kommen 1,5 Meter hohe Pflanzen aber auch nicht aus. Je mehr Platz Ihr dem Beet gebt, desto mehr Pflanzen oder auch Pflanzenarten können wir letztendlich hineinpflanzen. Für eine Blühfolge über das ganze Jahr hinweg ist also Platz auch ein Kriterium. Seid nicht zu knausrig bei diesen Beeten.

Auch bei diesen Beetflächen gibt es Vor- und Nachteile und einige Tipps zu beachten. Das Tolle an Stauden und Gräsern ist aber, dass es quasi für jeden Standort geeignete davon gibt. Hier müsst Ihr also gerade nicht auf die Lichtverhältnisse achten.

Mein Grundsatz für solche Blühbeete ist recht simpel. Jeder hat gern nahe an Sitzplätzen vielblühende Stauden und dekorative Gräser. Hier haltet Ihr Euch am längsten auf und hier könnt Ihr Tuchfühlung mit den Farben, Formen und Düften der Pflanzen aufnehmen und sie am besten und längsten genießen. Unglaublich schön ist es auch, wenn Ihr den Weg entlanglauft und er durch Blühbeete hindurchführt. Nicht unbedingt die ganze Zeit, aber doch ab und an oder wenigstens einmal. Auch am Hauseingang ist ein Willkommensgruß für Euch und Eure Gäste immer schön und wichtig. Jeder soll sich freuen, wenn er an Eurer Pforte steht. Ihr ganz besonders, weil Ihr das jeden Tag machen werdet. Schafft Euch ein Willkommensbeet.

Früher war es für die meisten Menschen wichtig, dass der Vorgarten so eine Art »Angeber-Gartenteil« wird. Das Aushängeschild für

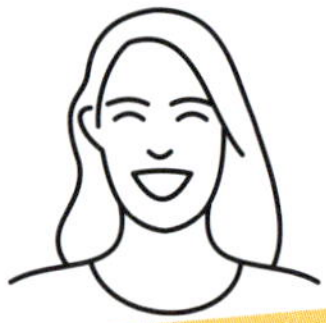

KURZER EXKURS ZU DEN BLUMENBEETEN ALS BEGRIFF

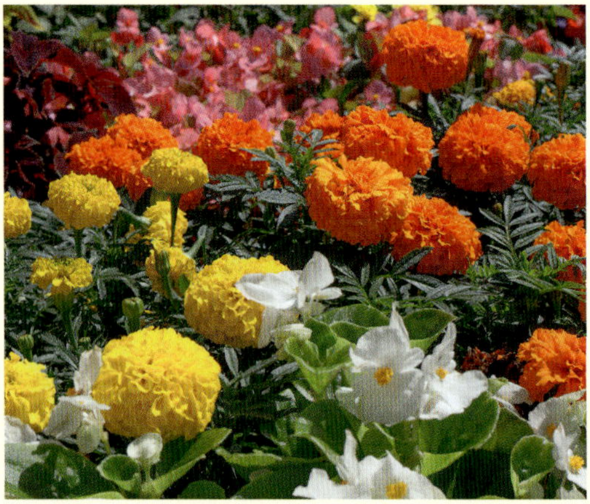

Eisbegonien, Studentenblumen und Buntnesseln sind Sommerblumen für eine Saison.

»Blumen« als Wort ist hier für mich sehr schwer aufzuschreiben. »Blumen« ist nämlich kein definierter Begriff. Die meisten Menschen haben als Kind gelernt, dass alles, was nach Blüte aussieht, als Blume bezeichnet wird.

Wenn ich hier von »Blumenbeeten« spreche, dann meine ich Beete mit Stauden und Gräsern. Einige sehr lang blühende Gehölze wie Rosen zählen auch dazu. Sträucher, die nur einmal im Jahr für zwei Wochen blühen, sind nicht gemeint. Das wären gute Sichtschutzbüsche, die dann auch noch etwas mehr Blüte im Jahr in den Garten bringen. Aber im Verhältnis zu Ihrem Platzbedarf sind sie eher nicht zu den »Blumen« zu rechnen.

Viele einjährige, also aus Samen jährlich gezogene Pflanzen mit üppiger Sommerblüte über viele Monate werden als Blumen bezeichnet. Da gehe ich durchaus mit. Diese Pflanzen müsstet Ihr aber jedes Jahr für eine Saison neu aussähen oder jung kaufen und ins Beet pflanzen. Jedes Jahr neu! Das ist das Gegenteil von Planung. Auch Gladiolen oder Dahlien müssen im Herbst immer wieder aus der Erde und im Haus überwintern. Ich würde mich riesig freuen, wenn Ihr das später tut. Das ist aber schon für Fortgeschrittene.

Daher kurz und knapp: Wir reden jetzt von ausdauernden Pflanzen, die immer wieder im Frühling austreiben, manche sogar das ganze Jahr über da sind und dennoch viele Blüten über Wochen erzeugen oder tolle Blattfarben oder Strukturen haben. Jedes Jahr wieder und ganz von allein! Damit können wir planen und werden den Plan dann auch erfüllt sehen. Wir machen uns die Arbeit nur ein einziges Mal. Und dann werden die Pflanzen älter und immer üppiger und größer und schöner. (Also im besten Fall – und den nehmen wir jetzt mal an ☺.)

die Nachbarn. Das ist heute nicht mehr so wichtig. Niemand muss mehr nach außen zeigen, dass er perfekt gärtnern kann. Das finde ich auch. Die meisten von Euch haben so schon mehr als genug zu tun. Da ist es sinnig, das Aufwendige nicht für die Nachbarn, sondern für sich, seine Familie und eigene Gäste zu machen. Ganz klar im Trend sind daher Vorgärten mit pflegeleichten Beetflächen. Aber wenn Ihr Lust habt, dann zeigt auch gern zur Straße hin, dass Ihr Blumen mögt. Ein bisschen angeben in dieser Beziehung ist kein Schaden. Vor allem, wenn es um Blütenpflanzen geht. Wenn beispielsweise im Vorgarten ein Teil der Fläche für Insektenpflanzen genutzt wird. Da gibt es auch pflegeleichte Varianten. Dazu kommen wir noch. Jetzt ist aber doch die Zeit gekommen, dass Ihr Euch dafür oder dagegen entscheiden solltet. Wo wollt

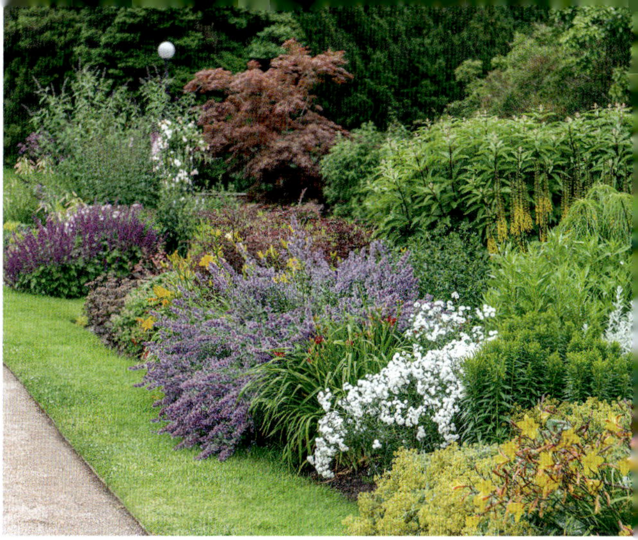

Eine klassische Rabatte aus Blütenstauden wie Taglilien, Goldrute und Fetthenne mit Gehölzen im Hintergrund. Alles winterharte und ausdauernde Pflanzen.

Ihr mit Pink oder Orange die Blütenbeete einzeichnen? Und jetzt malt mal Eure Wunschvorstellung in den Plan.

Dabei müssen die Beete keine riesigen Flächen füllen. Bei kleinen Gärten reichen auch kleine Beete mit niedrigeren Pflanzen, die sich dafür im ganzen Garten verteilen. Das wirkt durch die Wiederholung ebenso üppig. Verteilt die bunten Flächen nicht nur in einer Ecke des Gartens. Eher in regelmäßigen oder unregelmäßigen Abständen, je nachdem, ob Ihr es mehr geordnet oder eher natürlich mögt. Denkt auch wieder an Eure geplanten Sitzplätze und das Lineal. Nur macht es nun umgekehrt. Wo Ihr hinschauen wollt, da könnte ein Blütenbeet sein. Ist noch Platz da? Ein Eckchen Rasen weniger? Blumen sind tolle Anblicke. Wo schaut Ihr also gern hin? Und natürlich könntet Ihr jetzt auch einfach alle übrigen Flächen mit ausfüllen. Rein aus funktionaler Sicht sind sie frei verfügbar.

Ich hoffe, Ihr seid stolz auf das Ergebnis und lehnt Euch mal zurück. Genießt den Anblick. Jetzt könnt Ihr Euch schon richtig gut in den Garten hineinversetzen. Seht Ihr ihn vor Euch?

CHECKLISTE BEETFLÄCHEN

Was muss hier beachtet werden?

- ◯ Licht oder Bäume sind keine Einschränkungen
- ◯ Je kleiner die Beetflächen, desto niedriger die späteren Pflanzen
- ◯ Wiederholt die Beetflächen möglichst im ganzen Garten
- ◯ Setzt sie da, wo Ihr sie erleben könnt oder im Blick habt
- ◯ Denkt auch an den Blick aus dem Haus heraus

GESCHWUNGEN, SCHRÄG ODER RUND

Was fehlt noch? Die endgültigen Formen. Wir wissen zwar, wo was liegen soll und haben schon etwas mit den Formen gespielt. Aber wir haben uns noch nicht getraut, sie festzulegen.

Wie finden wir nun die endgültige Stilsprache im Garten? Dazu gibt es jetzt wirklich keinen pragmatischen Ansatz mehr. Leider. Oder auch zum Glück. Am Ende bleibt nun mal Euer Geschmack, Eure Eigenheit, Euer Wille zur Gestaltung übrig. Inzwischen seid Ihr ja fit dafür geworden.

Bevor wir die Form endgültig festlegen, führen wir uns daher noch einmal alle Vorarbeiten zu Gemüte. Ihr wart so fleißig. Das war nicht umsonst. Wir checken jetzt alles noch einmal von vorn. Es ist gut, dass die Analyse der Fassade und der Fluchtlinien schon etwas her ist. Nur mit Abstand können wir uns jetzt wie Profis davon bedienen. Zeit ist Eure beste Sicherheit. Damit schaffen wir es, noch einmal neu und wie ein Außenstehender darauf zu schauen und es neu zu bewerten. Diskutiert in der Familie die Vor- und Nachteile. Und nehmt dazu die Inspirationsbilder in die Hand.

Ihr habt jetzt alle praktischen und funktionalen Abwägungen getroffen. Es ist Zeit, dass Ihr Euch zutraut, auch die gestalterischen Entscheidungen zu treffen. Es gibt doch nicht mehr viele Möglichkeiten. Wir haben sie auf unserer Reise durch das Gartendesign sehr viel mehr eingeschränkt, also Ihr am Anfang dachtet, nicht wahr? Daher ist der Schritt jetzt nicht mehr so schwer. Ihr solltet ihn sogar genießen. Nichts ist so befriedigend wie kreatives Schaffen. Für die Gestaltungswütigen unter Euch war das quasi eine Schwerstarbeit an Zurückhaltung bis hier, oder?

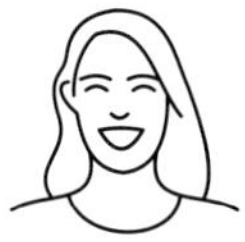

Am meisten kann ich Euch jetzt wohl mit Beispielen helfen. Leider sitze ich ja nicht neben Euch und kann zeigen, was stilistisch passend ist. Was skandinavisches Design ausmacht oder mediterranen Lebensstil.
Ich kann nur hoffen, dass Ihr bis hier das »Sehen« selbst gelernt habt. Das war jedenfalls mein Ziel.

Ihr schaut mittlerweile Bilder von Gärten an und seht, ob hier die Weite des Blickes und die parallelen Fluchtlinien zwischen Haus und Terrasse das Gartendesign geprägt haben. Wann der Rhythmus der Pflanzungen und Terrassen mit dem Grundriss des Hauses harmoniert. All die Beispielbilder und Wunschgärtenfotos könnt Ihr jetzt in kleine Einzelteile des Designs aufschlüsseln. Das habt Ihr ganz nebenbei erlernt. Allein durch die Beschäftigung

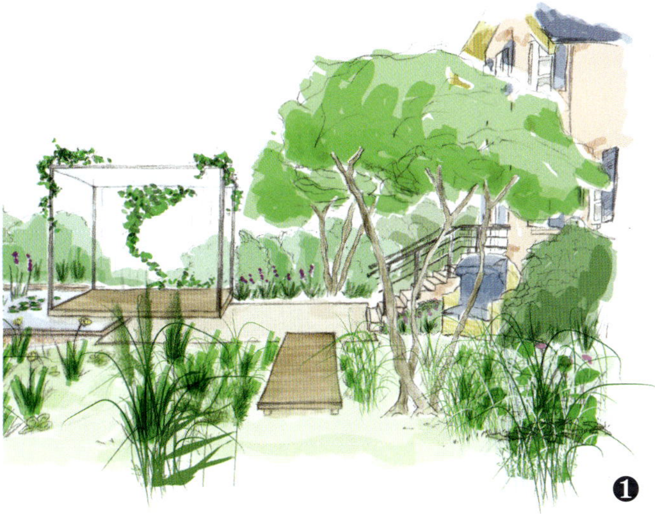

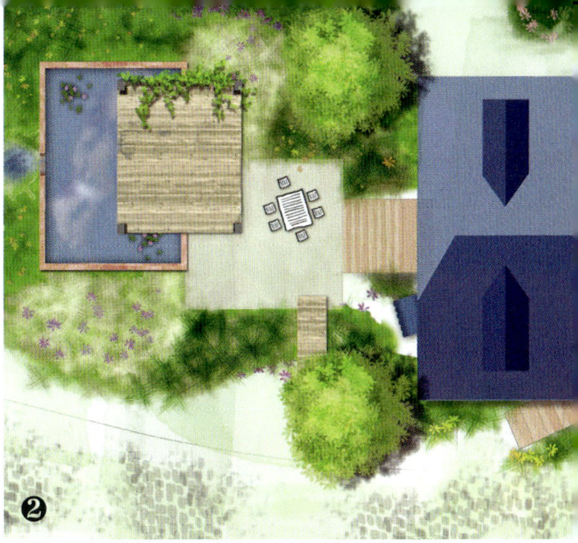

1. Ein Garten mit Viereckformen muss keinesfalls unromantisch sein, wie dieses Beispiel zeigt. Die naturnahe Bepflanzung und die Holzpodeste erzeugen eine landschaftliche Stimmung. **2.** Im Plan wirken solche Formen oft strenger als in der Realität. Es kommt immer auf die Füllung an.

mit den einzelnen Themen hat sich Euer Blick darauf geschärft. Jetzt seht Ihr nicht mehr nur ein »Ohhhh, schön!«. Ihr seht Fluchtlinien, Wuchsbreiten, Materialgrößen und Blickachsen. Ein Weg ist nicht mehr nur hübsch, er ist gekonnt um einen Baum geschwungen oder toll auf die Terrasse zugeführt. Euer Blick ist jetzt mit Wissen und Erfahrung angereichert. Das benutzen wir für diesen Arbeitsschritt. Daraus machen wir jetzt Eure Gartenformen. Jetzt bin ich richtiggehend aufgeregt ☺.
Grundsätzlich habt Ihr immer drei mögliche Hauptvarianten der Formensprache. Wir gehen sie jetzt alle kurz durch. Wenn Ihr der Meinung seid, dass sie für Euch in Betracht kommen, probiert sie aus. Wenn Ihr noch gar keine Meinung dazu entwickeln konntet, probiert sie aus. Wenn Ihr schon Favoriten habt, dann ist das jetzt nur eine Kontrolle. Es schadet jedenfalls keinem. So mancher einer hat sich am Ende umentschieden. Allein die Beschäftigung damit ist zur Absicherung Eurer Entscheidung nur gut. Überhaupt: Das Ausschlussverfahren ist eine hervorragende Entscheidungsmethode. Einfach so lange »Nein« sagen, bis eine Variante übrig bleibt. Die ist es dann einfach. Wirklich! Im Zweifelsfall macht es so.

Vierecke, nichts als Vierecke

Die meisten Häuser und Grundstücke sind hierzulande im Grundriss rechteckig. Daher fangen wir mit dieser Variante an, die hatten wir bei den Terrassen und Wegen schon ganz gut erarbeitet. Vierecke für Terrassen liegen in der Grundfläche des Gartens und können eher schlank oder eher dick bis hin zu quadratisch ausfallen. Das wird vor allem von Eurer Fassade bestimmt. Ihr könnt dicke Nebengebäude und Terrassen mit schmalen Beeten und Hecken kombinieren. Ihr könnt die viereckigen Formen auch versetzen oder »stapeln« (wie Karten verschoben übereinanderlegen). Das ist oft meine Lieblingsversion, mein »Tetris-Entwurf« (wie das alte Computerspiel, mit den verschiedenen Bausteinen).
Und bitte denkt daran: Die Füllung kann ganz naturnah wild und auch romantisch oder eben wie ein Barockgarten werden. Nur in eckigen Formen zu designen, heißt noch lange nicht, einen formalen, modernen Garten zu haben.

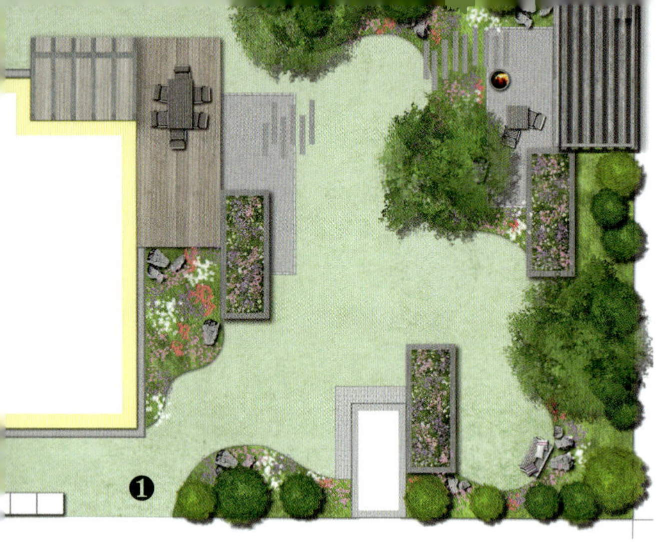

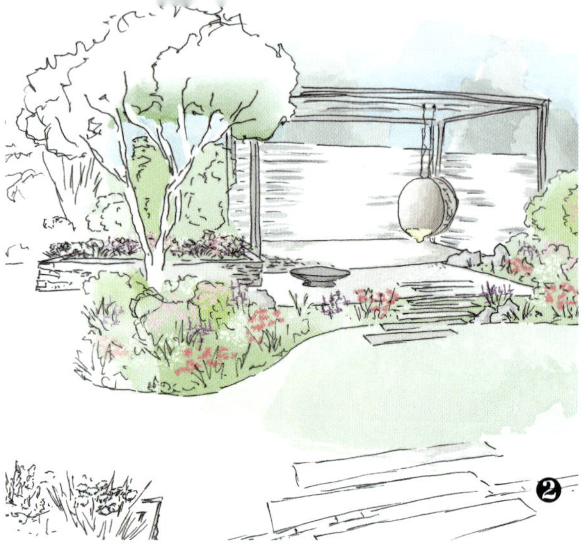

1. Hier zeige ich Euch ein schönes Beispiel für die Kombi aus Vierecken und Schwüngen. Wohnhaus und Schuppen sind weiß, Terrassen, niedrige Hochbeete und Pergola sind schlanke Rechtecke und die Beet- und Rasenflächen fließen organisch drum herum. **2.** Bezaubernd, oder?

Das Schöne an den viereckigen Formen ist die Einfachheit in Bezug auf Planung, aber eben auch in Bezug auf den Stil. Keine Schnörkel oder schwierig anzubindende Übergänge. Solange die Flächen parallel zu den Fluchtlinien liegen, könnt Ihr im rechten Winkel zurückspringen, könnt Terrassen aus zwei überlappenden Vierecken kreieren, könnt Zickzack-Formen erzeugen. Es ist toll: Vierecke sind einfach immer dankbar. Seht Euch mal die Beispielgärten an und probiert aus, was bei Euch passt.

Der Kreis als spezielle Variante

Eine Abwandlung dieser auf Parallelen beruhenden Formensprache wäre, mit Kreisen zu arbeiten. Kreise sind ebenfalls sehr formale, konstruierte Formen. Das sieht vor allem in kleineren Gärten sehr ansprechend aus. Leider ist es sehr viel schwerer, damit zu designen. Das ist also etwas für Könner oder sehr Geduldige unter Euch. Mit dem Zirkel und den Fluchtlinien halbe und ganze Kreise so zu setzen, dass sie in Form und Funktion harmonieren, ist echt bewundernswert. Das mache selbst ich recht selten. Ich empfehle Kreise eigentlich nur, wenn etwas Rundes auch in der Fassade zu sehen ist, etwa runde Säulen.

Vierecke mit Schwüngen kombiniert

Die zweite Möglichkeit ist eine Mischung von eckigen und geschwungenen Formen. Das bietet sich bei Fassaden mit beiden Formen natürlich an. Aber nicht nur. Wenn Eure Terrassen, Wege und Nebengebäude schon eckig sind, dann können die Beete und Rasenflächen auch um sie herumschwingen. Alles Gebaute ist immer noch viereckig, alles Gewachsene ist naturnah geschwungen. Das sieht immer schön aus. Es vermittelt zwischen gebauter Architektur und natürlichem Gartencharme. Mein zweiter Favorit beim Design. Mehr Natürlichkeit bekommt Ihr, wenn Ihr auch noch die Wege zwischen den eckigen Gebäuden und Terrassen schwingen lasst.

Abrunden oder abschrägen

Solltet Ihr Rundbogenfenster oder runde Erker am Haus haben, könntet Ihr auch schon die

Terrassen oder Nebengebäude etwas abrunden. Das passt nicht zum modernen Bauhausstil, aber zu älteren oder auf alt gemachten Gebäuden ganz gut. Einige Bezugskanten einer Terrasse bleiben parallel zum Grundriss, andere nehmen beispielsweise Kreisformen an. Nicht das einfachste Design, aber es kann gut funktionieren. Ich empfinde es jedoch meist als zu »aufgesetzt«, weil man beim Probieren schnell verkrampft.
Die Änderung der Formen von Teilen der Terrassen bietet sich eher für schräge Formen an. Und viele Häuser oder Grundstücke haben nun mal schräge Kanten. Da müsst Ihr dann vermitteln. Das geht mittels versetzter Vierecke hervorragend, durch Abschrägen von Terrassen oder Wegen aber ebenso gut. Dafür ist das eine supertolle Variante und ich habe sie selbst oft mit Erfolg angewendet. Bei schrägen Formen ist es nahezu die einzig empfehlenswerte Methode. Es bleibt eine gute Mischung zweier Formen, die jedoch nah verwandt sind. Parallelverschiebung ist hier ein Stichwort, das Euch bestimmt an die Schulzeit erinnert.

Reine Schwünge als Form

Selbstverständlich können auch alle Formen geschwungen sein. Ich hatte es aber schon erwähnt: Die sogenannten Nierenformen sind nicht so ganz einfach. Eine Terrasse muss immer noch gut benutzbar sein und dennoch einen schönen Schwinger in alle Richtungen und zu allen Wegeanbindungen bekommen. Der Stift ist daher wieder leicht zu führen und ganz hinten anzufassen. Hierfür suchen wir am besten die richtige Form, indem wir immer und immer wieder mit leichtem Druck die Linien entlangzeichnen. So lange, bis wir die beste Linie sehen. An solchen Entwürfen sitze ich auch stundenlang und schmeiße eine Versuchsvariante nach der anderen weg. Wenn ich es aber hinbekommen habe, dann ist es ein klasse Design.

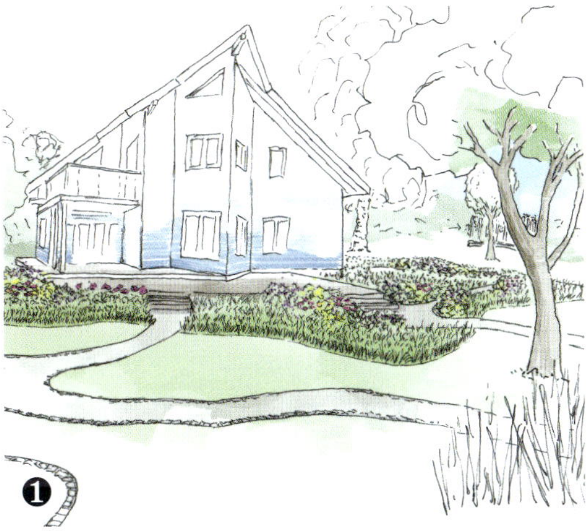

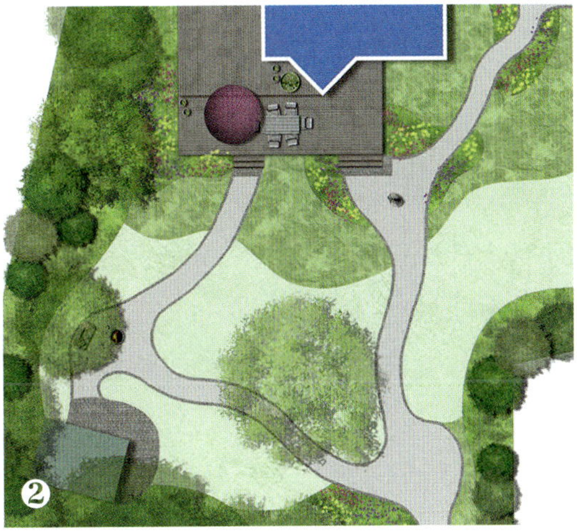

1. Dieses Haus hat mit seinem tief gezogenen Dach und dem spitzen Erker viele schräge Linien. Dennoch passen die rein organischen Formen gut dazu. **2.** In der Draufsicht sieht man die fließenden Formen, die das Haus umspielen. Es erinnert an Ostsee und Strand.

Das sind im Prinzip schon die klassischen Stile gewesen. Natürlich gibt es noch unzählige weitere Möglichkeiten. Ich müsste dazu jedoch ein Buch schreiben, das so dick wäre wie das Anatomielehrbuch für Medizinstudenten. Wer will das durcharbeiten? Und dazu kommt noch, dass jemand, der so ein ausgefallenes Gartendesign haben will, doch eher ein Landschaftsarchitekturbüro beauftragen wird. So etwas wirkt nur, wenn es perfekt und von sehr erfahrenen Profis konstruiert wird. Kurzum: Für das selbst gemachte Design zum eigenen Privatgarten ist es ganz und gar nicht sinnvoll. Damit will ich Euch aber nicht vom Experimentieren abhalten. Nur zu! Lasst der Kreativität freien Lauf. Bedenkt aber auch, dass Ihr spätestens bei der technischen Ausführung solcher speziellen Designs Hilfe und Rat bei Fachleuten suchen solltet.

Wenn Ihr jetzt die verschiedenen Möglichkeiten noch einmal im Gesamtkonzept ausprobiert habt, werden wohl nur noch ein oder zwei Varianten übrig bleiben. Das kann ich gut nachvollziehen. Es ist selten, dass nur eine einzige Variante sofort und eindeutig zum Favoriten wird. Habt Ihr aber mehr als das, dann schaut Euch noch einmal einige der vorigen Kapitel an. Wägt die praktischen Faktoren ab, wertet die Lichtverhältnisse und die Fassadenstudie noch einmal neu. Wiederholt einfach die Arbeitsschritte mit etwas Abstand. Schaut Euch zwischendurch Gärten an und prüft Eure Empfindungen dazu. Wir haben ja noch die Füllung mit Materialien und Pflanzen vor uns. Am Ende dieses Buches werdet Ihr Euch daher auch endgültig entscheiden müssen. Aber auch können! Und damit sind wir bei dem nächsten Designabschnitt: den Farben.

Ein schön geschwungener Weg ist eine Kunst für sich. Er soll sich gut laufen, einfach zu bauen sein und dazu noch zu allem anderen passen. Das will gekonnt sein.

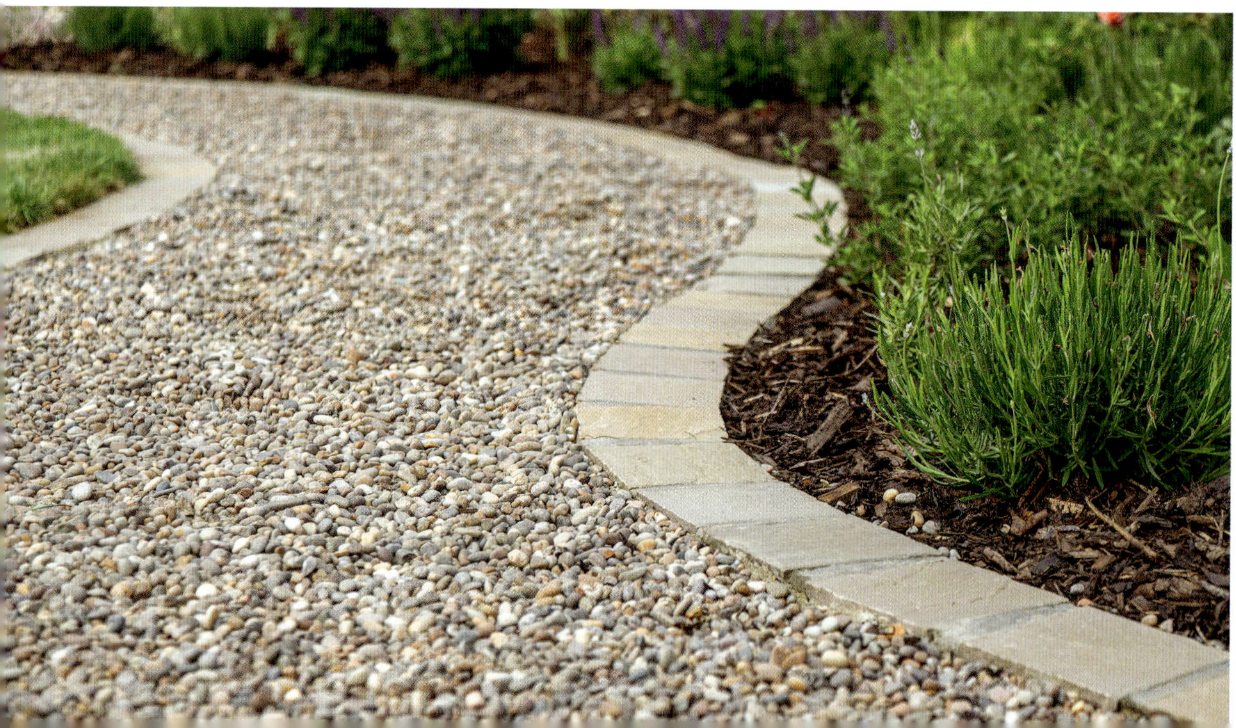

PLAN 06: MEIN DESIGN IST FERTIG

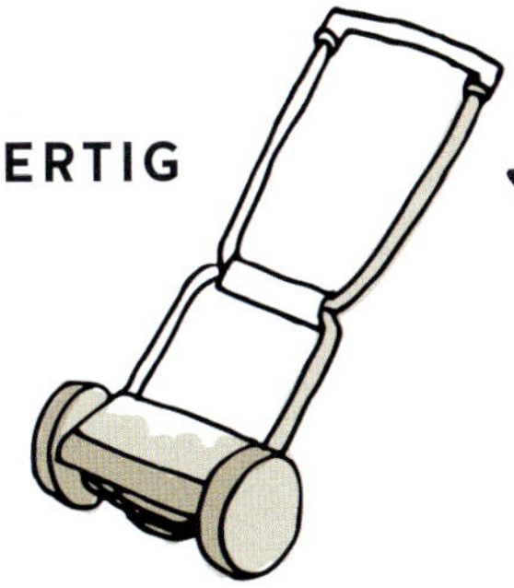

Ab auf den Rasenteppich!

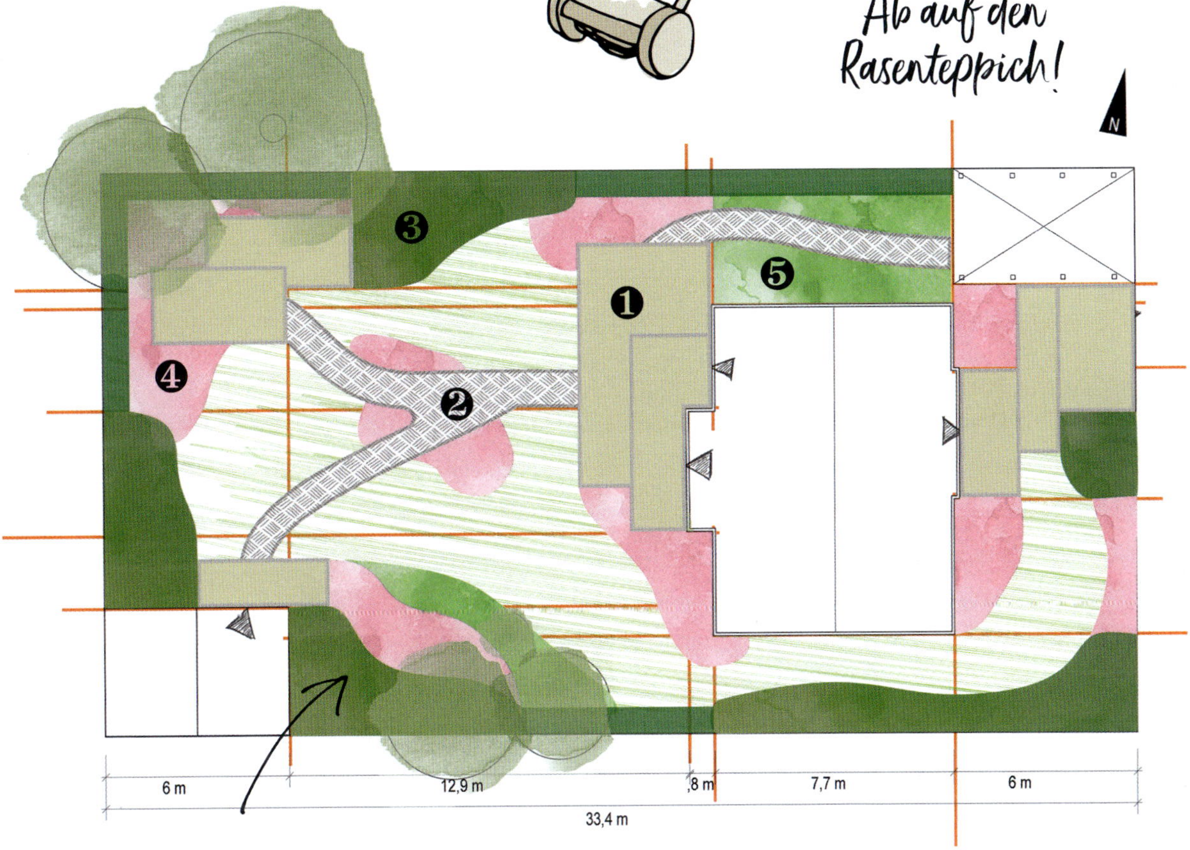

Geschwungene Wege und Beete

NUN SITZT ALLES BIS AUF DIE FARBEN

1. Jetzt hab ich die Formen der Terrassen gefunden. Alles schlanke Vierecke, die teils aussehen wie übereinanderliegend. *2. Die Wege* hab ich geschwungen gelassen. Es ist bequemer zu laufen und passt gut zu meiner Grundidee. Für die Legosteine hab ich jetzt Blühbeete genommen. Der Weg führt mittendurch und gliedert den Garten in zwei Teile. *3. Die dunkelgrünen Flächen* sind meine Sichtschutzsträucher und Hecken. Damit verstecke ich mich nicht nur vor den Nachbarn, sondern etwas auch die Gartenterrasse und den Schuppen. Man will ja mal alleine chillen. *4. Überall, wo ich sitze oder laufe,* hab ich jetzt kleinere Blühbeete. Ein wunderbarer Anblick aus allen Richtungen. *5. Im Schatten* kommen noch ruhige Bodendeckerbeete dazu.

MIT FARBEN SPIELEN – DIE FARBAUSWAHL

Wir lassen die Formen nun einfach mal ruhen. Ihr braucht sowieso etwas Abstand zu diesem Arbeitsschritt. Jetzt nehmen wir uns einen ganz anderen Teilbereich vor: die Auswahl der Farben im Garten.

Auch hier sind jetzt wieder Eure tollen Vorarbeiten gefragt. Ihr habt schon die vorhandenen Materialien, Fassadenputzflächen und Fensterrahmen gesammelt. Genau diese Blätter/diese Datei brauchen wir jetzt. Habt Ihr sie? Gut! Dazu sucht Ihr nun passende Farbkombinationen, die Ihr dann im Garten verwenden möchtet. Ihr dürft jetzt wieder spielen. Tut das auch nach Herzenslust und mit genügend Muße!

Ich liebe die Farben. Sie machen die wirkliche Stimmung im Garten aus. Kühl und elegant, ruhig und natürlich, poppig oder kitschig – alles eine Frage der Farbkomposition. Wie immer grenzen wir nun nach und nach die unendlichen Auswahlmöglichkeiten auf ein handhabbares Ausmaß ein. Ihr solltet dabei natürlich Eure individuellen Wünsche einfließen lassen. Also macht es Spaß!

Was sind die vorhandenen Farben Eures Grundstückes und was könnte dazu am besten passen? Denkt dabei nicht nur an Blüten, denkt auch an die Pflastersteine oder Terrassenplatten, an die Möbel oder Blumenkübel, denkt an alles, was Ihr in den Garten stellen, pflanzen oder bauen wollt. Es geht erst einmal nur um die reinen Farben. Was würde Euch gefallen? Die gleichen Farben konsequent im Garten fortsetzen? Einen schönen Farbübergang in den Garten herstellen? Oder würdet Ihr lieber zusätzliche Farben hineinbringen, eine Farbkombination erzeugen? Und bitte, beantwortet diese Fragen noch nicht jetzt. Ihr habt ja noch gar nichts probiert. Auch wenn Ihr schon eine Wunschvorstellung dazu im Kopf habt. Es ist ganz wichtig, dass Ihr alle Optionen testet.

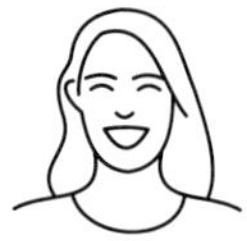

Tut einfach so, als ob Ihr das nicht für Euch, sondern für einen anderen Menschen macht. Das befreit ungemein von Vorprägung und Begrenzung im Kopf. Wir spielen und Ihr wählt deshalb alle Varianten aus, die Ihr nicht ablehnt. Quasi eine negative Auswahl.

Wenn Euch etwas gleich nicht gefällt, dann weg damit. Das ist die erste Runde des Experimentes. Dann lassen wir etwas Zeit vergehen. Ihr schaut Euch in der Zwischenzeit mal andere Gärten oder Bilder dazu im Netz an. Ihr nehmt Euch Eure Inspirationsbilder wieder mal vor und vergleicht die Farbvarianten damit. Und dann sortiert Ihr noch mal aus. So lange, bis etwa zwei oder drei Varianten übrig bleiben. Ihr braucht noch eine Auswahl, denn nicht jede Farbkomposition ist immer mit Material und Pflanzen umsetzbar. Die beste Farbvariante könnt Ihr erst festlegen, wenn Ihr auch eine praktikable Lösung für die Umsetzung findet. Und außerdem werdet Ihr Euch bestimmt selbst überraschen, was Ihr am Ende für die schönste haltet. Auch mein Team und ich sind vom Ergebnis dieser Farbanalyse häufig überrascht. Und mir fallen mit diesem methodischen Vorgehen auch immer wieder andere, wirklich spannende Varianten auf. Das ist doch genau das, warum wir so gerne gestalten: uns selbst an neuen oder besseren Ideen erfreuen. Also meine Bitte an alle »Ich mag aber immer rosa oder hellblau«-Menschen: Lasst Euch ganz neutral auf das Spiel mit den Farben ein. Es lohnt sich!

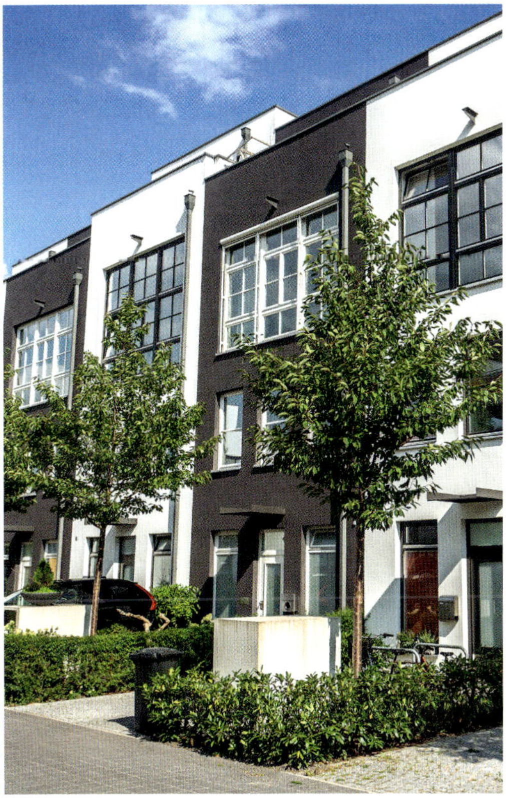

Ein Klassiker unter den modernen Reihenhäusern. Durch die schwarz-weißen Fassaden passt einfach jede neue Farbe dazu.

Im Prinzip habe ich schon die drei grundsätzlichen Möglichkeiten der Farbgestaltung genannt, die es zu probieren gibt. Nur sind eben für die eine oder die andere Option immer noch mehrere Varianten möglich. Daher unterteile ich das jetzt auch in diese drei Hauptoptionen. Erst einmal kommen einige Grundsätze und Besonderheiten auf Euch zu, danach folgen die regulären Farbkompositionen. Okay? Dann legen wir los!

Sonderfall Schwarz-Weiß

Einige von Euch haben jetzt vielleicht etwas Zweifel bekommen, weil sie ein ganz weißes oder weiß/grau/schwarzes Haus haben. Das ist sehr gefragt in letzter Zeit. Das macht Euch das Leben aber nicht schwerer, sondern eher leichter. Wenn wir hier von Farbe reden, dann gilt grundsätzlich, dass alle Nuancen von Weiß bis Schwarz inklusive ihrer Mischungen Grau/Anthrazit als neutral anzunehmen sind. Dazu könnt Ihr also immer alles kombinieren, was Ihr möchtet. Das ist in der Farbenlehre so. Man könnte natürlich auch einen kompletten Garten mit Pflanzen, Terrassen und Wegen in diesem reinen Farbraum planen. Fachnerds wie ich denken tatsächlich darüber nach. Aus purer Freude am Experiment. Aber gestaltet mal einen Garten ohne Grüntöne! Das ginge in der Theorie durchaus – aber das ist nix für Laien, Anfänger oder auch nur halbherzige

Design-Tipp

DAS PRINZIP DER WIEDERHOLUNG

Und da sind wir bei einem Grundsatz des Farbdesigns. Ihr könnt im Garten nicht alle anderen Farben ohne die des Hauses verwenden. Wenn Ihr das tut, dann wirken Haus und Garten nicht zusammen. Und dann verbinden sie sich nicht zu einem harmonischen Ganzen. Dann sprechen wir nicht von Design, sondern von Kauderwelsch im Sinne von »irgendwas durcheinanderkombinieren«.
Entweder in den Wegen, Terrassen, Nebengebäuden und Mauern oder in der Pflanzung solltet Ihr eine oder zwei vorrangige, wichtige Farben des Hauses wieder aufnehmen.
Wollt Ihr in den gleichen Farben oder Ton in Ton dazu bleiben, ist das in baulichen Dingen genauso umzusetzen wie in der Bepflanzung.
Bei Farbkombinationen mit neuen Farben könnt Ihr das natürlich ebenfalls auf alle Bereiche umsetzen (soweit vom Material her machbar) oder aber nur in der Material- oder Pflanzenauswahl.
So kommt ja immer noch mindestens eine Farbe des Hauses im ganzen Garten vor. Das wirkt dann vielfältiger, aber eben auch noch passend zum Haus. Je identischer die Farben von Haus und Garten, desto gewollter und ruhiger wirkt beides zusammen.

Fachkräfte. Da müsste wirklich ein richtiger Profi/Freak für Pflanzplanung ran. Und das funktioniert auch nur unter idealen Voraussetzungen. Und ich bin mir ganz sicher, dass das nicht Eure Intention für ein Grundstück im Grünen war. Grün müssen wir also sowieso in die Farbanalyse einberechnen. Die Frage beim Grün ist nicht, ob, sondern welche Nuance. Daher lassen wir diese Möglichkeit mal ganz außen und links vor. Schwarz/Weiß bleibt für Euch neutral. Schließt diese Farben aber niemals aus. In jedem Fall sollten sich eine oder alle Farben des Hauses im Garten wiederfinden. Und das ist auch nicht so schwer. Schließlich können wir mit Pflastersteinen, Holzanstrichen, Blüten oder Blattfarben immer, wirklich immer mindestens eine Farbe von Weiß bis Schwarz aufgreifen.

Ausnahme: einfarbiger Garten

Eine sehr seltene Variante im Gartendesign ist der einfarbige Garten. Das ist, wie eben schon erklärt, real kaum möglich, da ja immer auch Grün in irgendeiner Schattierung vorkommen wird. Wenn Ihr Euch Rasenflächen wünscht und wenn Ihr keine absurden Pflanzkonzepte mit nur andersfarbigem Laub kreieren wollt, wird die grüne Farbe immer dazukommen. Wir sprechen bei einfarbigen Gärten also von Grün mit einer anderen Farbe – was genau genommen ja zweifarbig ist. Aber auch das ist äußerst selten in einem ganzen Garten anzutreffen. Dafür müsst Ihr schon sehr farbentschlossen sein.
Ein nicht ganz seltener Wunsch in dieser Kategorie ist jedoch ein rein weißer Garten. Das bedeutet übersetzt dann die Farbkomposition Weiß-Grün und ist ein Klassiker. Hierfür gibt es

ein historisches Paradebeispiel in Sissinghurst/England. Es handelt sich jedoch nur um einen Gartenteil, nicht um den ganzen Garten. Allerdings ist der Teil so groß wie die meisten Stadtgärten. Ich hatte aber auch schon das Vergnügen, für Kunden einen ganzen Garten so planen zu dürfen. Alle Wege, Pergolen, Blüten sind dann ausschließlich weiß. Das wirkt unglaublich elegant. Pures Design! Weiß eignet sich wirklich hervorragend, da dafür alle Material und Pflanzen erhältlich sind. Ihr müsst so etwas aber wirklich lieben, auch nach Jahren noch. Und Ihr wisst jetzt schon, dass das auch viele Nachteile insbesondere für die Wege und Terrassen haben kann. Stichwort: Blenden. Und gerade solche Flächen erfordern sehr viel Pflege. Schmutzige weiße Wege sehen nicht so »klassisch« aus. Da müsstet Ihr wirklich viel sauber machen!

Einfarbige Gärten gibt es natürlich auch in anderen Farben. Gelbe, blaue oder rote Gärten zum Beispiel. Da ist es jedoch nie so konsequent umsetzbar. Erstens bezieht sich diese Bezeichnung sowieso meist nur auf die Bepflanzung. Ihr findet schlicht nicht das Material für Wege und Terrassen dazu. Es gibt zwar gelbe Klinkerpflaster bei diversen Anbietern. Diese sind aber eher beige-gelb oder ocker oder irgendein anderes angemischtes Gelb. Mit Rot geht es Euch ebenso. Und blaue Wege? Gebt mir gern Bescheid, wenn Ihr da Material gefunden habt. Da suchen die Gartenplaner schon Jahrhunderte. Eine Legende, genau wie die »blaue Rose«, die es bis heute nicht wirklich gibt. Zum anderen haben Blüten oder Blätter in diesen Farben immer auch unterschiedliche Nuancen. Das bedeutet, dass niemals nur ein bestimmtes Blau oder Rot vor-

Ein gutes Beispiel für schwarz-weiße Häuser mit grauen Wegen und Plätzen und nur weißen Blüten. Eigentlich wirkt hier vor allem das Grün.

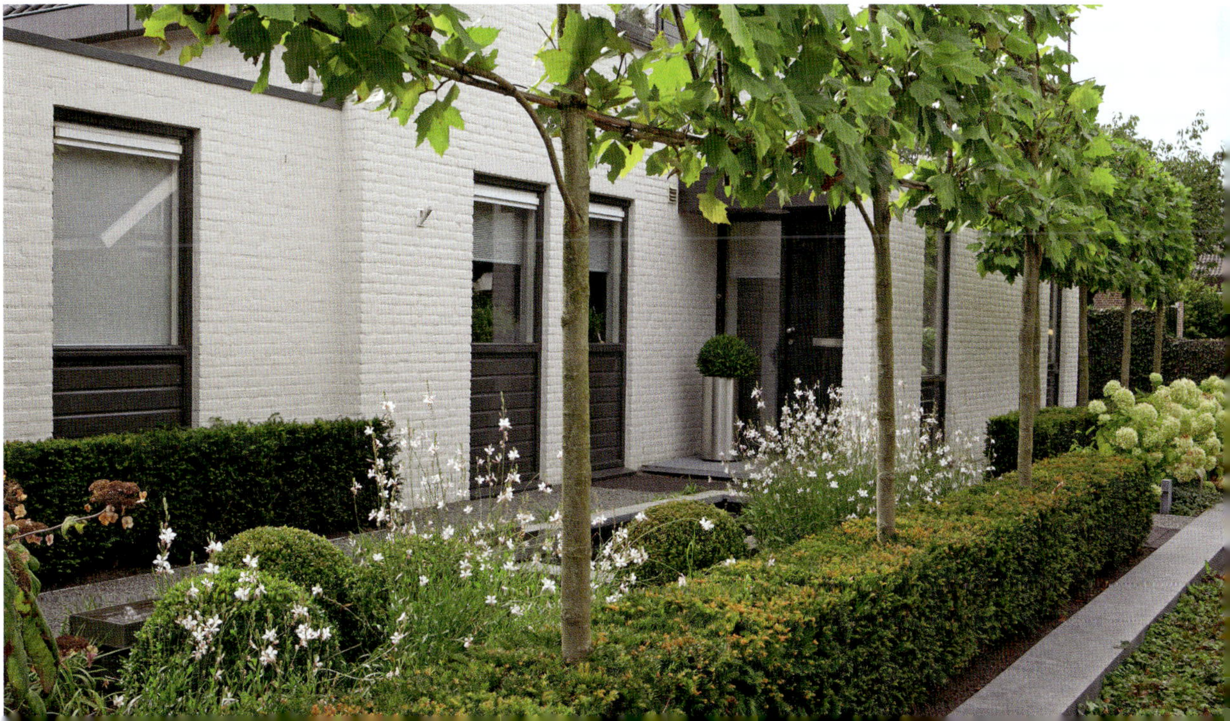

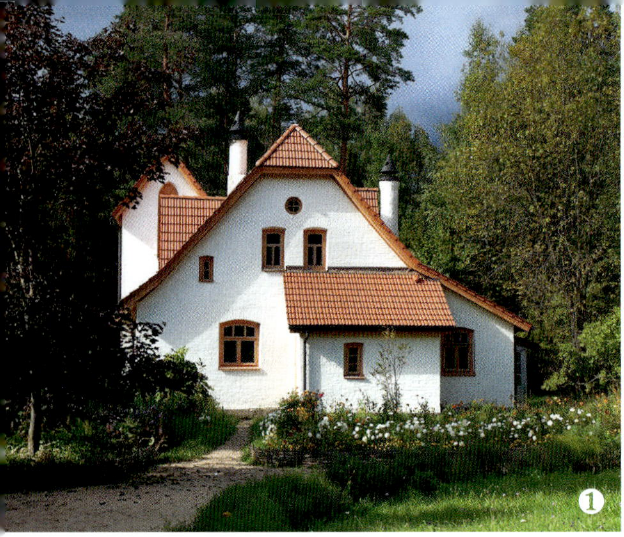

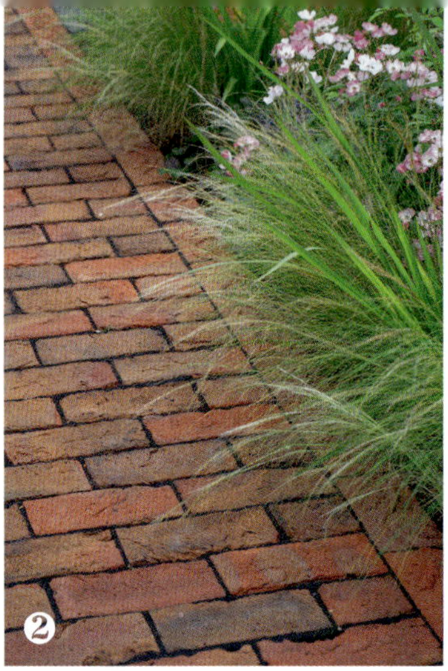

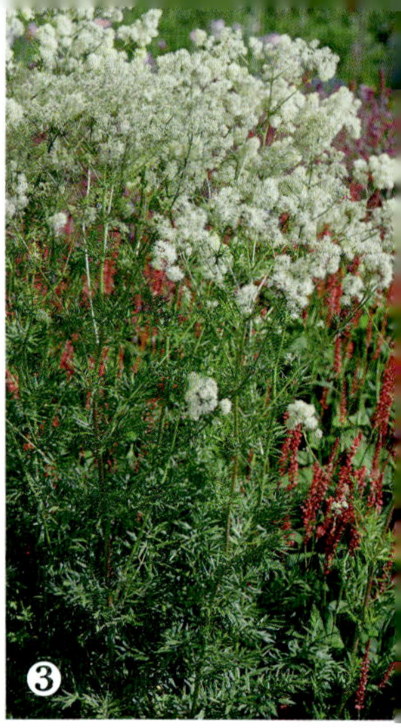

1. Mein Beispielhaus in Weiß-Rot. Stil und Material sind ländlich-rustikal. Was kann dazu passen? **2.** Auf jeden Fall ein roter Backsteinweg – also Klinker in passenden Rottönen. **3.** Dazu wurden Beete mit vielen weißen Blüten und etwas Rot und Rosa ausgesucht.

kommen wird, sondern sehr verschiedene Schattierungen davon. Wir können uns diesen Farben annähern, sie aber nicht in einer speziellen Farbnuance durchgängig erreichen. Daher wird es eben eher ein Ton-in-Ton-Farbkonzept werden. Und diese Methode hat auch ihre stilistischen Grenzen. Ein Haus mit beigem Sandsteinsockel und apricotfarbenem Putz macht Euch das Leben nicht gerade leicht. Das sind schon beides Zwischentöne – also sehr gemischte Farben aus vielen verschiedenen Grundfarben. Es wird schwer werden, die reinen Fassadenfarben in die Wege/Terrassen oder die Pflanzen zu bringen. Und alles in diesen speziellen Farben im ganzen Garten? Ich meine, wer das mag … Es ist Euer Garten. Also probiert es aus. Ich befürchte jedoch, das gefällt Euch nicht an jedem Tag über mehrere Jahre. Das ist eher so ein »Kleid für besondere Abende«. Eins, mit dem man mal zu einem Anlass auffallen will, aber nicht jeden Tag auf die Arbeit gehen würde. Oh, das Beispiel ist etwas einseitig. Na, dann noch eins: Es gibt auch apricotfarbene Autos. Aber eben sehr, sehr selten und die fallen allen immer extrem auf. Das ist also nichts für schüchterne Leute. Hier bietet sich wohl eher eine andere Variante an …

Farben Ton in Ton

Wie bereits gesagt, wirkt die Verwendung der gleichen Farben für Haus und Garten immer sehr konsequent und gleichzeitig auch beruhigend. Allerdings beschränken wir uns jetzt nicht auf eine Farbe, sondern auf viele Schattierungen dieses Farbtones. Der Effekt ist ähnlich, aber wirkt viel lockerer und farbenfroher. Also solltet Ihr das unbedingt probieren! Die gewählte Farbe wird hier mit unterschiedlichen Nuancen abgemischt. Eine breite Palette von Farbtönen entsteht. Etwas heller oder dunkler im Ton ist immer dabei. Bis hin zu blass oder fast schwarz. Das heißt übersetzt in die Farbenlehre ja auch nur, mehr oder weniger Weiß oder Schwarz dazumischen. Also neutrale Farben. Die verändern nix am Grundprinzip. Dazu könnt Ihr auch noch ein Tröpfchen Gelb (wärmer) oder Blau (kühler) oder Braun (natürlicher) untermischen. Alle Varianten zusammen können hundert Schattierun-

gen hervorbringen. Hauptsache, der Grundton bleibt erkennbar.
Es kommt allerdings auch hier auf die Fassadenfarben an. Nicht alle sind dafür geeignet. Sehr laute/schreiende Farben können schnell eine Überdosis bewirken. Sogar in solchen Abstufungen. Pink- und Orangetöne sind dafür gute Beispiele. Genauso können zu lasche Farben am Ende fad und langweilig wirken. Egal wie wir sie abmischen. Beigetöne sind dafür beispielgebend. Stellt Euch einen Garten mit beigen, hellbeigen und dunkelbeigen Blumen und Wegen vor. Das ist dann doch etwas zu unbunt, oder? Für dieses Prinzip muss sich also die Hausfarbe eignen.

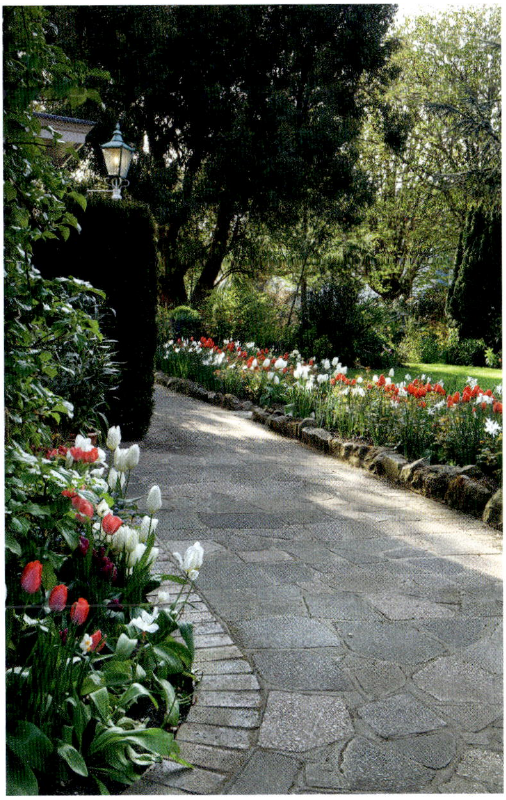

Das würde aber auch sehr gut zu diesem Haus aussehen: Graue Natursteinwege, gesäumt von einer rot-weißen Pflanzung. Dezenter, aber elegant.

PRAKTISCHES BEISPIEL IN ROT-WEISS

Zum besseren Verständnis ein Beispiel: Das Haus hat viel weißen Putz als Fassadenfläche in Kombination mit roten Klinkern im Sockelbereich und bei den Dachschindeln.
Variante 1: Ihr könnt denselben rötlichen Klinker für die Wege und/oder Terrassen verwenden und die Pflanzung mit vielen weißblütigen Pflanzen und etwas rötlichen Tupfen planen. Das würde den Sockel und das Dach durch die Wege/Terrassen sowie mit dezenten Nuancen in der Pflanzung wiederholen. Und die Putzfassade wird durch die vielen weißen Blüten wunderbar in den Garten verlängert. Eine perfekte Verbindung. Ihr bleibt in den gleichen Farben zu Eurer Farbanalyse. Achtet dabei nur genau auf die rötlichen Töne. Je nach Art des Rottons sind sie etwas kühler (bläulich) oder wärmer (gelblicher). Da liegen die Feinheiten und die sind hierbei sehr wichtig.
Das ist Euch zu viel Rot insgesamt oder die Wege gefallen Euch in Rot nicht? Na, dann probiert eben Variante 2:
Ihr versucht etwas helleres Grau für die festen Flächen. Grau ist ja neutral und außerdem wirken hellgraue Flächen in der Sonne eher weiß. Damit ist eine Farbe (Weiß bzw. neutral aus der Fassade) im Garten durchaus dezent wiederholt. Dazu bringt Ihr viele Rottöne in die Pflanzung. Das muss nicht gleich das Ziegelrot sein. Ihr mischt Rot und Weiß und siehe da, es wird Rosa oder Hellrot. Mit einem Schwarz oder Blau kommt Lila und Weinrot dazu. Das

sind sehr vielfältige Farben, deren Grundton jedoch immer der gleiche ist. Dann fehlt nur noch etwas reines Weiß durch andere Blüten oder Blätter. Der weiße Teil der Fassade ist nun besonders leuchtend. Ihr könnt ihn im Garten punktuell auch mit weißen Möbeln weiter zitieren. Das wirkt anders als in Variante 1, hat aber den gleichen Effekt. Haus und Garten wirken als eine Einheit. Es bleibt ein sehr wirksames und konsequentes Farbkonzept. Das ist im Grunde das ganze Prinzip.

Ihr sollt noch nicht gleich festlegen, was in welchen Farben verwendet wird. Ich will Euch hier nur die möglichen Verwendungen aufzeigen, damit Ihr beim Spielen mit Farben etwas besser wisst, was ich meine. Letztlich hättet Ihr jetzt nur eine Variante mit roten und weißen Farbkärtchen und eine andere mit hellgrauen, rosa, hellroten, dunkelroten, lila und weißen Farbklecksen. Das erste Blatt unseres Beispiels wäre sehr kontrastreich und mutig. Beim zweiten Blatt bemerkt Ihr sicherlich die Komposition mit den Zwischentönen und empfindet es vermutlich gefälliger. Seht Ihr das? Sieht super aus. Und so probiert Ihr mit Euren eigenen Farben herum. Hinzufügen, anschauen, beurteilen, wieder wegnehmen von Farben … einfach experimentieren.

Auch dieses Farbkonzept hat seine Grenzen. Z. B. wenn Ihr schon eine Hausfassade aus verschiedenen Mischtönen habt. Beige oder Olivgrün sind schon so sehr abgemischt, dass es kaum möglich ist, dazu noch Zwischentöne zu finden. Auch sind die Farben schon sehr dezent. Dadurch wirken Nuancen davon auch nicht gerade vielfältiger. Wege und Terrassen haben zwar eine recht große Auswahl an Materialien, Blüten dagegen überhaupt nicht. Solltet Ihr so eine Fassade haben, dann empfehle ich das nächste Experiment. Aber natürlich auch allen anderen von Euch. Jetzt wird es nämlich anspruchsvoll!

Farbkompositionen aus Mischtönen

Immer nur im gleichen Farbraum zu bleiben, ist ein eleganter und sicherer Weg. Aber inte-

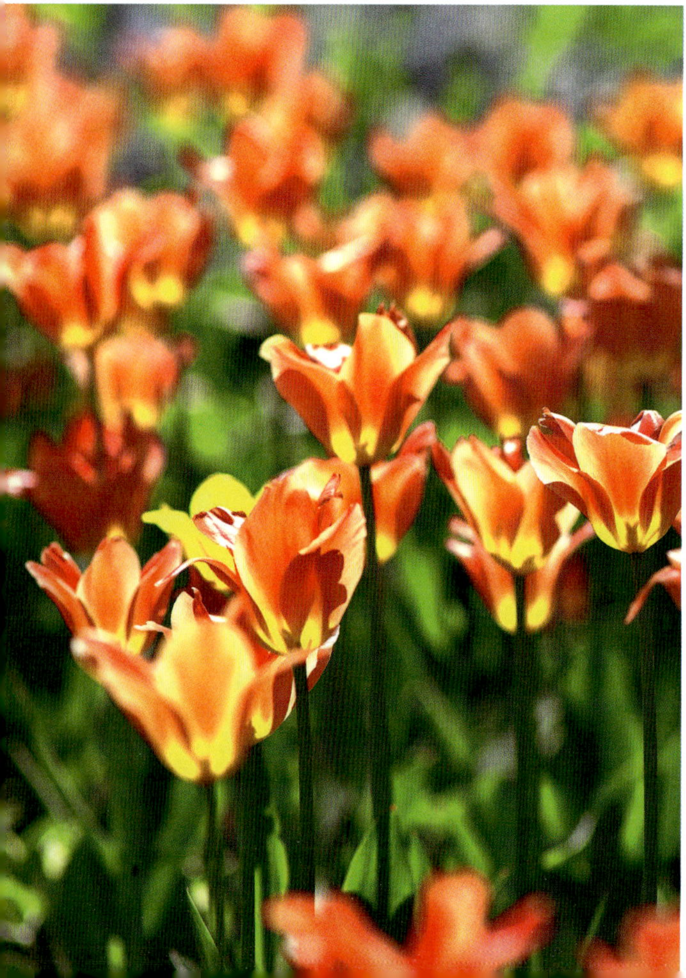

Gleich im Frühling die Farben des Sommers haben, das verheißen diese Tulpen. Reife Aprikosen und Toskana – Ihr erinnert Euch?

ressant ist auch die Wirkung, wenn Ihr eine Farbe der Fassade in ihre Einzelbestandteile zerlegt und dann diese Einzelfarben (Farbanteile) verwendet. Damit überlasst Ihr letztendlich das Zusammenmischen der Farbe dem Auge, also eigentlich unserem Gehirn. Wie ich schon sagte, sind wir oft zu mehr fähig, als wir denken. Wir empfinden es durchaus deutlich, dass sich diese Farben zusammen zu einer anderen Farbe verbinden. Daher bleibt das Ergebnis für jeden Menschen gefühlt sehr harmonisch. Im Prinzip haben wir das ja eben schon gemacht. Viele rote und weiße Blumen in einer Beetfläche gleichmäßig verteilt, wirken für uns alle eher rosa. Jetzt setzen wir noch einen drauf!

Viele Fassaden bestehen ja schon aus sehr gemischten Farbnuancen. Solche Zwischentöne bestehen aus mehr als zwei Grundfarben. Um den Ton zu erzeugen, würden wir also mindestens drei, meist sogar mehr Farben mischen. Für mich ist das nichts Neues. Wenn Ihr davon noch nie etwas gehört habt, dann kommt gleich noch ein kleiner Exkurs dazu. Aber erst einmal ein Beispiel zum Verständnis.

Im Farbton Apricot (der Name bezieht sich wirklich auf die Frucht, aber die natürlich gereifte – nicht die aus dem Supermarkt) ist es eine Mischung aus Rosa und Orange in nahezu gleichen Anteilen. Das sind selbst wiederum gemischte Farbtöne. Rosa hatten wir schon: Weiß und Rot zusammen. Orange ist neu, aber recht gängig: Gelb und Rot gemischt. Ich nehme in so einem Fall gern die einzelnen Farben, aus denen dieser Farbton angemischt werden kann. In diesem Falle eben Weiß, Rosa, Rot, Gelb und Orange. Wir haben also fünf Farben, die wir in das richtige Mischungsverhältnis setzen können, und schon haben wir eine per-

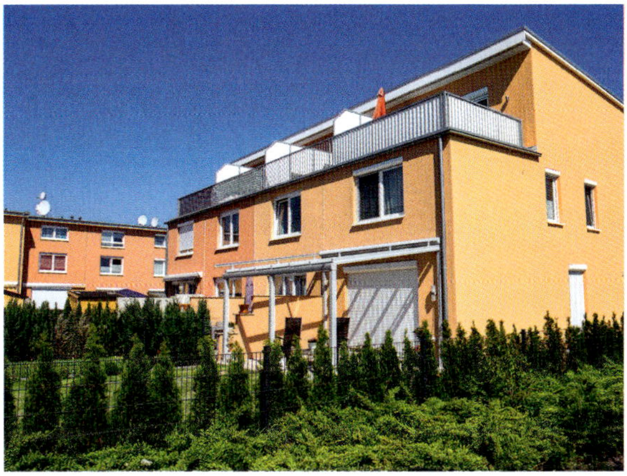

Das wären die passenden Häuser zu den hübschen Tulpen. Fassadenfarben von Orange über Apricot bis Rosarot. Ein Sommernachtstraum oder zu viel des Guten?

fekte Farbkomposition zum Apricot der Fassade. Das ist das Prinzip.

Es bieten sich Euch auch wiederum viele Kombinationen aus diesen Farben an. Weiß mit Gelb wird zu »Buttergelb«. Rot, Weiß und ein Hauch von Schwarz (neutral) wird zu Lila. Alles eine wunderbare Komposition zu Apricot, die die Hausfassade aufnimmt und in ihren Einzelbestandteilen widerspiegelt. Das wirkt viel bunter und vielfältig.

Gleiches geht natürlich für andere Zwischentöne wie verschiedenen Braun-, Beige- und Lilatönen. Ihr wisst nicht, aus welchen Grundfarben Eure Fassadenfarben bestehen? Der versprochene Exkurs zur Farbmischlehre folgt natürlich prompt auf der nächsten Seite.

Das Sezieren und Kombinieren von Teilfarben erzeugt im Garten eine »Palette« von Farbtönen, die sich vermischen sollen. Daher solltet die einzelnen Farben auch in der Fläche zusammen vorkommen, also legt nicht ein Beet in Hellgelb und eines in Hellblau an. Besser ist es, die Beete alle mehr oder weniger mit diesen Farben zu füllen. Das sieht immer richtig

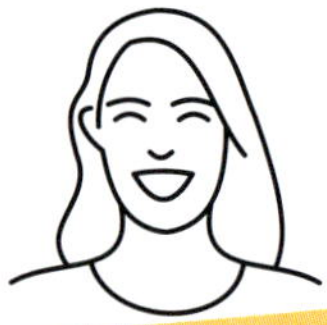

EXKURS ZU DEN MÖGLICHKEITEN DER FARBMISCHLEHRE

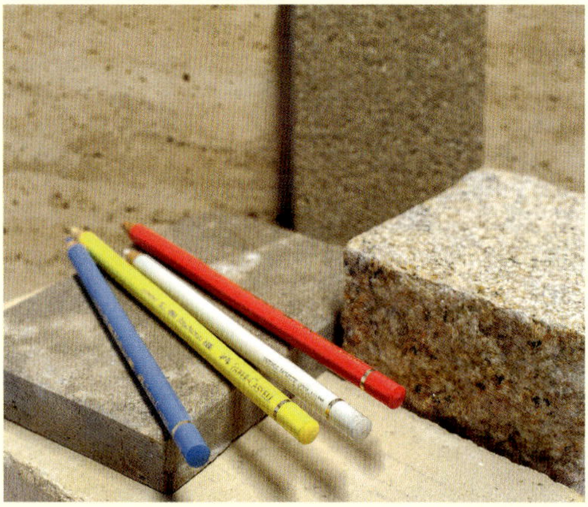

Ob Naturstein, Ziegel oder Betonpflaster – zu beigen Materialien müsst Ihr die passenden Farben finden.

Keine Angst, es wird nicht zu theoretisch. Ich weiß, dass nur wenige von Euch wissen, aus welchen Grundfarben man andere Farben anmischen kann. Wir leben ja in den wunderbaren Zeiten des Internets und können Suchmaschinen befragen. Ich habe es für Euch ausprobiert, Suchbegriffe wie »Farbe mischen beige« oder Ähnliches sind vielversprechend.

Es gibt in jedem Fall viele Wege, wie man Farbtöne zusammenmischen kann. Ihr sucht Euch nur die heraus, die Euch als Farbkombination gefallen. Wenn da also steht, dass Ihr Braun und Weiß zu Beige mischen könnt, dann ist das richtig, aber nicht gerade eine »sexy« Kombination für den Garten. Das ist nur etwas für Fans von extremer Melancholie ☺. In Beige stecken aber auch die Pastelltöne Rosa, Hellblau und Hellgelb. Also eigentlich Rot, Blau und Gelb mit viel Weiß zugemischt. Blau und Gelb werden wiederum zu Grün. Und Grün und Rot zu Braun. Und Braun und Weiß zu Beige. Das ist das ganze Geheimnis.

War das zu schnell? Sorry. Dann noch mal langsam: Wir sezieren die Farben in Ihre Einzelbestandteile und verwenden sie so oder wieder zwei davon gemischt. So kommen wir eventuell auf eine wunderschöne Farbkomposition.

Die ganz reduzierten Grundfarben von Beige sehen alles andere als harmonisch aus. Ein Garten mit Rot, Blau, Gelb und Weiß zu einem beigen Haus? Neee, wirklich nicht! Tut Ihr jedoch das Weiß schon zu jeder Einzelfarbe dazu – voilà: die besagten Pastelltöne Rosa, Hellblau und Hellgelb. Die sehen im Garten wirklich toll aus zu beigen Terrassenplatten oder Fassadenklinkern. Das Auge sieht die Farbverbindung und sagt Euch: harmonisch. Dabei nicht trist, sondern fröhlich, nicht bieder, sondern frisch. Und so könnt Ihr auch mit anderen Mischtönen aus Euren Bestandsfarben vorgehen.

toll aus und jedem fällt unbewusst diese gestalterische Note auf. Design eben ☺.
Jetzt hatten wir die harmonischen Farbkombinationen. Je nach Geschmack und Hausfassade ist das für viele schon ein tolles Ergebnis. Aber eben noch nicht für alle. Ihr habt ein Haus mit zwei oder mehr Kontrastfarben? Also Farben, die nicht mehr Ton in Ton oder aus sich selbst gemischt wurden. Oder Ihr wollt einen Farbkontrast zu Eurer schlichten Fassade ausprobieren. Damit es bunter und poppiger wird. Nur Mut! Das ist auch ein Klassiker. Dann folgt nun noch die dritte Methode.

Farbkombinationen mit Kontrast

Bisher ist Euch zu wenig Power in den Farbexperimenten dabei? Harmonie schön und gut, aber Kontrast ist besser? Dann nehmt Ihr am besten die dominanten Fassadenfarben und ergänzt sie mit einer oder zwei zusätzlichen Farben. Diese müssen jedoch gut passen. Ha, das sagt sich so leicht, was? Ja, so schwierig ist das nicht. Gegen die Mischtöne ist das wieder ein Kinderspiel. Da gab es Leute, die sich lange vor Euch Gedanken darüber gemacht haben und auf die wir jetzt bauen können. Da wären wir beim alten Goethe und seinem Farbkreis. Kunstunterricht oder Netzsuche sag ich nur! Wie der Name schon sagt, sind hier die Farben im Farbverlauf zu einem Kreis angeordnet. Und zwar so perfekt, dass wir die beste Kontrastfarbe gegenüberliegend finden (Zweifarbklang) und auch beim Kreis-Dritteln zu einer passenden Farbkombination (Dreifarbklang) kommen.
Ich zeige es Euch wieder am Beispiel des rot-weißen Hauses. Der weiße Putz hat zwar viel mehr Fläche, aber das ist eine völlig neutrale Farbe. Ihr nehmt daher das Rot und schaut

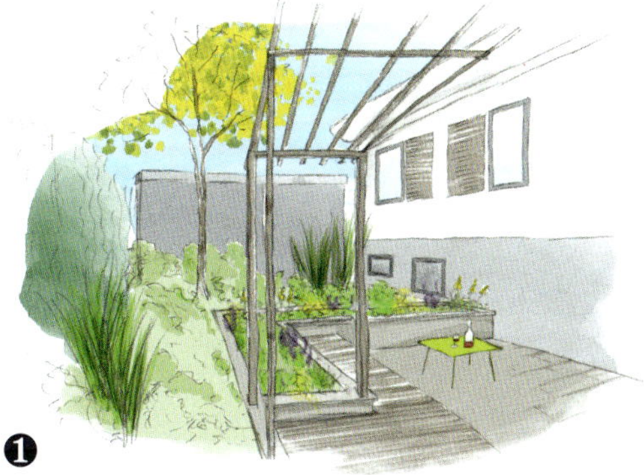

❶

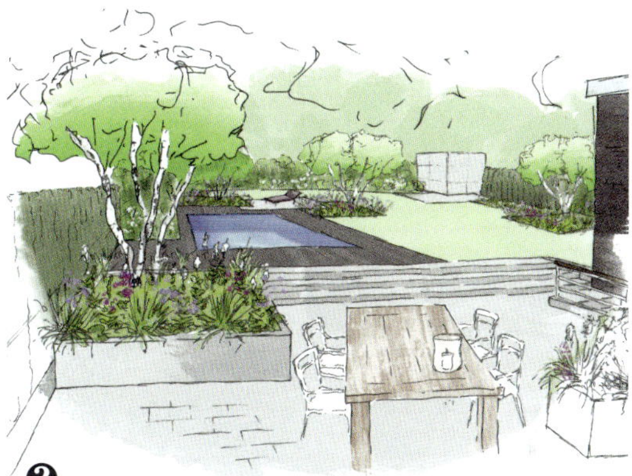

❷

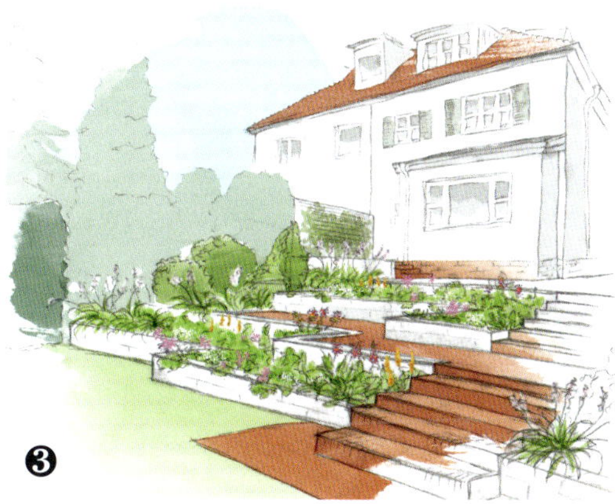

❸

Fürs Mutmachen einige Farbbeispiele. **1.** Das grau-weiße Haus bekommt Kontrast durch gelbgrüne Pflanzen und Möbel. **2.** Hier sind Haus und Garten in Dunkellila und Weiß durchgehalten. Ein starker Kontrast. Dafür aber sehr stylish. **3.** Da ist wieder ein rot-weißes Haus, bei dem sich beide Farben durchziehen. Nur die Pflanzen bringen bunte Farben in den Garten.

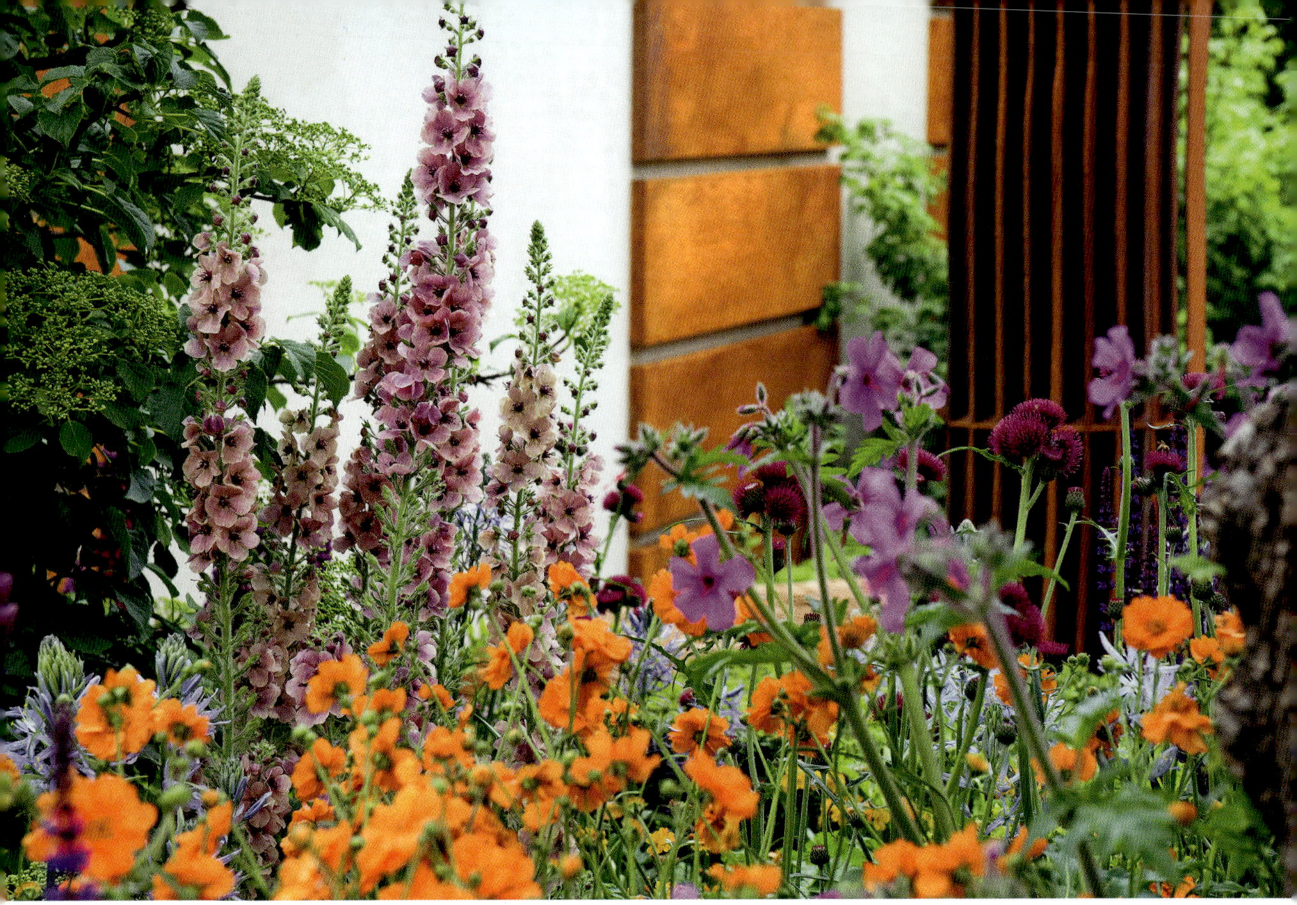

Ein klassischer Farbkontrast ist Orange und Violett. Zusammen mit Rostorange, Laubgrün und Fassadenweiß ist das Wort dezent wohl etwas unpassend.

nach dem passenden Zweifarbklang oder Dreifarbklang im Kreis. Ersteres liegt direkt gegenüber von Eurem Rot (Grün) und die zweite Möglichkeit im Dreieck zur Ausgangsfarbe (Gelb und Blau).

Na, zugegeben, das macht uns jetzt nicht gleich glücklich. Variante 1 ist im Garten am Ende ja doch nur Rot mit grünen Blättern. Und Variante 2 sieht nach 70er-Jahren aus. Aber niemand von Euch hat ein reines Rot im Ziegelsockel. Im klassischen Farbkreis sind leider nur die Farben des Licht-Spektrums zu finden. Oft liegen die Farben von Klinkern, Putz oder Holzanstrichen jedoch zwischen diesen Regenbogenfarben. Dafür gibt es glücklicherweise heute Apps oder Ratgeberseiten. Die helfen Euch bei der Findung enorm. Nichtsdestotrotz können wir viel öfter unserm Auge vertrauen, unserer Empfindung in puncto Farben. Wenn sie nicht passen, dann empfinden wir Disharmonie, also Unbehagen.

Zum Schluss noch einige klassische Beispiele solcher Kontrastfarbkombinationen für Euch. Nur so als Inspiration. Ein Klassiker in Blühbeeten ist Lila/Blau mit Gelb kombiniert. Dicht dran und auch oft verwendet ist der Kontrast Violett mit Orange. Ihr merkt schon: Die verdienen das Wort Kontrast. Sie prallen und prahlen zusammen im Beet. Daher können wir wieder etwas abmildern, indem wir sie mit einem Spritzer Weiß aufhellen. Da wir Grün sowieso im Garten haben werden, bieten sich die

Dreiklänge gut an. Was liegt zwischen Eurer Farbe und Grün? Im Verhältnis zu den vorherigen Farbkonzepten wird es aber wirklich poppig bzw. bunt. Und gefällt es Euch?
Ein kleiner Nachsatz zu den Farbkonzepten muss noch sein. Draußen im Garten wirken Farben nie so deutlich wie in der Wohnung. Alle Materialien und Pflanzen verändern auch die Farbwirkung, je nachdem, welche Tages- und Jahreszeit gerade ist, ob es geregnet hat oder die Sonne blendet. Das Licht der Sonne verändert sich und mit ihm auch alle Nuancen. Ihr kennt das von tollen Sonnenuntergängen, wenn plötzlich alles in warmen Tönen leuchtet. Das rötliche Licht färbt alles mit ein. Und Zeit verändert die Farben auch. Steine bekommen Patina und Blüten verwelken. Draußen im Garten sind Farben also immer deutlich milder und auch vergänglicher. Hinzu kommt noch, dass nach der Blüte einer Pflanze eine Frucht reift, die bestimmt eine ganz andere Farbe hat. Und denkt an die Herbstfärbung! Kurz, aber intensiv leuchten dann statt Grün plötzlich und über Nacht Rot und Gelb auf. Danach wird fast alles Pflanzliche beige und braun, bis der Schnee alles überdeckt. Wenn wir hier also Farbkonzepte kreieren, dann doch nur für das Gesamtgefühl und die meiste Zeit im Jahr.
Dennoch werdet Ihr immer den Unterschied bemerken. Die Arbeit lohnt sich immens. Sie sorgt dafür, dass die vielen kleinen und großen Abweichungen im Anblick untergehen. Natur ist sehr tolerant. Und Ihr auch. Daher bleibt auch dementsprechend locker. Versprochen? Nur in ganz monochromen Flächen würde eine »Fehlfarbe« auffallen. So wie z. B. in einem Beet voller blauer Stiefmütterchen das eine und einzige gelbe richtig stark stört. Das war dann aber auch eine falsche Sorte, war ungewollt und heißt dann berechtigt Fehlfarbe. Und Leute wie ich sehen so etwas aus 100 Metern Entfernung! Könnt Ihr mir glauben. Es ist ein Segen und ein Fluch ☺. Da kommen Erinnerungen an meine Lehrzeit hoch. Aber das ist eine andere Geschichte …

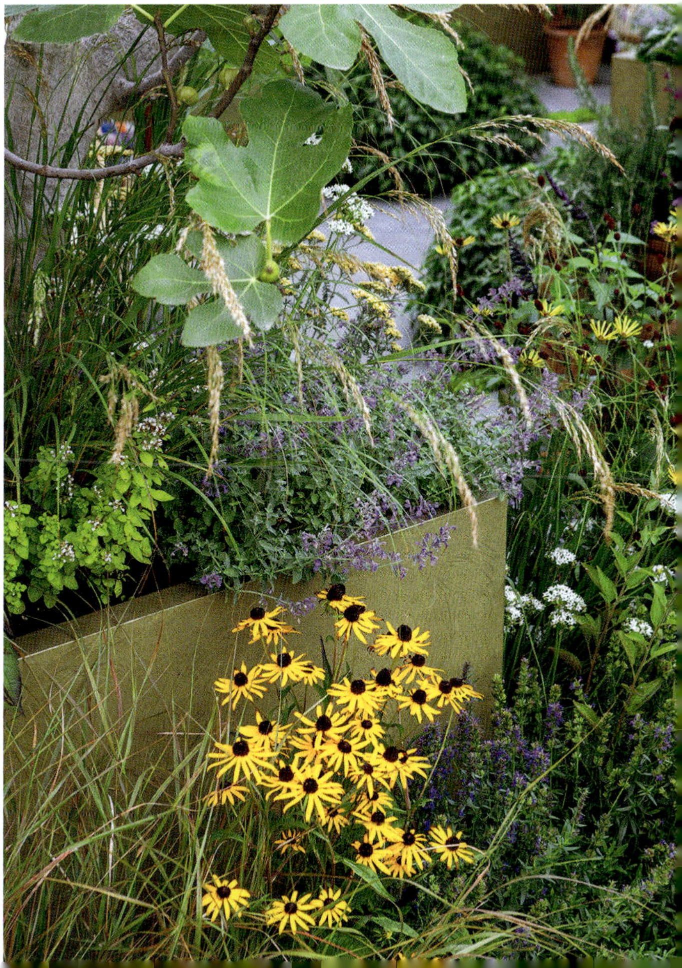

Dagegen ist das Beispiel in seiner Farbwirkung mit dem Wort dezent ganz passend beschrieben. Auch wenn Gelb und Blau ein Farbkontrast sind. Es kommt eben darauf an.

Streich ich die Fassade?

Passt meine weiße Bank?

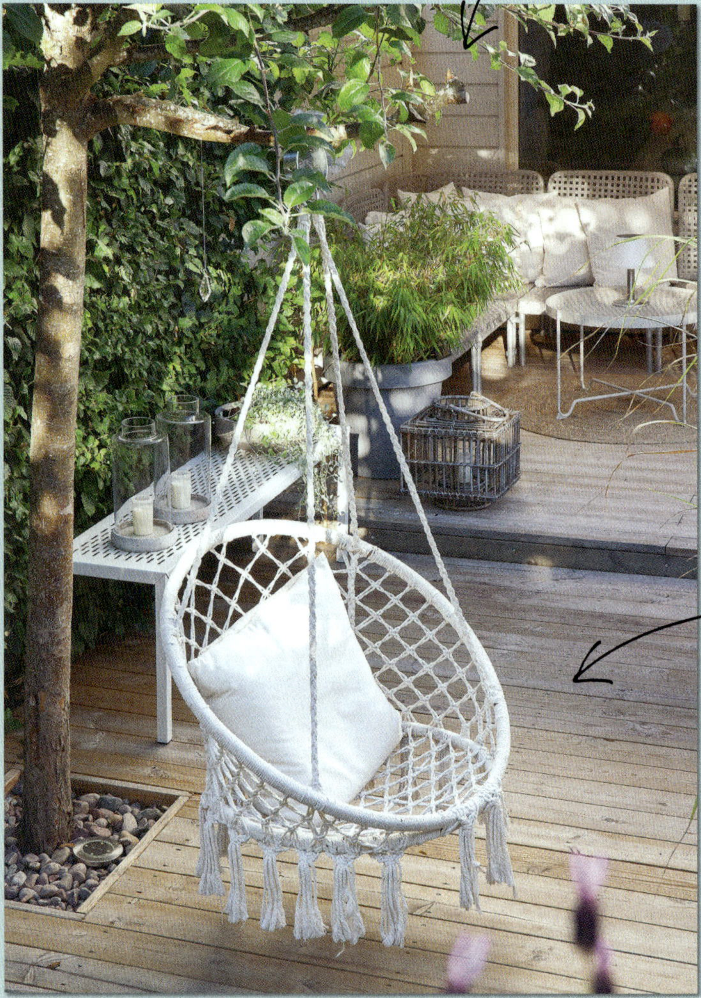

Was nehm ich für Holz?

DIE AUSWAHL DER MATERIALIEN

So, jetzt reiben wir uns erst einmal imaginär die Hände. Materialien sollte man anfassen, benutzen, verarbeiten usw. Da gibt es einiges zu wissen, bevor oder nachdem Ihr es auch nach gestalterischen Kriterien auswählt.

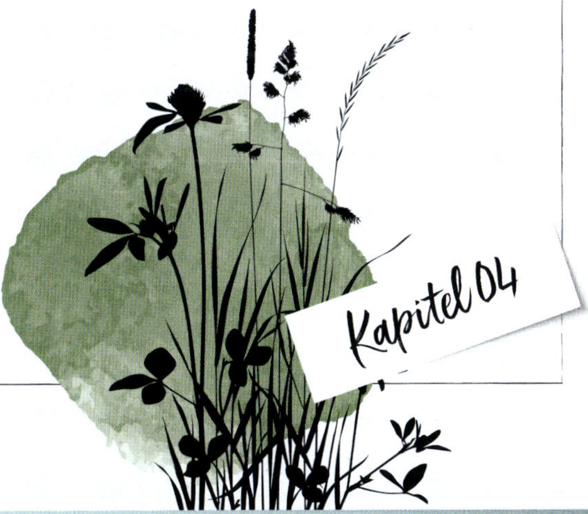

WORAUF WIR LAUFEN, SITZEN UND FAHREN

Wir fangen mit dem wichtigsten Baumaterial für alle Gärten an: dem Belag bzw. der obersten Schicht für Wege und Terrassen.

Dieses Material prägt einen Garten gestalterisch genauso stark wie die Bepflanzung. Mit ihm erhält die Anlage einen modernen oder rustikalen Touch, können farbliche Akzente gesetzt, geprägt oder verstärkt werden, er kann auffallen oder im Hintergrund verschwinden. Was auch immer Ihr hier auswählt, wird starken Einfluss auf die Gesamtwirkung Eures Gartens haben.

Und genau wie bei den Pflanzen sind beim Belag viele Ansprüche zu beachten. Einige davon hatten wir schon angesprochen. Erinnert Euch an helle und dunkle Farben für die Terrassen. Zu grell oder zu heiß, das wollen wir, auch wenn es hübsch aussieht, nicht haben. Auch hatte ich Euch schon erzählt, dass für geschwungene Formen nicht alle Materialien geeignet sind. Wisst Ihr noch? Es gibt Bücher, so dick wie Lexika, zu Bodenbelägen. Und unzählige technische Normen und Regelwerke dazu. Aber Ihr wolltet den Weg nicht selbst bauen, im Moment möchtet Ihr nur das Material gestalterisch wählen. Also entspannt bleiben.

Materialien wie Natursteine, Betonpflaster oder Ziegel sind nicht so easy im Internet auszusuchen. Wie Ihr wisst, täuschen da die Farben oft und die Oberfläche könnt Ihr auch nicht betasten. Ihr könnt Euch jedoch ganz gut einen Überblick über die Auswahlmöglichkeiten verschaffen, eine Vorauswahl treffen und Euch dann Proben zuschicken lassen. Oder, noch besser, schaut in Schaugärten von Baustoffhändlern, Natursteinanbietern oder Betonsteinherstellern vorbei. Manchmal gibt es das auch für Terrassendielen bei Holzhändlern.

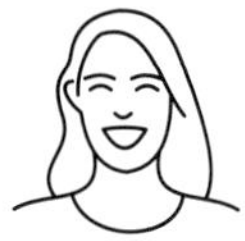

Es ist immer gut, wenn Ihr das Material draußen live anschauen könnt. Versucht jedoch, genau wie bei der Internetrecherche, immer mehrere solcher Anbieter aufzusuchen, und vergesst dabei nicht, dass Ihr hier keine sehr unabhängige Beratung bekommt, sondern in erster Linie ein Verkaufsgespräch. Verschiedene Meinungen geben Euch da einen realistischeren Eindruck.

Bei Eurer Auswahl spielt zuerst die Farbe eine Hauptrolle. Hier habt Ihr ja schon die Vorarbeit geleistet. Wir brauchen jetzt also Eure Farbkomposition. Ihr werdet auch nicht allzu enttäuscht sein, dass es nicht alle Farben für Bodenbeläge gibt. Darauf hatte ich Euch schon vorbereitet. Seid lieber froh, dass es nicht noch mehr Entscheidungsmöglichkeiten gibt. Es ist so schon schlimmer als das Joghurtregal im Supermarkt ☺.

Eine schier unendliche Auswahl gibt es natürlich im Bereich hellgrau bis anthrazit. Egal ob Natur-, Beton- oder Ziegelstein – es gibt Grautöne mit beigen, rötlichen oder bläulichen Nuancen in Hell bis Dunkel. Gleich auf im Sortimentreichtum sind die Beigetöne von Cremebeige über Gelblich bis Bräunlich. Da nehmen sich alle Steinarten nichts. Viel Auswahl haben wir noch im rötlichen Farbbereich. Hier sind allen voran die Hartbrandziegel (Klinker) zu nennen, aber auch etliche Natur- oder Betonsteine. Auch hier immer mit vielen Facetten von Violettrot bis Terrakottafarben. Dann wird es eher dünn im Farbenreich.

Zusätzlich gibt es Steine, die sind monochrom (gleichmäßige Farboberfläche), dann die gefleckten (geflammt, marmoriert oder nuanciert) und die mit punktuellen Einschlüssen (natürliche oder künstliche Einlagerungen). Auch das macht natürlich einen Unterschied in der Wirkung aus.

Wie finde ich mein Material?

Schaut Euch daher im Netz erst einmal etwas um. Bei den meisten Herstellern könnt Ihr gleich nach Verwendungszweck eine Auswahl generieren und müsst nicht alle Produkte anschauen. Einfach mal abends entspannt einige Naturstein-, Betonstein- oder Ziegelhersteller recherchieren. Immer unter dem Suchzusatz »Außenbereich« oder »Garten«. Was trifft Eure Vorstellungen, was ist für Euch ganz neu und auch interessant? Ja? Nein? Vielleicht? Erst nach einer Weile werdet Ihr sicherer werden. Wenn Ihr einen Baustoffhändler in der Nähe habt, kann der Euch in jedem Fall Proben und Kataloge zeigen und Beratung geben. Adressen dafür sind immer auch auf den Herstellerseiten zu finden. Den üblichen Baumarkt kann ich hier nicht empfehlen. Zu wenig Auswahl/Vielfalt und zu wenig Erfahrung beim Perso-

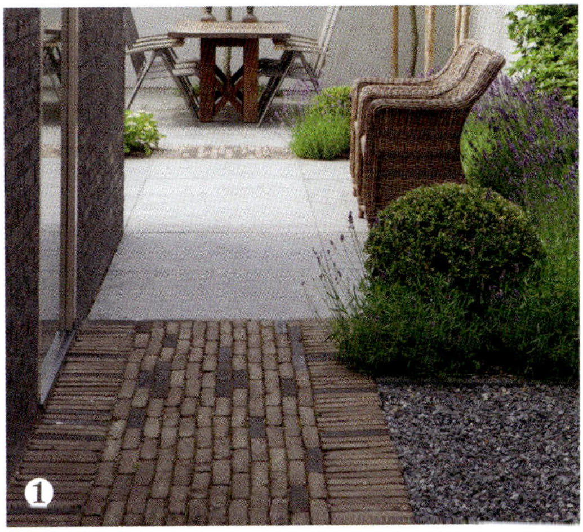

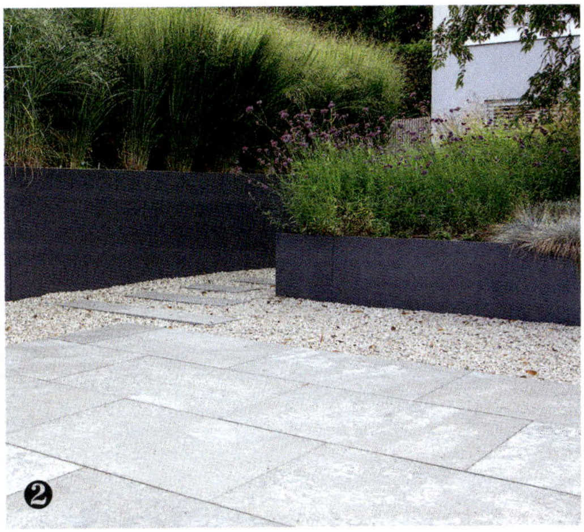

1. Zur modernen Klinkerfassade passen Klinkerwege ebenso gut wie helle, große Naturstein- oder Betonplatten. **2.** Dagegen wirken diese Terrassenplatten trotz ihrer natürlichen Marmorierung eher kühl zu Fassade und Hochbeeten aus Metall.

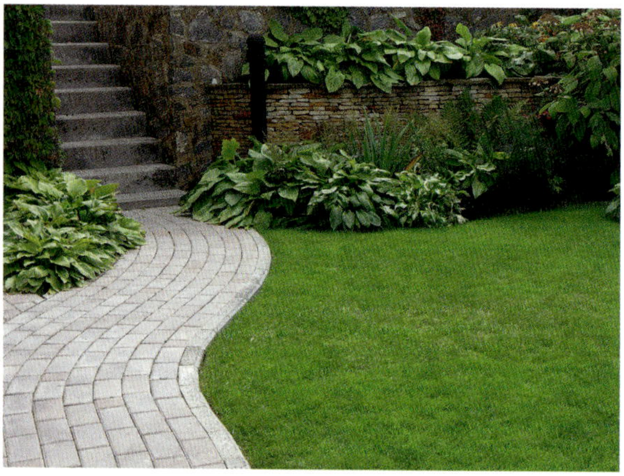

Für geschwungene Wege braucht es kleine Steine. Nur so können die Rundungen gut ausgefüllt werden, ohne dass man viele Steine schneiden muss.

nal. Das liegt nicht an den Leuten dort, sie sind einfach nicht die Spezialisten dafür. Da geht Ihr hin, wenn Ihr wisst, was Ihr wollt, und das am besten gleich mitnehmen könnt. Eure Materialien müssen sowieso bestellt werden. Der Fachhändler kann Euch hier viel besser beraten und hilft Euch auch bei schwierigen Wünschen oder Situationen weiter.

Da ich Euch leider keine Kataloge von all diesen Möglichkeiten mitgeben kann, zeig ich Euch lieber noch ein paar Tipps zur Auswahl.

Tipps zur Farbauswahl von Bodenbelägen

- Zu unruhigen Fassaden (z. B. sehr bunte, lebhaft gefleckte, marmorierte Klinker oder Natursteine) passen am besten ruhige Flächen aus nur einer der Farbnuancen.
- Im Gegenzug vertragen sehr ruhige Fassaden gern mal eine unruhige Terrassenfläche, etwa gefleckte Steine oder auch ein Mix aus Farbnuancen in der Fläche.
- Sehr farbintensive Fassaden (leuchtende Töne) freuen sich eher über dezentere Terrassenbeläge, da sie dann schön leuchten können und nicht »übertrumpft« werden. Und die Blumen brauchen ja später auch noch ihre Bühne.
- Sehr dezente oder neutrale Fassaden vertragen wiederum auch mal intensivere Töne, wenn gewünscht.
- Terrassen und Wege können auch mit zwei unterschiedlichen Farben gestaltet werden. Z. B. mit hellen und dunklen Steinen der gleichen Art. Materialmix ist erlaubt.

Wenn Ihr Euch jetzt so intensiv mit den möglichen Farben beschäftigt, werdet Ihr unweigerlich auf die Frage stoßen, welche Form und Größe Ihr auswählen solltet. Na, wer hätte das gedacht: Ich habe da mal was vorbereitet!

Form und Größen von Materialien

Das Material sollte zur Form Eurer Terrassen und Wege passen. Und nicht nur zur Form, auch zur Anordnung. Also zumindest ist das mein Anspruch. Nun nehmt wieder mal Eure Fassadenstudie zur Hand und schaut, was Ihr schon für Formen und Muster am Haus habt. Quadrate, Rechtecke oder schmale Streifen? Und: Was für Formen haben Eure Terrassen? Können wir große Terrassenplatten nehmen oder müssen wir etwas kleinteiliger im Material werden?

Die mit den viereckigen Terrassen haben die Qual der Wahl, die mit geschwungenen das Glück der kleineren Auswahl. Diese Fragen könnt Ihr einfach beantworten. Nicht? Na gut, ein Beispiel ist, denke ich, ganz hilfreich.

Wenn zum Beispiel schmale Klinkerriemchen auf der Fassade sind, dann passen quadratische Platten ja so gar nicht zu dieser Struktur. Wir könnten doch eher an das gleiche Format für die Beläge denken, oder? Also Steine der gleichen Größe wie beispielsweise Pflasterriemchen (sehr schmale Pflastersteine). Sie würden am besten auch im gleichen Muster verlegt werden. Selbst wenn die Farbe eine ganz andere ist, so wirken doch Form und Muster stark zusammengehörig. Wir könnten aber auch viel größere Steine/Platten auswählen, die dann jedoch das gleiche Seitenverhältnis haben. Die aussehen wie die Fassadenwand, nur unter einer starken Lupe. Das passt genauso gut, denn Format und Muster bleiben im Grunde wieder gleich, nur das Größenverhältnis ändert sich. Auch hier gilt natürlich das Prinzip der Wiederholung.

Bei einem vollkommen verputzten Haus hättet Ihr jedoch gar kein Muster. Im Zimmer würde es also kein Tapetenmuster geben, nur Wandfarbe. Das gibt uns etwas mehr Freiheit, aber eben auch mehr Entscheidungsqual. Welches Seitenverhältnis passt da nun am besten? Gehen die quadratischen Platten? Hier würde ich mich am Grundrhythmus der Hausfassade orientieren. Zeigt sie eher schlanke Formen für Fenster und Untergliederungen? Dann wählen wir auch schlanke Steinformate dazu. Kommen Quadrate schon in der Fassade vor, bieten sich auch solche für die Steine/Platten an. Es ist also wieder ein ganz klares Auswahlkriterium. Die Größe der Steine ist eher Geschmackssache. Sie entscheidet jedoch auch, ob es ein eher kühl-moderner oder gemütlich-liebreizender Garten sein wird.

Es gibt noch Beläge für befestigte Flächen, die keine Muster oder Rhythmen haben. Diese passen natürlich zu allen Fassaden, sollten aber wenigstens über die Farbe verbunden werden. Das sind vorwiegend befestigte Splittflächen – sogenannte wassergebundene Wegedecken. Ihr kennt sie von Parkwegen, Biergärten oder vielen öffentlichen Plätzen. Auch die rötlichen Tennisplätze sind daraus hergestellt. Sie sind sehr klassisch, preiswert und ökologisch, da spielen dann Format und Größe keine Rolle. Vor allem bei geschwungenen Wegen und Plätzen geht das super. Nur direkt an Gebäuden, vor Eingängen und für

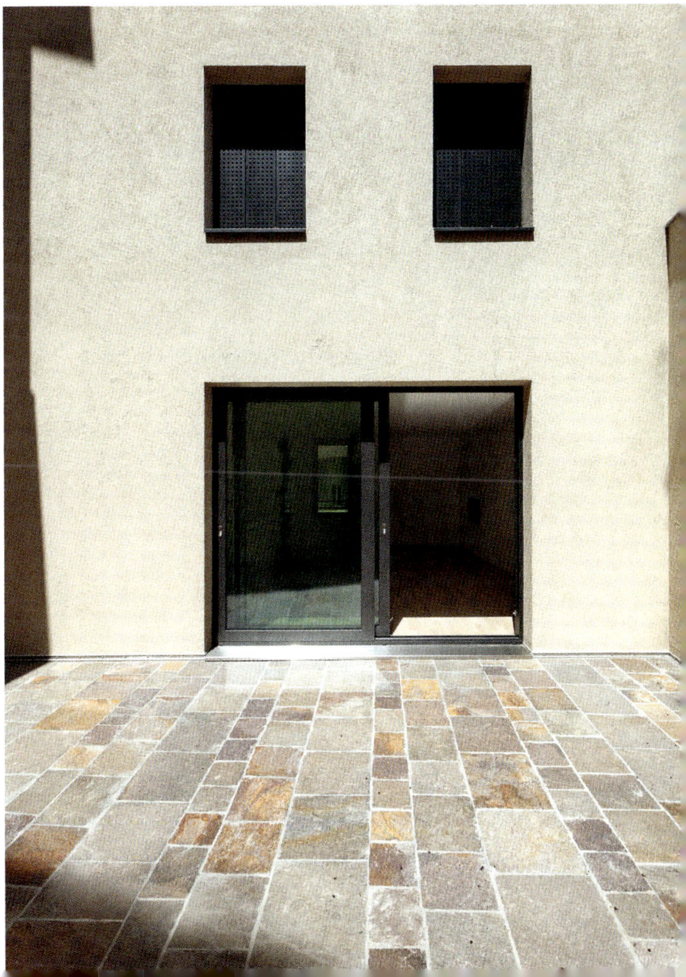

Das moderne Haus zwischen alten Ziegelmauern wirkt durch seine Farben. Die großen, ruhigen Flächen vertragen das unruhige Natursteinmuster gut.

befahrene Flächen solltet Ihr diese aus praktischen Gründen eher nicht verwenden.

Ihr werdet schon bemerkt haben, dass die Materialarten sich grob nach der Herstellung unterteilen lassen. Also Natursteine (aus Steinbrüchen abgebaut und nur verschieden bearbeitet), Betonsteine (aus verschiedenen natürlichen Steinchen mit Beton gegossen) oder Klinker (sehr hart gebrannte Tonziegel, die für draußen geeignet sind). Und aus diesen drei Arten können wiederum viele verschiedene Formate gemacht werden. Ich gebe Euch hier gleich mal einen Überblick über die Klassiker:

Pflastersteine

Pflaster bezeichnet Steine, die ein bestimmtes Verhältnis zwischen Länge, Breite und Höhe haben. Durch ihr Format können sie fast nicht brechen. Je größer sie sind, desto dicker sind sie auch und desto stärker kann die Belastung sein. Sie sind meist auch befahrbar.

- Quadratpflaster: fast würfelförmig; Grundfläche ist quadratisch; erhältlich aus Naturstein (Granit, Basalt, Sandstein usw.), Klinker, Betonstein
- Rechteck- oder Riemchenpflaster: quaderförmig; Grundfläche hat lange und kürzere Seite; bei Riemchen sehr schmal; erhältlich aus Klinker, Naturstein, Betonstein
- Abgerundete Pflaster: eher selten; mehr oder weniger abgerundete Ecken; erhältlich meist nur aus Betonstein

Wege- und Terrassenplatten

Sie sind das Gegenteil von Pflastersteinen: viel größer in der Grundfläche, aber sehr dünn in ihrer Materialhöhe. Dadurch können sie viel leichter brechen. Sie eignen sich nicht für die Zufahrt, sondern für Terrassen und Wege, die nur zu Fuß begangen werden.

- Quadratplatten: große Quadrate von 30 x 30 cm bis hin zu 100 x 100 cm; die Dicke (Höhe) materialabhängig ab 3 cm; erhältlich aus Naturstein (Granit, Basalt, Sandstein, Schiefer usw.), Betonstein
- Rechteckplatten: große Rechtecke von 30 x 40 cm bis 120 x 60 cm; sonst wie Quadratplatten
- Dielenplatten: sehr lang und schmal; die Riemchen unter den Platten, nur viel größer; sonst wie oben

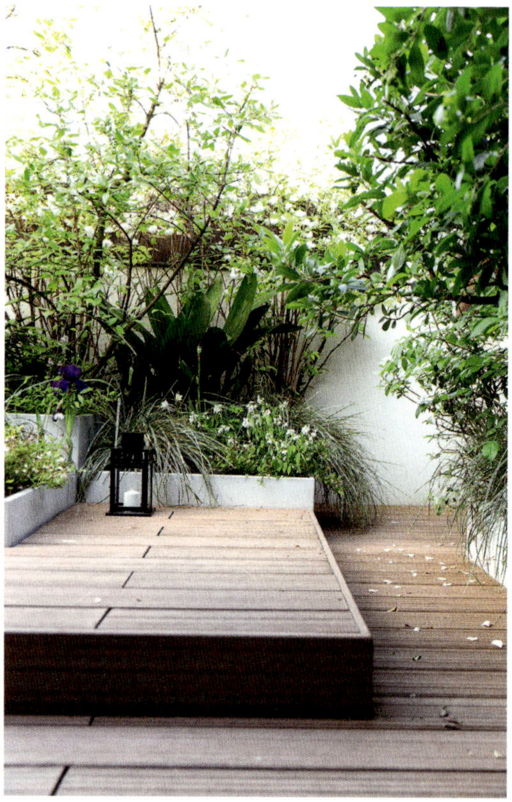

Holz ist anders als Stein. Es sollte gut ausgewählt und korrekt verbaut werden. Dann ist es allerdings eines der schönsten Materialien im Garten.

- Polygonplatten: Sonderformat mit unregelmäßig gebrochenen Kanten; damit sehr viele Ecken; meist aus härterem Naturstein (Porphyr, Quarzit usw.); unregelmäßige Größen und Form

Sonderformen

Vielfältigste Formen und Formate möglich; von Ökopflaster (wasserdurchlässiges Pflaster, Rasengittersteine, Sickerfugenpflaster usw.) über sehr spezielle Designs (geschwungen, vieleckig, gemustert usw.) bis hin zu Sonderanfertigungen nach Maß; nicht alles ist für Terrassen und Wege geeignet; Fachberatung ist empfehlenswert

Holz

Eine Materialart habe ich noch nicht erwähnt, ich weiß: Holz! Eines der beliebtesten Materialien in letzter Zeit. Aber eben auch technisch etwas ganz anderes. Lasst Euch da bitte nicht von tollen Bildern im Netz verführen.

Holz eignet sich schon mal nur für erhöhte Terrassen und Wege (also Stege), denn es muss immer von allen Seiten gut Luft (richtig Wind) bekommen, sonst wird es nicht lange halten. Und zusätzlich ist die Frage der zu verwendenden Holzarten zu einem »Glaubenskrieg« geworden. Dank der weltweiten Forstindustrie nicht unberechtigt. Ich würde Euch jetzt gerne einen stundenlangen Vortrag dazu halten – leider sind die Buchseiten begrenzt. Daher kann ich nicht einmal damit anfangen, Euch von den Vor- und Nachteilen tropischer gegenüber heimischen Terrassendielen zu erzählen. Vielleicht beim nächsten Mal, okay? Nur so viel: Harthölzer aus Regenwäldern sind nicht per se zu verteufeln. Versprecht mir nur, dass Ihr Euch hierzu gut und mehrfach beraten lasst und ausschließlich zertifizierte Produkte wählt. Und im Gegenzug sind bei uns gewachsene Holzarten nicht unbedingt kurzlebiger. Es gibt ja auch 1000 Jahre alte Holzbauten in Nordeuropa. Hält also prinzipiell mal.

Material-Tipp

KLEINE HOLZKUNDE

Holz ist ein gutes Material für draußen, wenn es sehr sorgfältig ausgewählt und fachgerecht verbaut wird. Nicht alle Holzarten eignen sich gleichermaßen dafür. Es sind vor allem einige heimische Baumarten (Lärche, Douglasie, Robinie) und viele tropische Harthölzer (Teak, Bangkirai, Cumaru usw.). Alle Arten haben Vor- und Nachteile in Verwendungsart, -technik und Nachhaltigkeit. Nicht alle Arten gibt es in allen Formaten.

1. Dielen: recht breite und sehr dünne Bretter in unterschiedlicher Länge; meist 145 mm breit und 21 bis 27 mm stark; sie verformen sich stark, also wölben oder schlängeln sich; erhältlich mit und ohne Rillen, besser ohne
2. Latten: sehr schmale und dafür dickere Kanthölzer in unterschiedlicher Länge; meist ab 60 mm breit und 40 mm stark erhältlich
3. Neuerdings setzen sich Mischformen durch, also schlanker als Dielen, aber so dick wie Latten; halte ich für technisch empfehlenswert

Dann gibt es noch behandelte Hölzer. Diese werden thermisch oder biochemisch haltbarer gemacht. Der Markt bringt da immer wieder neue Sachen. Fragt mich jetzt bitte nicht nach all diesen Unterschieden. Ich bekomme bestimmt schon Ärger für diesen langen Abschnitt ☺. Letztlich entscheiden diese Frage ja eh meist das Budget und Eure Vorlieben. Für alle gilt gleichermaßen, dass es nur lange hält, wenn es technisch richtig verbaut wurde. Sonst schimmelt auch das teuerste Holz. Es gibt noch Varianten aus Kunststoffen mit Holzfaseranteilen (Wood Plastic Composites – kurz WPC). Das nehmt Ihr bitte nicht. Plastik ist nichts für den Außenbereich. Und mit Holz hat das nichts zu tun.

Holz als Werkstoff verhält sich anders als Stein. Es »arbeitet« sehr viel mehr. Je nach Temperatur und Feuchte wird es dicker oder dünner in messbaren Größenordnungen. Ihr werdet es an der Fugenbreite im Sommer bzw. Winter deutlich sehen. Es wird sich auch in sich etwas krümmen oder biegen. Daher sind die Konstruktionen für Holzterrassen immer ausgefuchster und teurer geworden. Und natürlich braucht Hartholz eine stabilere Unterkonstruktion als weichere Arten. Nehmt Euch hierfür einen erfahrenen Fachmann. Holz ist jedoch auch einer der charmantesten Baustoffe im Garten. Holz vergraut durch natürliche Verwitterung. Ihr bekommt in kürzester Zeit eine schöne Patina und damit Flair in den Garten. Ihr versiegelt keine Flächen. Ihr habt es immer angenehm temperiert unter Euren Füßen oder dem Popo. Es spricht wirklich viel dafür. Ich bin auf jeden Fall auch ein Fan davon.

Man kann Holzterrassen oder Stege zusätzlich behandeln, also anstreichen oder einölen. Da muss ich mich heraushalten. Ich sehe keinen Sinn in dieser immer wiederkehrenden Arbeit und den damit verbundenen Kosten. Wenn die Konstruktion richtig ist, spielt es in der Haltbarkeit keine wesentliche Rolle. Dagegen ist der Aufwand alle ein bis zwei Jahre enorm. Das lohnt nur für vertikale Holzkonstruktionen wie Fassaden und Nebengebäude, denen man Farbe geben möchte. Hier hält der Anstrich auch viel länger.

CHECKLISTE BELÄGE

- ○ Frosthart für Eure Region
- ○ Befahrbar oder nur begehbar
- ○ Rutschfest auch bei nassem Wetter
- ○ Einbauart ungebunden auf Splittbett (am besten) oder nur gebunden auf Betonuntergrund (möglichst nicht)
- ○ Saugfähige oder wenig aufsaugende Oberfläche (Flecken, Pflege)

Muster für Beläge

Bei der Materialrecherche werdet Ihr schon unterschiedliche Verlegemuster für Steine oder Platten gesehen haben. Auch das ist gestalterisch interessant. Am Anfang des Kapitels sagte ich schon, dass Ihr ja das gleiche Muster wie in der Fassade mit den Klinkern verwenden könntet. Was bieten sich dann für Muster an? Ein kleiner Überblick folgt.

- Kreuzfuge: Die Fugen zeichnen Kreuze; die Steine sind also immer parallel zueinander

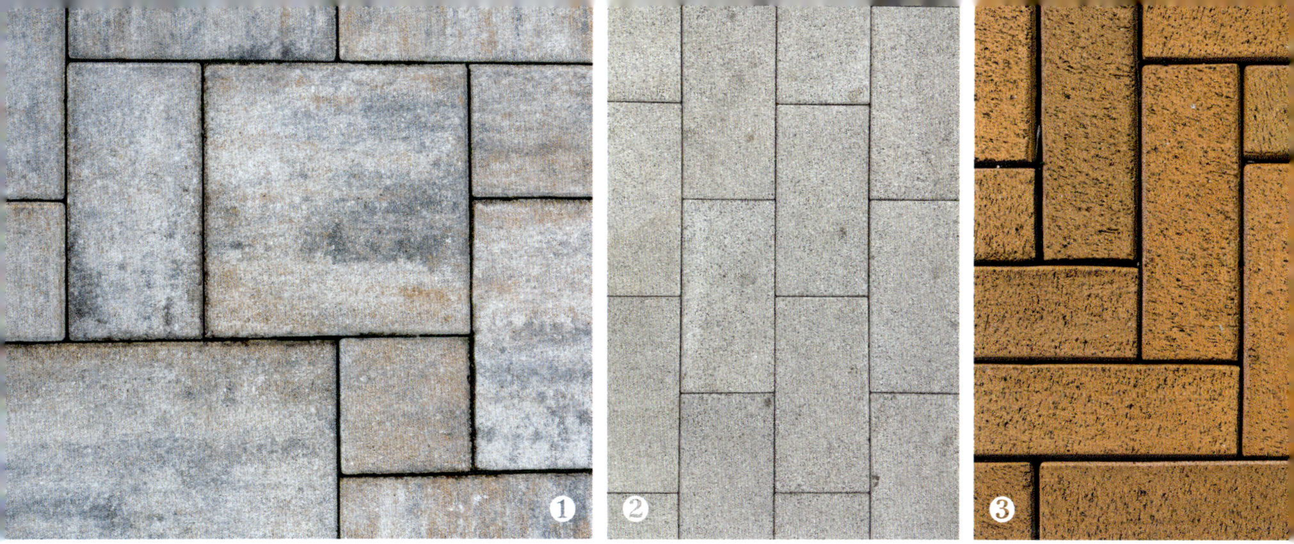

Die Muster von Steinen können das Design entscheiden. **1.** Der wilde Verband wirkt eher flächig. **2.** Ein Reihenverband wirkt durch die durchgehenden Fugen immer linear. **3.** Das Fischgrätmuster betont die Schräge oder den rechten Winkel – je nach Perspektive.

ohne Versatz gelegt; technisch etwas schwieriger als andere Muster

- Versetzte Reihen: Die Reihen sind wieder parallel, jedoch in sich versetzt angeordnet; es gibt daher keine Kreuzfugen
- Halbversetzt heißt, um einen halben Stein verrückt; jede zweite Reihe wiederholt sich
- Ein Drittel versetzt heißt: um ein Drittel der Steinlänge verrückt; jede dritte Reihe wiederholt sich
- Unterschiedlich versetzt sind diverse Muster bei gemischten Steinformaten; fast keine Reihe sieht gleich aus
- Fischgrät-Muster: Die Steine sind im rechten Winkel zueinander gelegt, nicht in Reihen; je nach Blickrichtung wirken sie wie Zickzack oder dreieckig verlegt
- Wilder Verband: Verschiedene Formate sind zwar systematisch, aber sowohl längs als auch quer versetzt verlegt
- Bogenverband: Nur mit sehr kleinen Steinen (typisch für Mosaikpflaster) möglich; zeichnet einen Radius/Halbkreis/Kreis nach
- Sonderverbände gibt es auch … die Vielfalt ist groß

Jetzt nicht verwirren lassen. Wenn Ihr schon Steine oder Platten ausgewählt habt, dann sind die möglichen Muster begrenzt. Nicht alle Muster klappen mit allen Steinformaten. Ich möchte nur, dass Ihr nicht die Beispielbilder im Netz als das einzig mögliche Muster hinnehmt. Manchmal sehen die gleichen Steine oder Platten in einem anderen Verlegemuster viel passender aus. Wenn Ihr demnächst zu einem Händler oder in einen Schaugarten für Produkte gehen möchtet, dann nehmt noch die Checkliste mit, die ich Euch mitgebe. Einfach die Punkte nacheinander abfragen!

Spätestens jetzt ahnt Ihr vermutlich, warum es ganze Studiengänge für diesen Fachbereich gibt ☺ . Ja, das ist eine krasse Menge an Infos. Aber Ihr werdet die befestigten Flächen bei Euch vermutlich nicht selbst bauen. Dafür werdet Ihr Fachfirmen haben. Ihr könnt diese also später auch noch zu den technischen Vor- und Nachteilen löchern. Aber dann solltet Ihr doch etwas vorbereitet sein. Sonst werden sie Euch das Einfachste und Gängigste verkaufen. Davon leben sie schließlich am besten ☺ .

MATERIALIEN FÜR ANDERE BAULICHE SACHEN

Da gibt es wirklich vieles. Wir schauen uns erst mal etwas an, worüber wir noch nicht gesprochen haben, die Einfassungen.

Alle befestigten Flächen brauchen eine Einfassung. Das sind fest gebaute Grenzen, innerhalb derer Ihr Eure Steine oder Platten verlegen könnt. Was wäre die Alternative? Wir müssten überall Betonuntergrund gießen, auf den wir die Steine kleben. Keine gute Idee in puncto Kosten, Haltbarkeit und Nachhaltigkeit. Mit einer Einfassung bauen wir Euch im Prinzip einen Rahmen für die Steine/Platten. Vergleichbar mit einem Backblechrand, durch den der Teig nicht auslaufen kann. Dann wird – sehr vereinfacht ausgedrückt – alles andere »einfach hineingelegt« und kann verfestigt werden, ohne zu verrutschen.

Einfassungen sind auch zwischen Rasen- und Beetflächen sinnig. Wir hatten das schon sehr ausführlich beim Thema Rasenroboter besprochen. Der braucht seine Mähkante, was nichts weiter als eine sehr breite Einfassung ist. Aber auch wenn Ihr keinen Mähroboter besitzt, empfehle ich eine trennende Kante. Sie soll verhindern, dass Grasausläufer aus dem Rasen in das Beet und umgekehrt auch Ausläufer von Stauden oder Sträuchern in den Rasen hineinwachsen. Diese Kante schaut also nicht heraus, sondern ist für die Begrenzung unter der Erde da. Sie fungiert also als Wurzelsperre, von der wir nur den obersten Rand sehen – wie beim Weg auch.

Es gibt natürlich noch andere Stellen oder Situationen, bei denen Einfassungen nötig sind. Kiesflächen unter Holzterrassen oder als Spritzschutz um das Haus beispielsweise. Woraus kann so eine Einfassung bestehen?

- Beton- oder Natursteinbord (aufrechte, dickere Platten) mit Fundament gesetzt; für gerade Einfassungen geeignet
- Breites Stahl- oder Blechband mit oder ohne Erdspieße hochkant mit Fundament gesetzt; auch für runde Formen geeignet
- Pflaster- oder Klinkerreihe mit Fundament gesetzt; auch für runde Formen geeignet

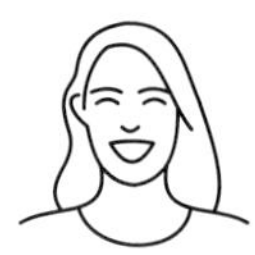

Manchmal können solche Einfassungen auch kleine Höhenstufen bilden. Dann schaut das Bord oder die Stahlkante etwas aus der Erde heraus bzw. setzt man zwei oder drei Steinreihen übereinander. So etwas kommt bei leicht erhöhten Beeten oder Terrassen vor. Das ist im Prinzip aber schon eine kleine Mauer. Hier ist der Übergang fließend. Und wir sind automatisch schon beim nächsten Thema angelangt.

Materialien für Mauern

Sobald ein relevanter Höhensprung im Gelände eingegrenzt werden muss, brauchen wir etwas mehr als nur eine einfache Einfassung. Da nicht mehr von beiden Seiten Material gegendrückt, sondern eine Seite in der Luft hängt, müssen wir eine festere Konstruktion wählen. Je höher der Geländeunterschied, desto stabiler. Wir brauchen also eine Mauer. Die Materialauswahl ist ähnlich wie bei den Einfassungen, nur die Formate und Bauweisen unterscheiden sich.

- Mauersteine in verschiedenen Ausführungen und Größen; erhältlich aus Natur-, Beton- oder Klinkerstein
- Winkelstützen, L-förmige Fertigteile in verschiedenen Höhen und Längen (quasi wie Borde mit einem Fuß); erhältlich aus Betonstein oder Stahl
- Palisaden, schlanke, kleine oder größere Stelen in Reihe; erhältlich aus Natur- oder Betonstein in runder oder eckiger Form

Alle Mauern brauchen einen Unterbau (Tragschicht oder Fundament, Entwässerung) und haben auch sonst viele verschiedene technische Ansprüche. Ab einer bestimmten Höhe müssen sie auch statisch berechnet werden. Das ist also nichts für Ungeübte. An dieser Stelle geht es uns daher mehr um ihre optischen Eigenschaften und ihre Wirkung. Mauern sind etwas sehr Schönes und Besonderes für Euren Garten. Sucht sie daher auch nach den gleichen Auswahlkriterien aus, wie Ihr das schon bei den Bodenbelägen gemacht habt. Sehr oft könnt Ihr sie auch aus dem gleichen Material herstellen lassen. Sie sind aber immer ein großer Kostenfaktor. Hier ist viel Handarbeit (Schichtmauerwerk) oder Maschinenkraft (Winkelstützen) notwendig.

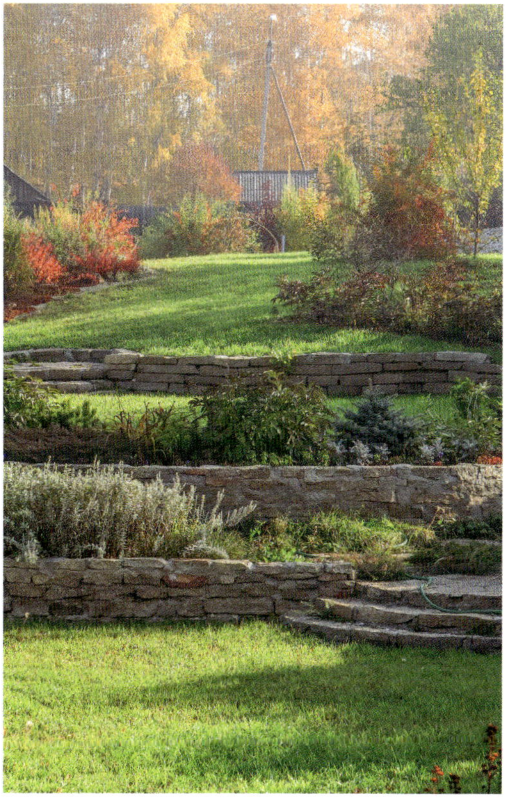

Mauern und Treppen wirken besonders schön, wenn sie aus dem gleichen Material gebaut werden. Das Beispiel zeigt ein Schichtmauerwerk.

Treppen

Um auf unsere nun erhöhten Terrassen oder Ebenen zu kommen (oder natürlich hinunter), brauchen wir Treppen. Die Materialien dafür und auch die Bauweisen sind in der Regel die gleichen wie bei Mauern.

Ihr könnt Einfassungsmäuerchen oder Stahlkanten für jede Stufe herstellen lassen und sie mit Steinen/Platten füllen. Ihr könnt fertige Blockstufen (Steinblöcke) auf Fundamente setzen oder eine Treppe aus Beton herstellen

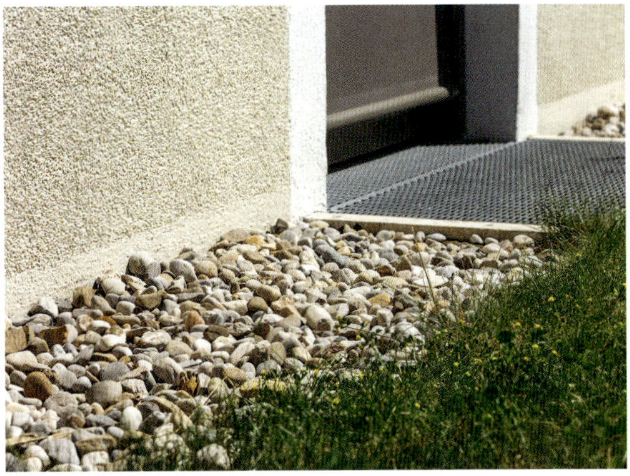

Auch der Spritzschutz um das Haus kann mit passenden Kieselsteinen oder Splitt gefüllt werden. Hier ein Beispiel mit kleineren beigen Flusskieseln.

und verblenden. Auch hier orientiert Euch bitte an Euren Bodenbelägen und Mauern. Wählt keinesfalls zu viele unterschiedliche Materialien aus. Schaut am besten bei den Herstellern der bisherigen Materialien, was sie für Lösungen zu Treppen und Mauern anbieten. Wir wollen ja, dass sich am Ende ein stimmiges Gesamtbild ergibt.

Spritzschutz/Traufstreifen

Diesen schmalen Streifen (mindestens 30 bis 50 Zentimeter breit) braucht Ihr als Abgrenzung zu Grünflächen um Euer Haus. Erde und Pflanzen sollten nie permanente Berührung mit der Fassade haben. Sie liefern immer Feuchtigkeit und das sorgt für Schimmelbildung, Algen und Schmutz. Um die Fassade zu schützen, sind Spritzschutzstreifen mit Kies- oder Splittfüllung beliebt. Hier könnt Ihr Euch natürlich das Material passend zu Eurem Design auswählen. Mitnichten müssen das immer Flusskiesel sein. Es würden auch eine Reihe Platten oder drei Reihen Pflaster in dem gleichen Ausmaß und etwas geneigt vom Haus weg reichen. Das ist eine Sache des Geschmacks und des Preises. Ich persönlich finde die letztere Variante technisch und optisch oft besser. Preiswerter ist meist die andere. Das nur für Entscheidungsmüde als subjektiven Meinungsinput.

Nebengebäude

Was brauchen wir sonst noch an Material im Garten? Da wären zum einen die Nebengebäude. Dazu hatte ich ja grundsätzlich schon gesagt, dass es am besten ist, wenn sie zum Haus passen. Eine andere Möglichkeit ist, dass Ihr sie passend zu Euren Terrassen oder Eurem Farbkonzept gestaltet. Bei Holzterrassen z. B. könntet Ihr auch einen Holzschuppen wählen. Oder Ihr sucht Euch Gartenhäuschen aus farblich passendem Plattenmaterial (z. B. HPL-Platten) aus.
Und »aussuchen« ist eben das, was ich Euch hier nur empfehlen kann. Es gibt zwar viele Anbieter, aber die haben nicht so viele Auswahlmöglichkeiten. Auch hier findet Ihr Schaugärten und könnt Euch live einen guten Eindruck verschaffen.
Nicht selten möchten meine Kunden die Schuppen zudem »verstecken«. Dann empfehle ich eher unauffällige Farben wie Beigegrau, Olivegrau oder Ähnliches. Wählt sehr gemischte Naturtöne mit viel Grau. Zu denken, mit grüner Farbe gehe der Schuppen doch am besten im grünen Garten unter, ist ein Irrtum. Eine so große und gleichmäßig grüne Fläche verschwindet nicht, sie fällt optisch eher auf.
Egal ob aus Holz, Blech oder Platten – die meisten Produkte sind von Größe und Bauart her modular und Ihr könnt Euch die passende Form suchen. Aber natürlich könnt Ihr auch ei-

nen Zimmermann oder Tischler dafür beauftragen, Euch genau Eure Vorstellung und Größen individuell anzufertigen.
Für andere Konstruktionen ist eine solche Sonderanfertigung viel häufiger nötig: für Pergolen, Rankgerüste und dergleichen. Zwar gibt es auch hierfür diverse Anbieter, aber es ist viel schwieriger, die passenden Formen, Größen und Materialien alle auf einmal zu finden. Und da hier der Aufwand nicht so groß ist, kann es auch preislich sinnvoll sein.
Apropos Ausstattungselemente: was für eine Vorlage für den Übergang zum letzten Teil des Kapitels, oder? Ja, ich könnte mich selbst fast loben. Wenn Ihr jetzt an Deko denkt, dann war alles umsonst (Haare raufen)! Es geht darum, Euer Gartendesign mit diesen kleinen, aber feinen Details abzurunden.

Ausstattungen

Einige Dinge braucht Ihr noch im Garten. Das sind praktische Sachen wie Licht, Mülltonnenbox, Wasserhahn oder Zaun. Auch Entwässerungsrinnen oder Hofeinläufe sind unerlässlich. Bei Familien mit Kindern kommen Spielgeräte dazu. Bei einigen sind auch Wäscheständer oder fest installierte Grills gewünscht. All die Dinge, die einen festen Platz im Garten noch brauchen und dabei auch zu Eurem Design passen sollten. Die Grundregeln sind Euch mittlerweile längst bekannt. Sucht in puncto Material, Form und Farbe passende Modelle zu Euren bisherigen Sachen. Bleibt Eurem bisherigen Stil treu. Gerade diese kleinen Dinge werden oft vernachlässigt. Ihr habt Euch bisher so viel Mühe gegeben. Es wäre sehr schade, wenn Eure Energie an diesem Punkt nachlässt. Am Ende sieht man diese Dinge doch jeden Tag an.

Alles, was Ihr später noch nachträglich einbauen könnt, würde ich an Eurer Stelle erst einmal weglassen. Erstens kommen noch die Pflanzen und zweitens hat es eben noch Zeit. Also nehmt sie Euch auch. Aber das Weglassen gilt nicht für die Leitungen für Gartenwasser, Ableitung des Regenwassers oder Stromkabel, all das muss vor den Wegen und Terrassen gebaut werden.

CHECKLISTE FÜR AUSSTATTUNGEN:

Mit Fundamenten:

- ○ Zaun und Toranlage
- ○ Feste Spielgeräte
- ○ Einige Mülltonnenboxen
- ○ Feste Wäscheständer
- ○ Feste Sonnenschirmverankerungen/ Beschattungssysteme
- ○ Einige Grills oder Outdoorküchen
- ○ Fahrradständer

Mit unterirdischen Leitungen:

- ○ Rinnen und Einläufe (Entwässerungsleitungen)
- ○ Licht- und Stromversorgung
- ○ Wasserzapfstellen, -hähne (Wasserzuleitungen)
- ○ Bewässerungsanlagen, Wasserspiele (mit Wasser und Strom)
- ○ Ladestationen
- ○ Sicherheitssysteme

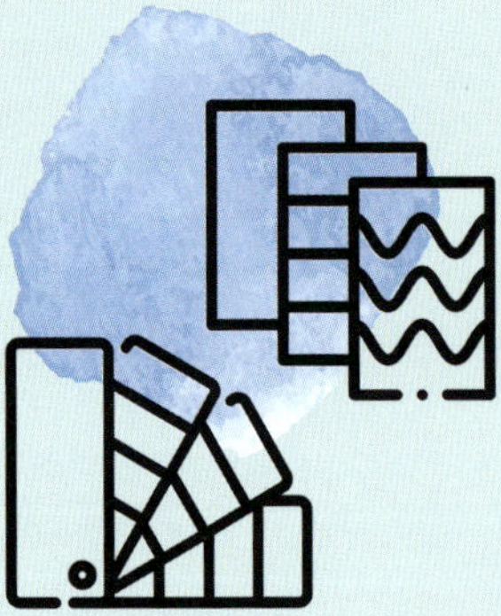

MATERIALIEN – SO WIRD EIN BUNTSCHUH DRAUS

Die Materialien sind Eure Leitfarben. Die Farbanalyse war Eure Ausgangsbasis. Eurer Traum von Farbe ist Euer Ziel. Stellt Euch die Moodboards dafür zusammen wie eine Komposition. Was passt zusammen?
Das Haus präsentiert sich modern und in neutralen Farben. Dazu sind sehr viele, wunderschöne Materialien im passenden Stil zu finden. Tolle Natursteinplatten für die Terrassen und Wege – sie wirken edel und weichen mit den marmorierten Strukturen den sehr strengen Look etwas auf. Die schlanken Formate nehmen die Fensterformen vom Haus toll auf. Spritzschutz oder Kieswege in Basaltsplitt setzen schöne, kühle Kontraste. Aber immer noch in Grautönen.
Jetzt kommt Euer Traum ins Spiel!

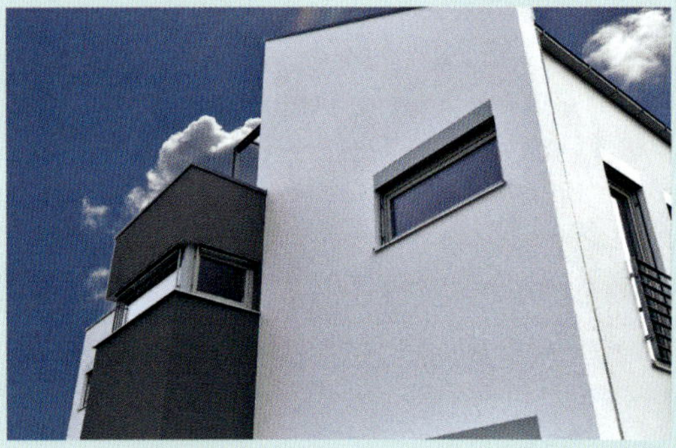

Traumfarben zusammenstellen!

Euer Ziel ist eine Komposition aus modernen Formen und Farben im klassischen Kontrast Blau-Gelb-Weiß. Nicht verspielt soll es sein. Nein, immer noch modern, aber fröhlich und insektenfreundlich und zum Wohlfühlen …

Farben

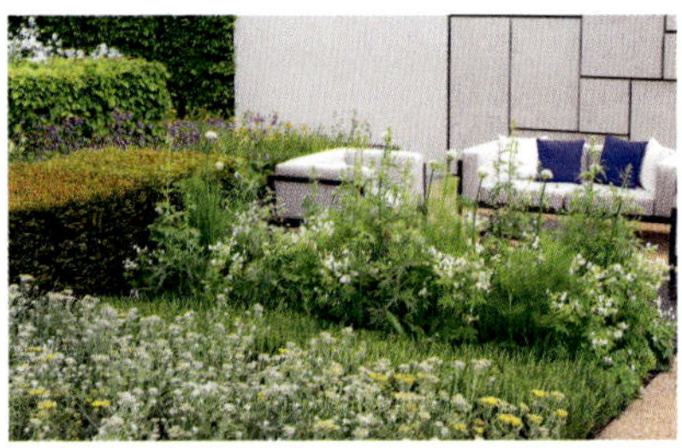

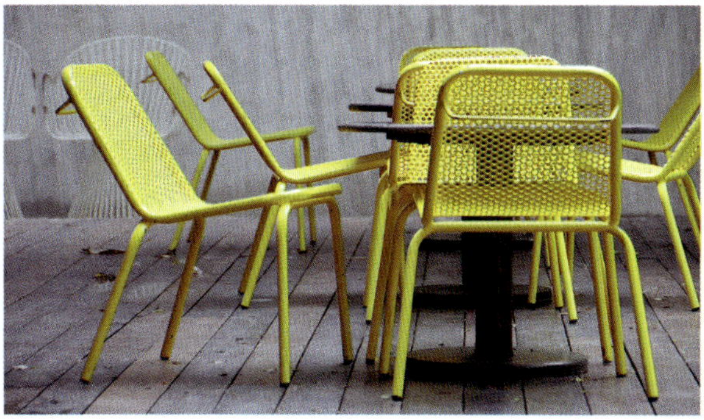

AKZENTE SETZEN MIT AUSSTATTUNG:

- Wie toll wirken die gelben Möbel vor der Betonwand auf den vergrauten Holzdielen
- Probiert das auch mal mit anderen Farben wie Blau oder Weiß! Was gefällt Euch mehr?

DENKT HIER AUCH SCHON DIE PFLANZEN MIT:

- Bei den Farben müsst Ihr auch schon an die Bepflanzung denken. Die wird ja die Farben besonders gut verbinden oder überhaupt einbringen.
- Hier kommt also ein Beispielbild zu den Lieblingsfarben mit Blüten dazu.
- Und schon wirken die gelben Möbel nicht mehr so grell. Jetzt sind sie nur ein kleiner Teil der Komposition insgesamt.
- Genauso probiert Ihr den Rest – nie alleine, immer zusammen!

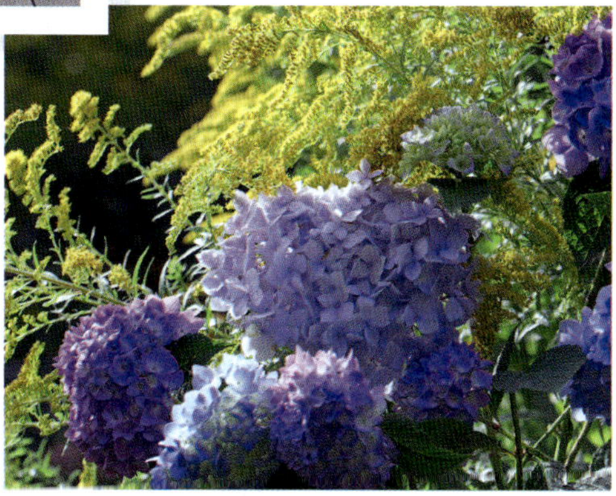

PERFEKTE BLÜTEN:

- Zitronengelbe Goldruten mit fluffigen Rispenblüten
- Blaue Hortensien mit ihren Wolkenblüten

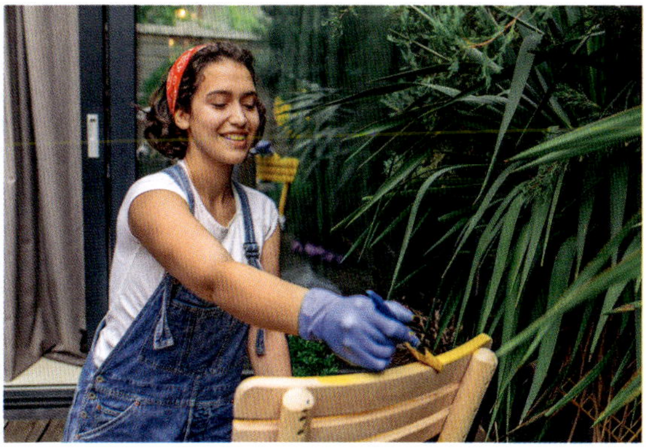

NICHT ALLES NEU KAUFEN:

- Viele Materialien könnt Ihr auch wiederverwenden
- Stühle, Schuppen, Kübel – alles kann auch einfach passend bemalt oder lasiert werden
- Seid Ihr hier mit Liebe und Lust dabei, sieht es gleich viel besser aus – besser oft, als alles nur gekauft!

Wie groß wird der Baum?

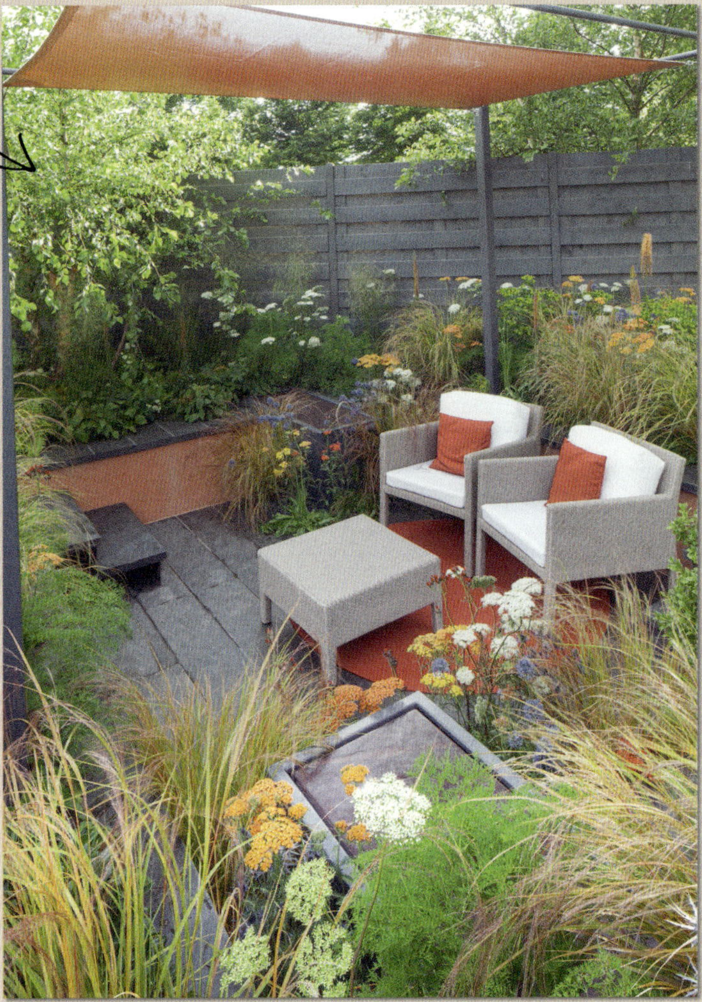

Gibt es immergrüne Gräser?

Ich will viele Büten!

PFLANZEN-
DAS LEBEN
ZIEHT EIN

Na endlich! Es wird grün und es wird blühend. Bisher haben wir viel gestaltet, aber noch gar nicht so richtig das klassisch Gärtnerische. Das hatten wir uns ja als Bonbon zum Schluss aufgehoben.

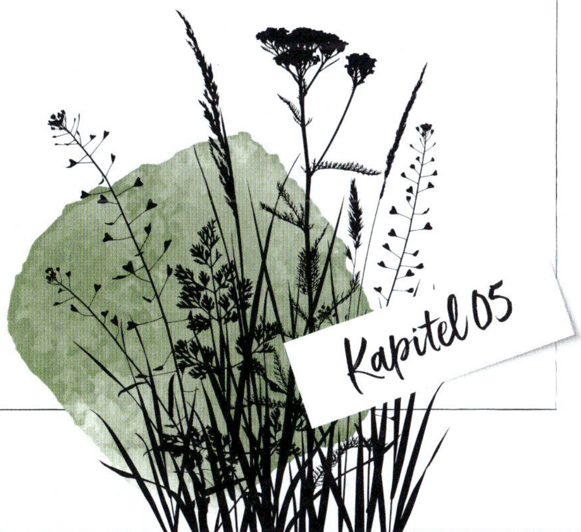

PFLANZEN IN ZEIT UND (GARTEN-)RAUM

Das große Thema Pflanzen wäre natürlich ein eigenes Buch wert. Ja, sogar viele, viele Bücher. Ich selbst habe meine nie gezählt. Es lohnt sich einfach nicht, da ständig neue dazukommen.

Es gibt Bücher zu jeder Pflanzengattung, zu jeder Gestaltungsart oder Anbauweise, zu Schattenpflanzen oder ökologischen Ansprüchen, zu Pflanzen für Kleingärten oder Villenparks, mit oder ohne Gräser … Und ich rede noch nicht einmal von den wissenschaftlichen Büchern, den Fachzeitschriften und -veröffentlichungen.

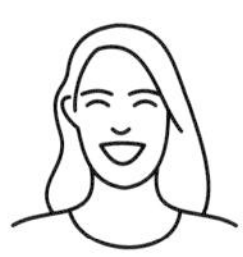

Ich will Euch damit keine Angst machen. Eher muss ich mich selbst motivieren, dieses Thema auf das zu reduzieren, was Ihr für den Anfang und die Auswahl Eures Gartens wirklich braucht. Weil – Ihr glaubt es sicher nicht – ich habe diese Bücher und Zeitschriften alle wirklich gelesen! ☺

Glücklicherweise habe ich auch sehr viel praktische Erfahrungen gesammelt. Ich hoffe, dass Ihr jetzt davon profitiert. Ihr und ich konzentrieren uns also ganz auf die richtige Auswahl und die unkomplizierten Pflanzen. Am Ende ist ja das Wichtigste für Euch, dass Euer Pflanzplan ohne großes Vorwissen funktioniert, also alles gesund wächst und so aussieht, wie Ihr es möchtet. Bitte vertraut mir daher, wenn ich hier einige Pflanzenarten weglassen werde, weil sie für Garten-Start-ups nicht einfach sind. Die Auswahl ist so schon groß genug und für jeden ist etwas dabei. Nehmen wir also erst einmal die einfacheren und malen damit unseren Garten aus.

Beim Gestalten mit Pflanzen müssen wir uns allerdings etwas umstellen. Einiges ist da ganz anders als bei den gebauten Dingen und leblosen Materialien.

Der Faktor Zeit

Zeit spielt im Garten eine etwas ungewohnte Rolle. Das ist etwas, was Ihr immer im Hinterkopf behalten solltet!

Zum einen ist ein Garten ja nicht für ein paar Monate gedacht und kann dann wieder anders »möbliert« werden. Ihr legt ihn für viele Jahre an. Man liest zwar in letzter Zeit oft, der Garten ist ein »verlängertes Wohnzimmer« oder so Phrasen. Dem ist aber nicht so. Ihr könnt ihn nicht gleich fertig bauen. Ein Garten braucht Zeit, sich zu entwickeln. Er wächst erst in seine Form, Struktur und Farbe hinein. Mit Pflanzen planen heißt letztlich immer, ein Bild in der Zukunft kreieren. Auch ich kann nach der Fertigstellung eines Gartens noch keine

schönen Fotos machen. Erst nach zwei bis drei Jahren sieht es annähernd so aus, wie ich es geplant hatte.
Zum anderen sieht ein Garten in jedem Monat anders aus, denn Pflanzen verändern sich permanent. Sie zeigen ihr dichtestes Blattwerk, verschwinden oder treiben gerade erst aus. Sie sind nur grün oder gerade voll bunter Blüten, die dann verwelken. Und plötzlich und kurz zeigen sie völlig andere Farben. Allein das Grün der Blätter hat unzählige Nuancen über das Jahr. Ein ständiges Kommen und Gehen und Verändern von Form, Farbe und Struktur. Jeder Monat zeigt Euch ein neues Bild. Das ist etwas ganz anderes, als sich den Pflasterstein für den Weg auszusuchen.
Daher ändern wir jetzt unser Vorgehen. Wir planen nicht mit dem »Material«, wie wir es beim Kauf sehen. Wir planen mit Pflanzen in Ihrer künftigen, erwachsenen Größe und auch mit allen Facetten, die die Pflanzen über das Jahr haben werden. Ihr müsst Euch daher etwas anderes im Kopf sichtbar machen, als Ihr real im Moment vor Euch seht. Dazu empfehle ich, die Bildersuche zu den einzelnen Pflanzen sehr ausgiebig zu nutzen. Wie sehen sie älter aus? Wie in Blüte? Im Herbst? Im Winter? Benutzt diese zusätzlichen Suchbegriffe. Seht Euch viele Bilder von den gewünschten Pflanzen in verschiedenen Stadien an, um das richtige Gesamtbild dazu im Gehirn zu entwickeln.

Die standortgerechte Auswahl

Für die Pflanzenauswahl brauchen wir jetzt unbedingt Eure Bestandsanalyse. Lebewesen wie Pflanzen müssen »artgerecht« gehalten werden. Sie brauchen ihren Platz, ihre gewohnten Lebensumstände, kompatible Nachbarn und Zeit zum Aufwachsen. Nicht nur, weil wir sie nicht quälen wollen. Ihr möchtet Euch auch an dem Anblick erfreuen und sie nicht nur bemitleiden müssen. Ihr wünscht Euch keine Probleme im Garten, sondern freudig sprießende und blühende Schönheiten. Daher werdet Ihr jetzt die Auswahl nach Eurem Boden, nach den Lichtverhältnissen in den jewei-

1. Von Frühling bis Frühsommer könnt Ihr mit Zwiebelpflanzen Farbe in den Garten bringen. **2.** Ab dem Spätsommer prägen die herbstlichen Laubblätter mit späten Astern das Bild.

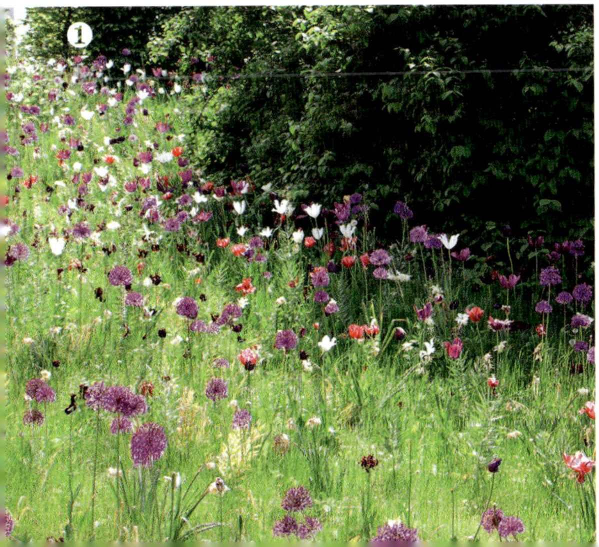

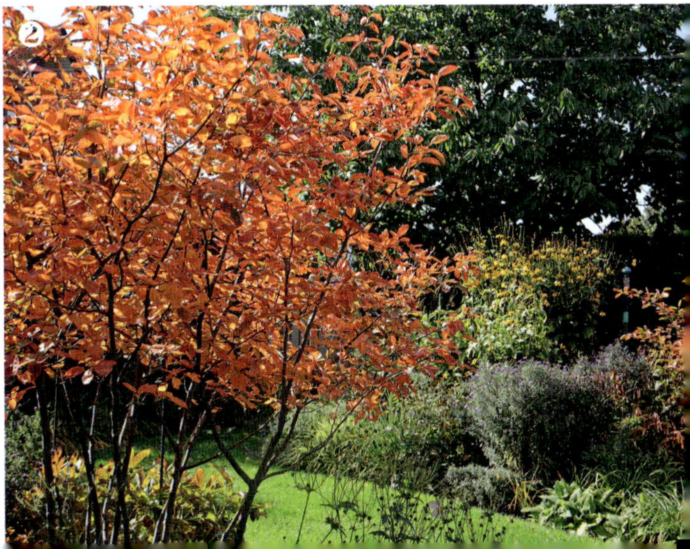

Arbeits-Tipp

PFLANZENNAMEN

Pflanzen haben im Deutschen bzw. in der Umgangssprache verwirrend viele Namen. Zum einen sind die Namen je nach Region unterschiedlich. So heißen unzählig verschiedene Pflanzenarten »Butterblume«. Von Hahnenfuß über Löwenzahn bis hin zu Ringelblume. Da kann man nichts machen.
Zum anderen sind die deutschen Namen auch sehr irreführend. So hat die Felsenbirne nichts mit einer Birne zu tun. Die Hainbuche ist mitnichten eine Buche und die Ölweide keine Weide. Auf dem Markt für Pflanzen ist es in letzter Zeit regelrecht Mode, sich neue Namen auszudenken. Meine Oma schwärmte von Montbretien, die lange vergessen waren und heute als Crocosmien wieder überall zu haben sind.
Auch die botanischen Namen sind leider im Wandel. Ihr werdet also bei der Suche nach diesen Namen auf Unterschiede stoßen. Die gute Nachricht ist: Diese botanischen Namen bleiben trotzdem eindeutig. Eine Verwechslung ist ausgeschlossen. Wir Planer und Gärtner können das immer übersetzen. Auch im Netz findet Ihr unter allen botanischen Namensvarianten die gleichen Ergebnisse. Wenigstens das ist sicher … Puhhh ☺.

ligen Beetflächen und nach der Feuchtigkeit in Eurer Gegend treffen. Alles andere wäre falsch. Wie ich schon sagte, Pflanzen könnt Ihr nicht überlisten.
Ihr geht also wieder ganz methodisch vor, bis die Auswahl auf die passenden Arten für Euer Grundstück eingegrenzt ist. Ihr »filtert« die möglichen Kandidaten heraus. Beispielsweise für sandigen und eher trockenen Boden geeignet und für die sehr sonnige Südseite des Hauses gedacht. Dann sind Schattenpflanzen für feuchten Lehmboden einfach raus. Lest Euch gar nicht erst durch, welche das wären. Einfach löschen!
Erst unter den passenden Kandidaten könnt Ihr wirklich nach gestalterischen Kriterien auswählen. Nach Blüh- und Blattfarben für Euer Farbkonzept und der Wuchsform zu Beetgröße und Stil. Viele Webseiten haben mittlerweile solche Filterfunktionen. Sucht aber damit nur bei seriösen Anbieterseiten wie hiesigen Gärtnereien und Baumschulen. Dort könnt Ihr Euch die Auswahl nach Licht, Boden, Feuchtigkeit, Farbe, Wuchshöhe oder anderen Eigenschaften easy filtern lassen. Leider oft nicht nach allen Begriffen gleichzeitig, aber doch nach mehreren davon. Dann seht Ihr schon nur noch die infrage kommenden Pflanzen. Ihr kommt also nicht in Versuchung, die ungeeigneten auszusuchen bzw. könnt Euch auf die verbleibenden Auswahlkriterien konzentrieren. Es gibt auch Apps dafür. Zusätzlich oder alternativ könnt Ihr Euch immer in Eurer regionalen Gärtnerei persönlich beraten lassen. Und ja, es seien auch noch die Bücher dazu erwähnt. Das ist aber etwas für die großen Enthusiasten unter Euch ☺.
Wie Ihr im Kasten links lesen könnt, werdet Ihr leider nicht drum herumkommen, die botani-

schen Namen zu suchen. Auch ich muss ab jetzt oft beide Namen nennen, damit es nicht zu Verwechslungen kommt. Ihr müsst sie ja nicht verstehen. Ihr solltet sie aber dennoch für die Netzsuche oder die Bestellung abschreiben/kopieren. Jedenfalls dann, wenn Ihr wissen wollt, wie genau diese spezielle Pflanze aussieht und ob Ihr bei der Bestellung/dem Einkauf auch die richtige bekommt. Gebt nicht mir die Schuld … das wäre wirklich unfair!

Verschiedene Lebensformen – verschiedene Eigenschaften

Etwas Pflanzen-Bio müssen wir auch mal kurz durchnehmen. Und nein, da ist die Schule wieder mal gar nicht hilfreich gewesen. Wenn wir mit Pflanzen planen, müssen wir wissen, wie und wann die Pflanzen wachsen. Mit dem »wann« fangen wir an.

Einige von Ihnen lassen uns nämlich das halbe Jahr über im Dunkeln – damit meine ich, dass sie sich nicht zeigen. Andere sind hingegen immer zu sehen. Wir könnten natürlich nur die Letzteren verwenden, aber das wäre fatal. Genau die sind nämlich die Langweiligen. Wir brauchen sie vorwiegend wegen ihrer praktischen Eigenschaften. Aber wir wollen im Garten auch eine Menge von denen haben, die sich etwas rar machen. Sie sind nämlich die Stars mit den tollen Blüten und besonderen Blättern und dem ganzen Charme. Und daher müsst auch Ihr durch die Botanik durch, da führt kein Weg dran vorbei. Ihr wollt ja Eure künftigen »Babys« gut kennenlernen ☺.

Die Pflanzenauswahl teile ich jetzt also nach den unterschiedlichen Lebensformen der Pflanzen ein. Das ist erstens praktisch bei der Auswahl. Es hilft aber auch später beim Einkauf der Pflanzen. Ihr werdet sehen …

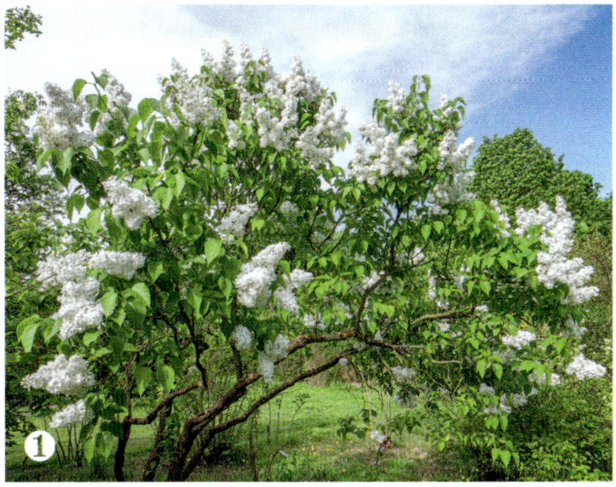

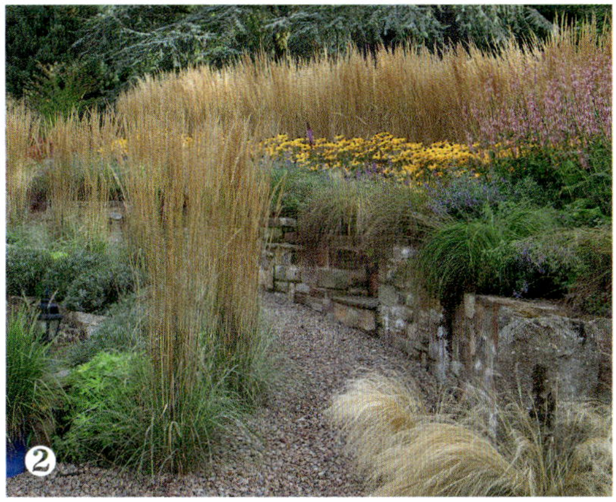

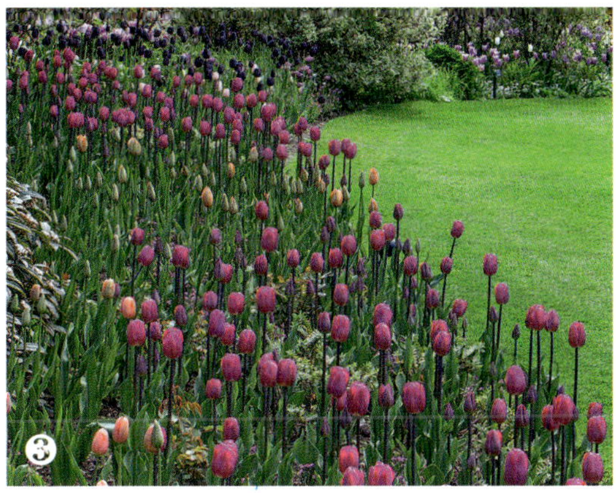

Die Lebensformen von Pflanzen sollten wir kennen, um sie richtig zu verwenden. **1.** Gehölze wie der Flieder treiben im Frühling gleich oben wieder aus. **2.** Stauden und Gräser überwintern im Boden und wachsen zu Saisonbeginn erst von unten wieder hoch. **3.** Zwiebelpflanzen wie die Tulpe treiben sehr zeitig aus, ziehen sich aber gleich nach der Blüte wieder zurück.

GEHÖLZE – DIE NÜTZLICHEN PFLANZEN IM GARTEN

Es gibt Pflanzen, die nach dem Winter gleich ganz oben an der obersten Zweigspitze wieder austreiben. Das sind die Gehölze. Da gibt es Bäume, Sträucher und Bodendecker und alles dazwischen.

Die Größe ist also leider gar kein Hinweis darauf. Nur die Tatsache, dass sie aus allen Trieben durch Knospen gleich wieder Blätter und Blüten produzieren, kennzeichnet sie als Gehölze. Wir lieben Gehölze, weil sie uns ab März/April gleich in ihrer ganzen Wuchshöhe das Grün zurückschenken. Besonders bei Sichtschutzsträuchern, Hecken und Bodendeckern ist uns das wichtig. Es gibt sogar immergrüne Arten, die das ganze Jahr über Blätter bieten. Ein Wermutstropfen ist, dass Gehölze leider nicht so oft bzw. lange blühen. Als Blütenschmuck haben sie daher eine untergeordnete Rolle, von einigen Ausnahmen abgesehen.

Wir suchen uns darum Gehölze aus, die die gewünschte Funktion, Wuchshöhe und -breite erfüllen. Und unter diesen suchen wir wiederum die schönsten aus. Diejenigen, die auch in unser Farbkonzept passen, die schöne Blüten oder Herbstfärbung haben, vielleicht sogar zierende Früchte. Ich selbst achte hier auch viel auf die Blattfarben und -strukturen. Silbergraue oder gelbgrüne Blätter, handtellergroße oder zierlich gefiederte, glänzend oder matt. Kaum etwas wird Euren Garten mehr prägen als diese Farben und Strukturen. Sie sind ja in der Regel die größte Masse an Pflanzen im Garten.

Wo kauft Ihr Gehölze?

Alle Gehölze werden von Baumschulen – Gärtnereien für Gehölze – produziert. Diese sind daher Eure Anlaufstellen für den Kauf und die Fachberatung. Am besten natürlich solche, die in Eurer Umgebung produzieren und damit optimale Pflanzen für Euren Boden und das hiesige Klima anbieten. Versprecht mir, nirgends anders zu kaufen.

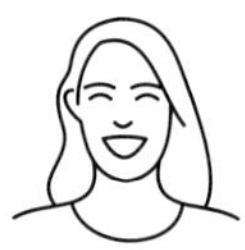

Die Handelsketten verkaufen oft billig produzierte Ware aus Asien, aus Gewächshauszucht oder sonst wie schnell hochgezogene Gehölze. Pflanzen, die in Eurem Garten dann nicht in gewohnter Umgebung weiterwachsen können, sondern sich erst einmal akklimatisieren müssen, wenn sie es überhaupt schaffen. Unterstützt die regionalen Gärtnereien und habt selbst den Vorteil davon.

Obstgehölze

Zu den Gehölzen zählen auch die meisten Obstarten. Die Klassiker unter den Gartenbäumen sind Apfel, Birne, Kirsche und Pflaume, außerdem Aprikose, Mirabelle und Nüsse. Dann die vielen Beerensträucher wie Johannis- und Stachelbeeren, Aronia, zudem Rank- und Kletterpflanzen wie Him- und Brombeeren, Kiwi und Wein und vieles mehr.

Obstgehölze könnt Ihr natürlich immer und gern in Eure Pflanzplanung integrieren. Tut das nach gestalterischen Kriterien. Auch sie wirken ja im Garten mit. Bedenkt aber, dass Obstgehölze immer eine sehr intensive Pflege und Fachkenntnis verlangen. Sie müssen jedes Jahr nach speziellen Kriterien beschnitten werden, Ihr müsst sie mehr düngen, vor Krankheiten schützen und einfach mehr verhätscheln. Dafür solltet Ihr Euch dann nach und nach etwas Fachwissen aneignen. Obstgärtner ist ein Extraberuf und Obstanbau ein Studiengang. Nicht ohne Grund. Bei der Auswahl gelten natürlich erst einmal die gleichen Faktoren in Bezug auf Eure Bestandsanalyse.

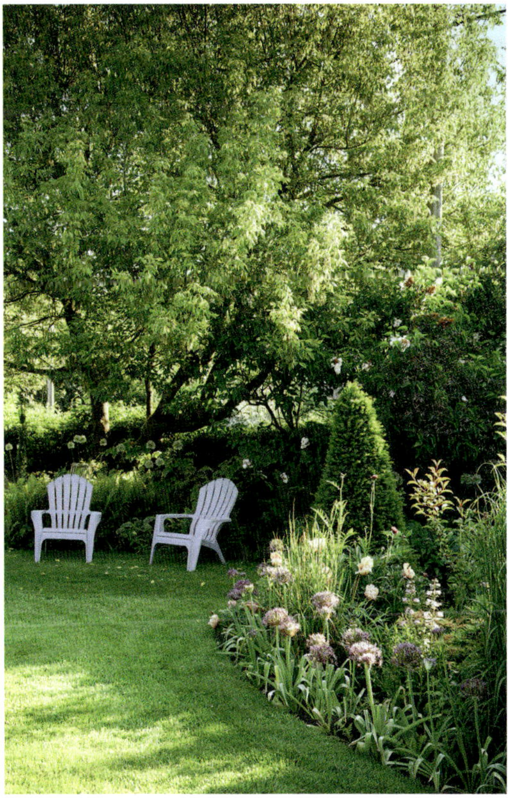

Ein oder mehrere hohe Bäume sind im Garten unerlässlich. Sie sollten aber mit der Zeit nicht zu groß werden. Welcher Baum passt also zu meinem Garten?

Bäume

Sie sind die wichtigsten und ersten Pflanzen, die wir aussuchen. Sie müssen in Höhe, Breite und auch in der Höhe des Kronenansatzes (Höhe des ersten Astes am Stamm über dem Boden) zu Eurem Gartenkonzept passen. Ihr solltet drunter durchlaufen können und nach vielen Jahren noch die Größe passend zu Eurem Grundstück empfinden. Also großer Baum nur für große Grundstücke, kleine Bäume für kleine Gärten. Da Ihr sicher nicht sehr viele Bäume pflanzen werdet, lohnt es sich, wenn Ihr sie schon möglichst groß kauft, also älter. So habt Ihr schneller eine schöne Wirkung und sie funktionieren zeitnah als Schattenspender oder Sichtschutz. Wenn Ihr könnt, investiert mehr Geld für weniger Wartezeit.

Es gibt unter den Laubbäumen keine immergrünen in unseren Breitengraden. Damit müssen wir einfach leben. Die gemäßigte Klimazone hat nun mal nicht ohne Grund Ruhepausen. Einige Regionen im Südwesten könnten mit mediterranen Arten experimentieren, das sind aber Ausnahmen. Bei Nadelbäumen haben wir da mehr Glück. Tannen, Fichten, Kiefern sind die Klassiker. Ihre Form ist jedoch sehr speziell. Meist sind sie im Gegensatz zu den Laubbäumen nicht wie ein Sonnenschirm, sondern eher wie ein Zuckerhut geformt. Deshalb passen sie selten in die Mitte eines kleinen Gartens. Viel Platzbedarf unten (es dauert sehr lange, bis sie unten einen freien Stamm bilden) und wenig Sichtschutz- und Schattenfläche oben. Als Hintergrund in kleinen Gruppen sind sie hingegen bezaubernd. Und ich möchte auch noch die sommergrünen Nadelbäume erwähnen. Diese oft malerischen Nadelbäume sind aber etwas aus dem Fokus von Gartenbesitzern geraten. Denkt an die schönen Lärchen.

Die Wuchsform spielt also bei den Bäumen eine wichtige Rolle. Streng aufrecht oder weit verzweigt. Was braucht Ihr für den Garten? Es gibt auch sogenannte Mehrstamm-Bäume. Also Baumarten, die nicht zu einem einzelnen dicken Stamm gezogen wurden, sondern von der Basis an mit zwei bis fünf Hauptstämmen verzweigt sind. Sie sind sehr beliebt, weil sie etwas Malerisches und Landschaftliches in den Garten bringen. Ihre Wuchshöhe ist oft etwas niedriger, was sie für kleine Gärten interessanter macht. Die Krone wirkt so auch etwas mehr wie ein Schirm. Sehr apart.

Bei sommergrünen Baumarten ist auch die Farbe oder Struktur der Rinde ein gestalterischer Aspekt. Im Winter sehen wir ja lange darauf. Weißrindige Birken, rötliche Zierkirschen, silbrige Buchen sind mit ihrem Stamm schöne »Mitgestalter«. Schaut mal, was zu Eurem Farbkonzept besonders gut passt.

Wir wählen die Bäume aus den möglichen Kandidaten für Euren Garten also erst nach ihrer Funktion aus. Schattenspender für die Terrasse (eher lichter Schatten), Sichtschutz für und vor mehrstöckigen Häusern (möglichst dichte Krone), Hintergrund für den Garten (ruhiges Erscheinungsbild) usw. Dann schauen wir auf die Wuchsform (malerisch, streng, skurril, klassisch usw.) und die Farben der Blätter, eventuell auch Blüten, Früchte und Herbstfärbung. Da Bäume so prägend sind, bin ich persönlich immer recht froh, wenn sich die Auswahl aufgrund des Standortes etwas reduziert. Das ist nämlich eine schwere Aufgabe für Ge-

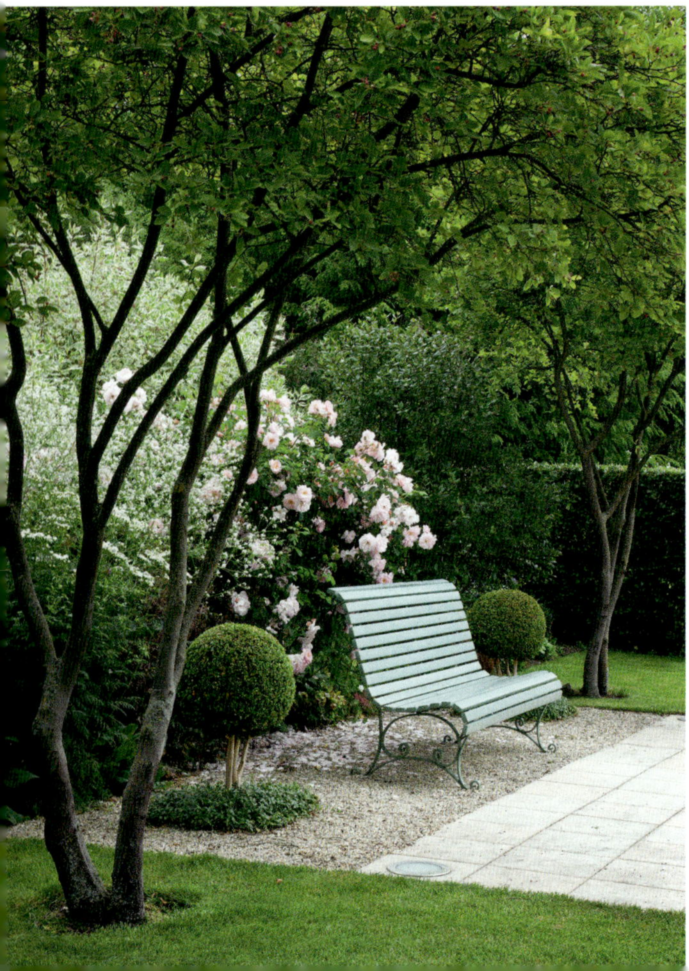

Einige Bäume oder Großsträucher werden als Mehrstämme gezogen. Das sieht immer sehr malerisch aus und ist besonders für kleine Gärten gut, denn sie bleiben kleiner.

stalter. Findet Ihr nicht auch? Nehmt Euch Zeit dafür. Hier nenne ich Euch nur einige Beispiele als Hilfestellung. Das ist quasi als Beginn für Eure eigene Suche gedacht …

GRÖSSERE ODER SCHNELL WACHSENDE BÄUME FÜR DEN GARTEN:

- Linde/*Tilia* in verschiedenen Arten und Sorten (helles Laub, schnittverträglich, heimisch, insektenfreundlich; manchmal mit klebrigen Absonderungen)
- Platane/*Platanus* (helle und große Blätter, schnittverträglich, interessante Rinde, trockenheitsverträglich, lehmbodengeeignet)
- Walnuss/*Juglans regia* (schnell wachsend, Nüsse, viel Schatten, nicht gut über Rasenflächen)
- Vogelkirsche/*Prunus avium* (schnell wachsend, heimisch, ökologisch wertvoll, lehmbodengeeignet)
- Hainbuche/*Carpinus betulus* (heimisch, dichte Krone, kleinere helle Blätter, sandbodengeeignet)
- Fichten/*Picea abies* (regional heimisch, immergrün, Zapfen, nicht zu trockene Böden)

BÄUME, DIE LICHTEN SCHATTEN BILDEN UND LUFTIG WIRKEN

- Gleditschie/*Gleditsia triacanthos* (gefiedertes, helles Laub, lichte malerische Krone, manchmal Dornen, trockenheitsverträglich)
- Robinie/*Robinia pseudoacacia* (gefiedertes, helles Laub, lichte Krone, Dornen, trockenheitsverträglich, sandbodengeeignet)
- Hänge-Birke/*Betula pendula* (kleines, helles Laub, lichte Krone, trockenheitsverträglich, sandbodengeeignet)
- Kaiser-Erle/*Alnus glutinosa* 'Imperialis' (heimisch, geschlitzte Blätter, lichte Krone, auch feuchter Boden)
- Waldkiefer/*Pinus sylvestris* (heimisch, immergrün, lichte malerische Krone, Zapfen, sandbodengeeignet)

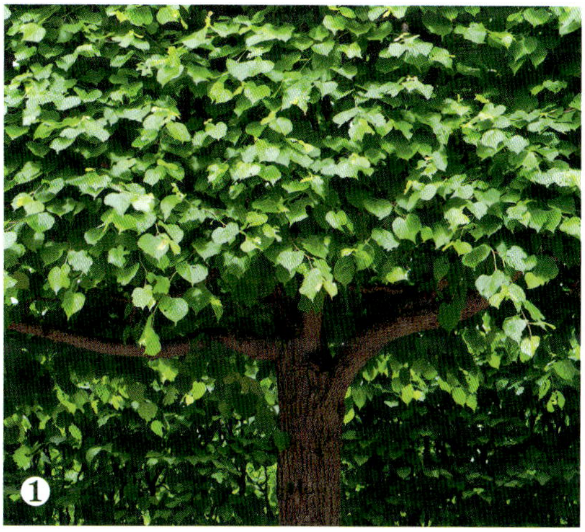

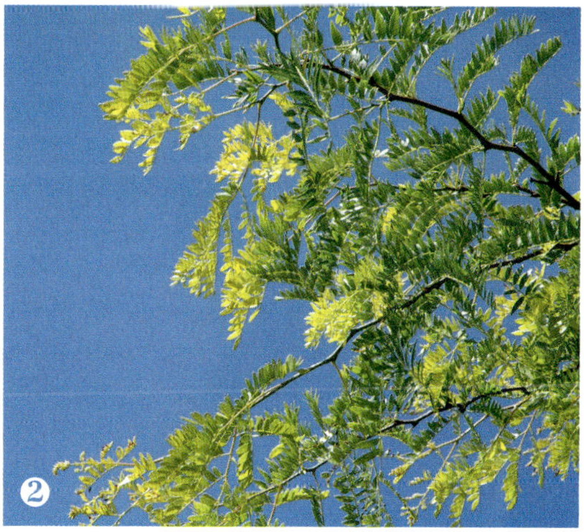

1. Die Linde ist nicht nur ein schnell wachsender Großbaum. Ihre Krone ist auch sehr dicht und wirft daher viel Schatten. **2.** Dagegen haben Gleditschien eine eher lockere Krone mit gefiederten Blättern, die nur lichten Schatten spenden.

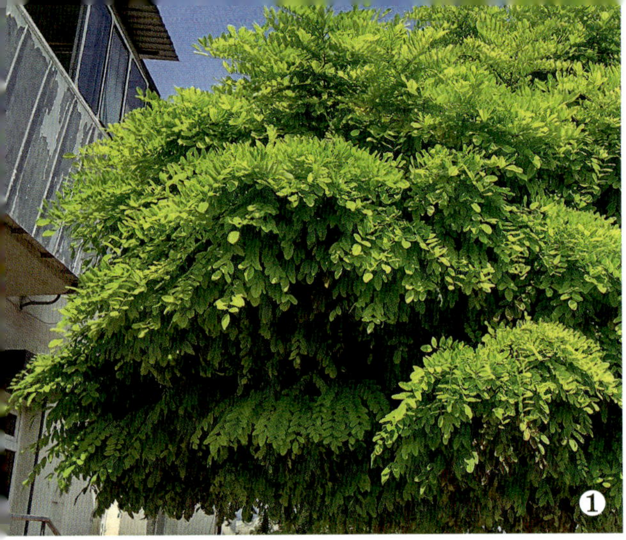

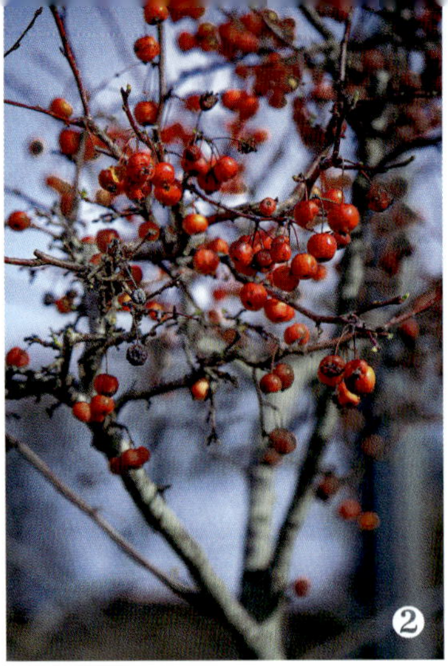

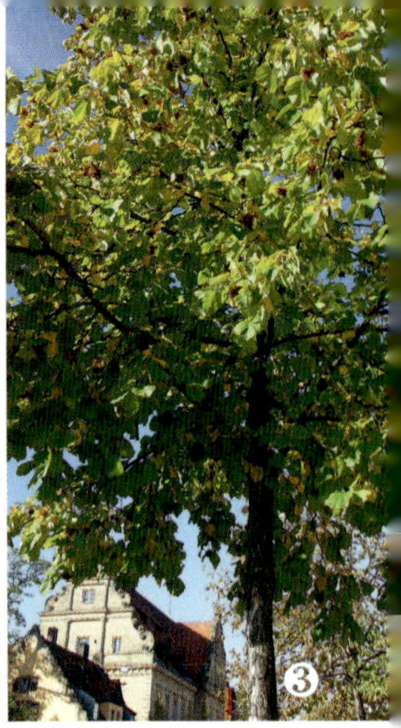

1. Die Kugel-Robinie ist eine Züchtung mit klein bleibender Krone. **2.** Auch Zieräpfel sind sehr kleine Bäume, die dafür mit ihren Blüten und Früchten viel Zierde und Abwechslung bieten. **3.** Die Baumhasel ist nicht groß, aber mit ihren Nüssen ein Gewinn im Erntekorb.

- Lärche/*Larix decidua* (regional heimisch, schnell wachsend, hellere Nadeln, sommergrün, Zapfen, trockenheitsverträglich)

Ganz so ausführlich kann ich Euch jetzt alle folgenden Pflanzen nicht vorstellen. Das würde den Rahmen dieses Buches sprengen. Aber alle ihre Eigenschaften findet Ihr auch online oder bei einer Fachberatung. Aber Ihr habt das Prinzip verstanden und könnt nun selber fragen oder recherchieren, stimmt's?

BÄUME FÜR KLEINE GÄRTEN

- Rotdorn/*Crataegus laevigata*
- Ebereschen/*Sorbus aucuparia*
- Zierapfel/*Malus* in vielen Sorten
- Trompetenbaum/*Catalpa bignonioides*
- Türkische Baumhasel/*Corylus colurna*

BÄUME MIT SÄULEN- ODER KUGELKRONE

- Säulen-Zierkirsche/*Prunus* 'Amanogawa'
- Säulen-Hainbuche/*Carpinus* 'Fastigiata'
- Säulenkiefer/*Pinus* 'Fastigiata'
- Kugel-Zierkirsche/*Prunus* 'Globosa'
- Kugel-Robinie/*Robinia* 'Umbraculifera'

Wie Ihr beim Suchen bemerken werdet, gibt es oft unzählige Sorten jeder einzelnen Art mit verschiedenen Kronen, Blattfarben und -formen oder anderen Eigenschaften. Denkt beim Auswählen also immer an Eure Ziele in puncto Design. Schaut auch mal wieder auf Eure Inspirationsbilder. Wirkt der Baum eher wie nordische Küste oder Alpenland? Erinnert er Euch an Italien oder an Asien? Jetzt wählt Ihr die Stimmung endgültig aus.

Einige kleine Bäume zählen auch zu den Großsträuchern. Sie bilden sich erst mit der Zeit aus einem Busch zu einem Bäumchen um. Diese Arten sollten schon etwas größer und vorgezogen aus der Baumschule kommen. Sonst wirken sie noch nicht als Gartenbaum. Und damit sind wir bei den Sträuchern angelangt.

Sträucher

Sträucher sind unsere Raumteiler, Ihr erinnert Euch sicher. Ihr habt sie schon mal dort, wo sie wichtig sind, eingezeichnet. Sie geben je nach Höhe mehr oder weniger Sichtschutz. Sie bilden Eure Gartenzimmer. Jetzt wisst Ihr auch, warum wir dazu Sträucher nehmen und keine anderen Pflanzen. Als Gehölze treiben sie im Frühling gleich wieder ganz oben aus und wir müssen für diese Wirkung nicht bis zum Sommer warten.

Auch hier wieder einige Beispiele für Euch, mit denen Ihr anfangen könnt. Nehmt nicht alle, sucht Euch vier bis sechs schöne aus und verteilt sie adrett – also in unregelmäßiger Wiederholung. Das schafft eine nicht zu unruhige und dennoch abwechslungsreiche Atmosphäre im Garten.

HOHE STRÄUCHER (> DREI METER)

Sommergrüne Sträucher

- Pfeifenstrauch/*Philadelphus*-Sorten
- Holunder/*Sambucus nigra*
- Schneeball/*Viburnum opulus*
- Ölweide/*Elaeagnus commutata*
- Haselnuss/*Corylus avellana*

Immergrüne Sträucher

- Bergkiefer/*Pinus mugo*
- Kirschlorbeer/*Prunus laurocerasus*
- Eibe/*Taxus baccata*
- Wacholder/*Juniperus communis*

HALBHOHE STRÄUCHER (< ZWEI METER)

Sommergrüne Sträucher

- Weigelien/*Weigela*
- Spierstrauch/*Spiraea*
- Deutzie/*Deutzia*
- Mandelbäumchen/*Prunus triloba*

Immergrüne Sträucher

- einige Berberitzen/*Berberis*-Arten
- Strauch-Efeu/*Hedera helix* 'Arborescens'
- Zwerg-Nadelbäumchen

Hecken und Formgehölze

Für schmale Stellen im Garten brauchen wir ja noch Hecken. Damit meine ich jetzt wirklich Formschnitthecken. Das sind Pflanzen, die Ihr sehr streng und damit platzsparend in Form schneiden könnt – sie können dann wie grüne Mauern wirken, eignen sich aber auch für andere Formen wie Quader, Kugeln oder Figuren. Natürlich wählen wir hierfür Gehölze aus,

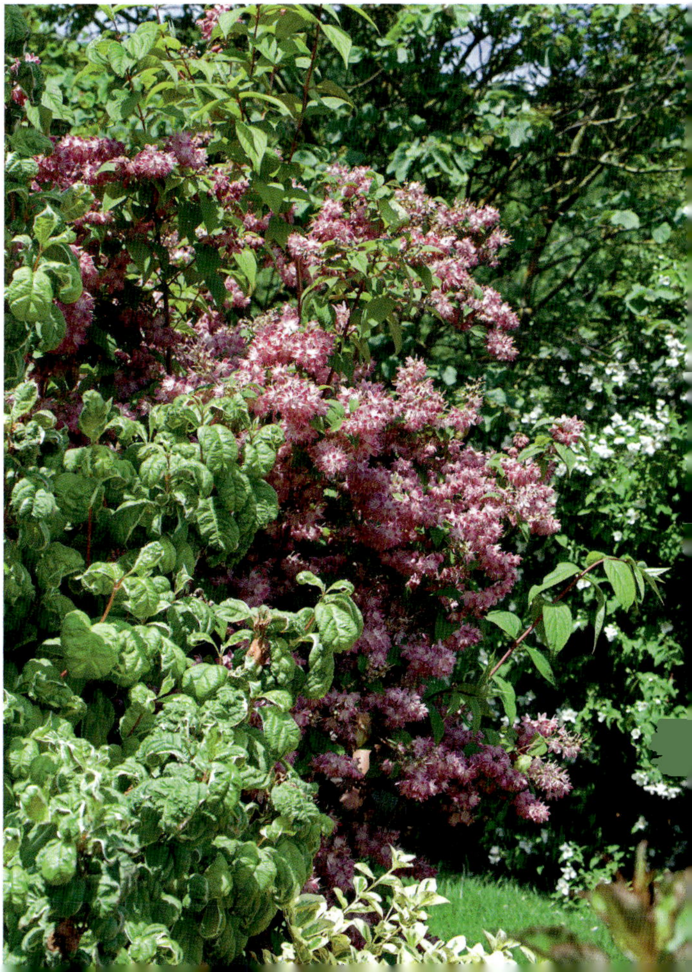

So schöne Blühsträucher wie diese Deutzie sollten im Garten nicht fehlen. Auch wenn sie die Blätter im Winter verlieren. Es lohnt sich.

die auf einen Schnitt gut reagieren und Euch das nicht übel nehmen.
Jetzt müsst Ihr etwas aufpassen. Es gibt den Begriff Hecken auch für frei wachsende, natürliche Gebüschreihen. Damit wären aber ökologische, ungeschnittene Hecken in Feld und Flur gemeint. So viel Platz (Mindestbreite 3–4 Meter) ist kaum im Garten vorhanden. Also nicht verwirren lassen! Wir reden von in Form geschnittenen Hecken.

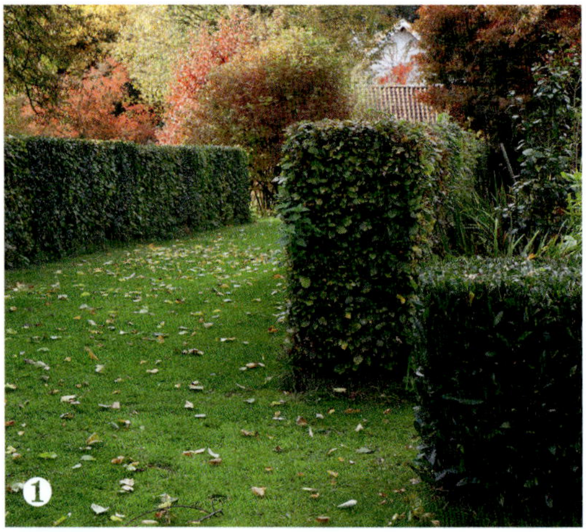

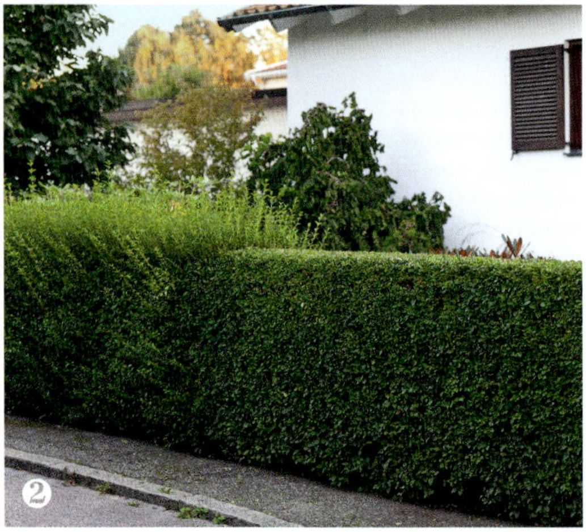

1. Der Klassiker unter den Formschnitthecken ist die Hainbuchenhecke. Super schnittverträglich und sehr tolerant. Im Winter bleiben die bräunlichen Blätter lange hängen. **2.** Auch die Ligusterhecke ist gut geeignet und fast durchweg grün belaubt.

Sommergrüne Hecken

- Hainbuche/*Carpinus betulus*
- Buche/*Fagus sylvatica*
- Feldahorn/ *Acer campestre*
- Kornelkirsche/*Cornus mas*

Immergrüne Hecken

- Liguster/*Ligustrum* (nahezu Laub haltend)
- Eibe/*Taxus baccata*
- Kirschlorbeer/*Prunus laurocerasus*

Oje, ich habe doch die »Koniferen« vergessen? Nein, habe ich nicht! Erstens ist der Begriff meist falsch verwendet. Konifere bedeutet einfach Nadelgehölz. Da habe ich ja schon mal die Eibe als heimischen Kandidaten genannt. Und zweitens sind diese Lebensbäume/*Thuja* und Scheinzypressen/*Chamaecyparis* (so die eigentlichen Artnamen) nicht mehr zu empfehlen. Mir reicht es jedenfalls. Die Welt ist zugepflastert mit dieser unökologischen Massenware. Sie wirken wie tote Kunstpflanzen und sind keineswegs anspruchslos, also eher zickig. Der Klimawandel tut sein Übriges. Von mir werdet Ihr dafür keine Empfehlung bekommen. Das braucht Ihr nicht und es ist zu riskant. Mir fällt auch kein »Wunschbild« eines Gartens ein, in dem diese Kandidaten gestalterisch sinnig wären. Ich spreche hier aber nur von Hecken. Einzeln sind es interessante, immergrüne Großgehölze.

Halbsträucher

Einige Gehölze verwenden wir dann doch als »Blumen« im Beet. Das sind Pflanzen, von de-

nen wir selten wissen, dass sie Gehölze sind. Beetrosen oder Lavendel sind dafür die bekanntesten Beispiele. Sie müssen speziell und individuell zurückgeschnitten werden, da müssen wir uns vorher informieren: Beetrosen müssen bis auf wenige Knospen runtergeschnitten werden, Lavendel sollte mindestens halbiert werden. Nach dem Rückschnitt müssen wir dann wieder warten, bis sie die eigentliche Höhe im Sommer erreichen.
Sie sind daher keine Gehölze für die Raumbildung, für Sichtschutz und Co., sie sind Blütenpflanzen, die wir aufgrund ihrer Schönheit oder langen Blüte in den Beeten haben möchten. Und um die müssen wir uns auch sehr viel mehr kümmern. Eigentlich möchte ich sie Euch gar nicht als Anfängerpflanzen empfehlen. Nehmt sie vielleicht erst einmal in Kübel oder Töpfe. Wenn Ihr ein Blütenbeet mit diesen Arten zusammen mit Stauden und Gräsern plant, dann müsst Ihr diese »Einzelpflege« auch jedes Jahr machen wollen. Nicht ganz so unkompliziert, wie ich es gern für Euch haben würde. Aber letztlich ist es Eure Entscheidung. Verstehen kann ich es gut.
Die Halbsträucher beispielsweise sind häufig die beliebten mediterranen Kleinsträucher – darunter auch viele Kräuter. Sie sind in der oberen Hälfte wie Stauden (siehe unten) und in der unteren wie Gehölze. Also im Frühling mindestens halbieren, damit sie gut aussehen und lange leben. Denkt Euch, dass sie in Natur von wilden Tieren oder Schafen etwas abgefressen werden. Darauf sind sie spezialisiert und mögen es. Keine Hemmungen also – tut so, als wenn Ihr Schafe seid ☺.
Viele unter ihnen sind auch nur für volle Sonne geeignet. Na, wer hätte das von mediterranen Pflanzen erwartet ☺? Hier ein paar Beispiele

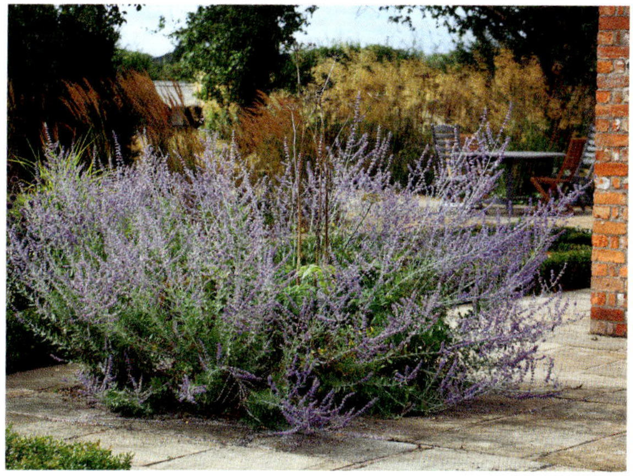

Halbsträucher wie die Blauraute sind oft wärmeliebende Pflanzen. Da es bei uns nicht ganz so warm ist, müssen sie im Frühling etwas zurückgeschnitten werden.

für diese Spezialisten: Lavendel (*Lavandula)*, Thymian (*Thymus)*, Blauraute (*Perovskia atriplicifolia)*, Currykraut (*Helichrysum italicum)*, Ysop (*Hyssopus officinalis)*.

Na, und Rosen?

Das ist ein sehr weiter Begriff. Allein zu Rosen muss es mehr als 100 Bücher geben. Es gibt Strauchrosen, die als Sichtschutz benutzt werden. Bodendeckerrosen, die auch im Stadtgrün vorkommen. Die Klassiker sind aber doch die Beetrosen und die meine ich hier. Traut Ihr Euch das zu? Dann lest doch noch mal ein extra Buch dazu. Rosen sind »Liebhaberpflanzen«. Und immer, wenn Ihr diesen Begriff lest, heißt das, dass es sehr aufwendig und speziell wird. Ich kann also leider nicht länger darauf eingehen. Ich hatte doch versprochen, mich auf die einfachen und unkomplizierten Pflanzen zu konzentrieren. Also verschließe ich meinen Mund mit einem herzergreifenden Schluchzer. Da wir jetzt eh schon bei den Blütenbeeten angelangt sind, machen wir lieber da weiter. Zeit wird´s!

STAUDEN UND GRÄSER

Stauden und Gräser sind meine Lieblinge. Sie wachsen bei uns in unzähligen Formen, Farben, Höhen und Bedingungen. Und Ihr kennt so viele davon.

Ihr würdet vermutlich zahlreiche als »Blumen« bezeichnen, andere als Bodendecker oder sogar Unkraut. Stauden überwintern im Boden. Das ist der große Unterschied zu den Gehölzen. Sie stehen also nicht da und treiben an Ästen aus, die im Vorjahr schon da waren, sondern wieder von vorn und ganz von unten her. Das klingt schwierig, ist es aber nicht. Sie wachsen natürlich auch jedes Jahr stärker und üppiger als im Vorjahr. Sie kommen jedes Jahr wieder, blühen jedes Mal reicher und werden dicker oder höher oder alles zusammen. Und das auch noch viel schneller als Gehölze. Sie sind einfach toll. Aber eben nur in der Saison.

Wo kauft Ihr Stauden?

Stauden kauft oder bestellt Ihr bei der Staudengärtnerei. Das sind Gärtnereien, die auf Stauden und Gräser spezialisiert sind. Solche gibt es unter Garantie in Eurer Nähe. Hier kauft Ihr ohne Zwischenhändler und beim Fachmenschen. Die regional aufgewachsenen Pflanzen sind die robustesten für Euren Garten. Besser geht es nicht. Natürlich gibt es dafür Webshops, aber auch hier achtet auf eine passende klimatische Region. Im Zweifelsfall nehmt eine aus einer Region mit härterem Klima, damit Ihr auf Nummer sicher geht.

Die meisten Stauden werdet Ihr nur in sehr kleinen Töpfchen bekommen. Seid nicht enttäuscht, das ist genau richtig so. Zu alte Stauden wachsen nicht so einfach und sicher bei Euch an, junge können sich gut akklimatisieren. Sie werden im nächsten Jahr schon mehr als die doppelte Menge an Pflanze bilden. Das geht viel schneller als bei Sträuchern oder Bäumen. Und preiswerter ist es auch noch.

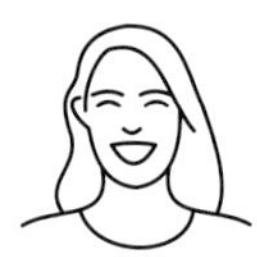

Nehmt lieber viele Pflanzen in kleiner Größe. Ausnahmen sind hier höhere Gräser und einige andere in der Jugend »lahme« Kandidaten. Hier frag ich immer nach älteren Pflanzen – heißt: größeren Töpfen. Auch meine Kunden und ich sind ungeduldig ☺ .

Fangen wir mit den Blütenstauden an. Egal ob Margeriten, Sonnenhut oder Astern – es sind die Pflanzen, derentwegen Ihr einen Garten haben möchtet. Und im Gegensatz zu den Rosen und Hortensien sind sie ziemlich unkompliziert. Sie haben, wenn Ihr sie nach Euren Boden-, Wasser- und Lichtverhältnissen aussucht, keine speziellen Ansprüche. Wenn sie Anfang des Winters verwelken, könnt Ihr sie abschneiden oder, besser noch, erst zu Beginn des Frühlings ab Anfang/Mitte März. Letzteres ist besser für die Natur und Eure neuen Lieblinge, weil das alte Laub den Boden als Zudecke schützt. Die alten Blätter, Stängel und Halme sind zudem Winterquartiere für viele Insekten und Kleintiere. Ich mag es aber auch optisch nicht, den ganzen Winter über auf ein kahles Beet zu schauen. Es sieht so viel schöner aus, wenn der Raureif oder Schnee auf den Pflanzenstrukturen liegen bleibt. Alles ist dann nicht mehr grün, sondern beige. Das ist im Januar eine nahezu fröhliche Farbe über dem Graubraun des Bodens und zwischen den farbigen Zweigen einiger Gehölze. Lasst sie also stehen. Zudem ist ab Anfang März die Motivation, etwas im Garten zu tun, eine ganz andere. Da freut Ihr Euch, wenn Ihr das Gartenjahr beginnen und »sauber machen« könnt.

Bei den Blühstauden schauen wir nach solchen, die möglichst lange blühen. Und das ganz besonders bei Platzmangel. Und wir suchen uns solche Arten heraus, die möglichst nacheinander blühen. So brauchen wir wenige Arten und haben das ganze Gartenjahr über Blüten im Garten. Dafür können wir von diesen Arten sehr viele Pflanzen in alle Beete setzen und ein richtig üppiges Bild erzeugen. Das wäre perfekt. Hier wieder mein Suchergebnis für Eure erste Auswahl.

Dauerblüher

- Spornblume/*Centranthus ruber* (Juni–Okt., so, trocken-frisch)
- Katzenminze/*Nepeta* x *faassenii* (Mai–Sept., so, trocken-frisch)
- Duftnessel/*Agastache* (Juni–Okt., so, trocken)
- Sonnenhut/*Rudbeckia triloba* (Aug.–Okt., so, frisch)
- Nelkenwurz/*Geum* x *cultorum* (Mai–Aug., so-hs, frisch)
- Bergwald-Storchschnabel/*Geranium nodo-*

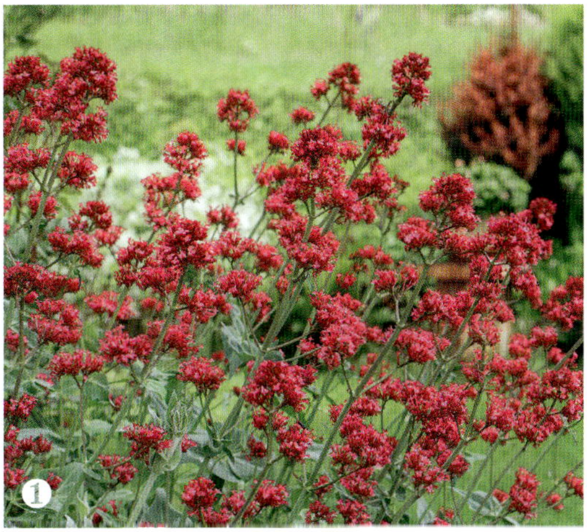

1

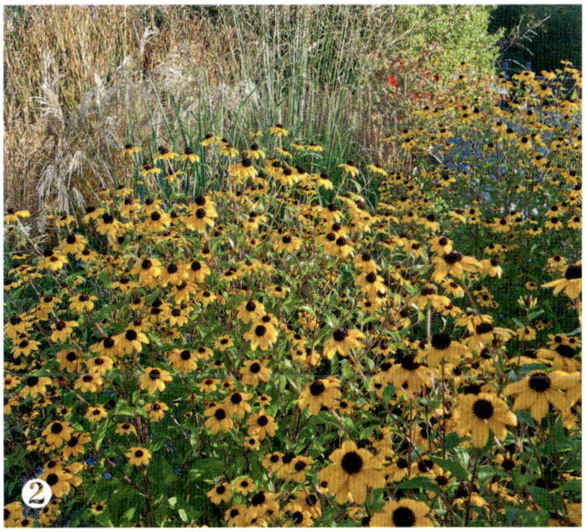

2

1. Die Spornblume ist ein richtiger Dauerblüher. Sie ist noch recht unbekannt bei uns, aber lohnenswert für trockene Standorte. **2.** Dagegen ist der Sonnenhut ein Klassiker. Mit seiner langen und späten Blüte fast ein Muss in jedem Garten.

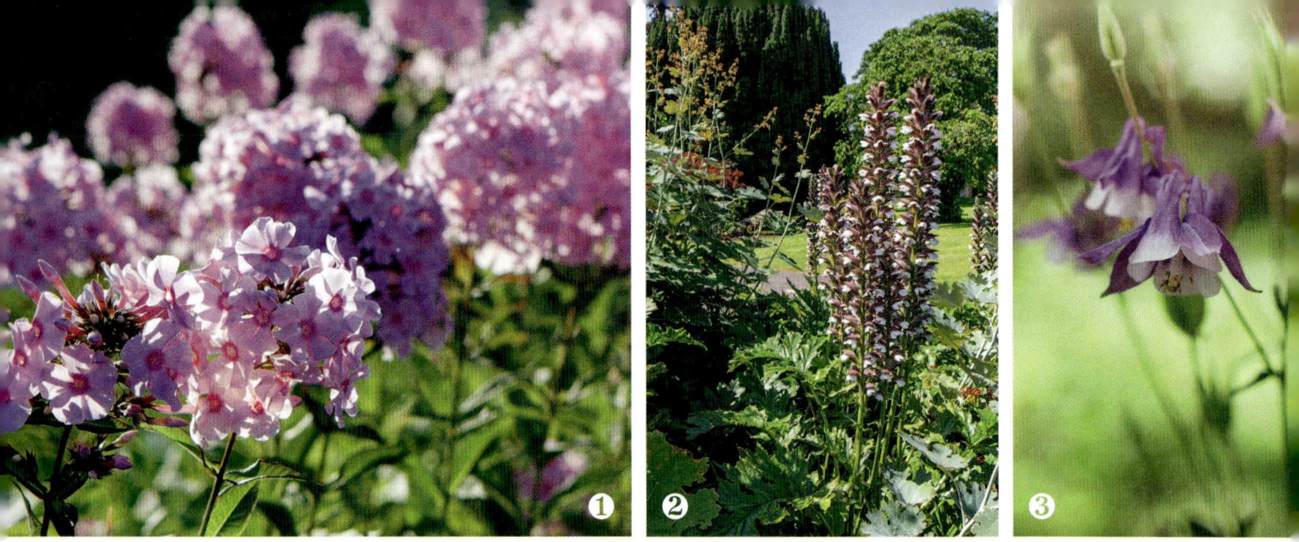

1. Phlox ist eine der beliebtesten Bauerngartenstauden mit vielen Farben. **2.** Dagegen ist Akanthus eher unbekannt. Wer jedoch je am Mittelmeer war, wird sich über diese Stauden freuen. **3.** Die Akelei ist eine zart wirkende Schattenstaude. Dabei robuster, als man denkt.

sum (Juni–Sept., hs-sch, trocken-frisch)

- Kerzenknöterich/*Bistorta amplexicaule* (Juli–Okt., so-hs, frisch-feucht)

Wenn Ihr noch Platz habt oder noch Blüten für Frühling oder Herbst braucht, dann füllt Ihr jetzt die Lücken mit weiteren passenden Pflanzen. Das ist auch gestalterisch wieder spannend. Hier mal einige Beispiele zu verschiedenen Stilen:

Blühstauden für Bauerngärten

- Taglilie/*Hemerocallis*
- Purpur-Sonnenhut/*Echinacea*
- Kokardenblume/*Gaillardia*
- Aster/*Aster novae-angliae*
- Flammenblumen/*Phlox*

Mediterrane Blütenstauden

- Wolfsmilch/*Euphorbia griffithii* 'Fireglow'
- Akanthus/*Acanthus hungaricus*
- Malve/*Malva*
- Salbei/*Salvia*
- Artemisien/*Artemisia*

Blühstauden für Waldgärten

- Farne in vielen Sorten
- Wachsglocke/*Kirengeshoma palmata*
- Silberkerze/*Cimicifuga racemosa*
- Akelei/*Aquilegia*
- Prachtspiere/*Astilbe*

Ich könnte immer so weitermachen, aber Ihr wisst, meine Zeilen sind begrenzt. Ihr hört mich jetzt in Gedanken wieder schluchzen. Wir trösten uns aber gegenseitig, weil Ihr mit solchen und ähnlichen Suchbegriffen ganz gut selbst weiterkommt. Schaut, was Ihr findet und ob es auf Eurem Standort funktioniert. Ja, das muss ich ständig wiederholen. Ich probiere das ja immer für Euch aus und sehe dann Pflanzvorschläge, die jetzt eher für wärmere oder feuchtere Gegenden geeignet sind. Also Obacht! Geht auf Nummer sicher. Dann funktioniert es garantiert.

Zu den blühenden Stauden kommen noch solche, die eher mit farbigen Blättern oder auffälligen Blattstrukturen punkten. Dazu zählen viele Bodendecker, Waldstauden und auch die Gräser. Mit diesen Pflanzen füllen wir Flächen unter Sträuchern, setzen Farbaspekte oder lockern die Beete auf.

Blattschmuckstauden

- Purpurglöckchen/*Heuchera*
- Funkien/*Hosta* in Sorten

- Storchschnabel/*Geranium* in Sorten
- Kaukasusvergissmeinnicht/*Brunnera*
- Fette Henne/*Sedum*

Sommergrüne Gräser

- Lampenputzergras/*Pennisetum*
- Rutenhirse/*Panicum*
- Federgras/*Stipa*

Immergrüne Gräser

- Japan-Segge/*Carex morrowii*
- Hainsimsen/*Luzula sylvatica*
- Schwingel/*Festuca*

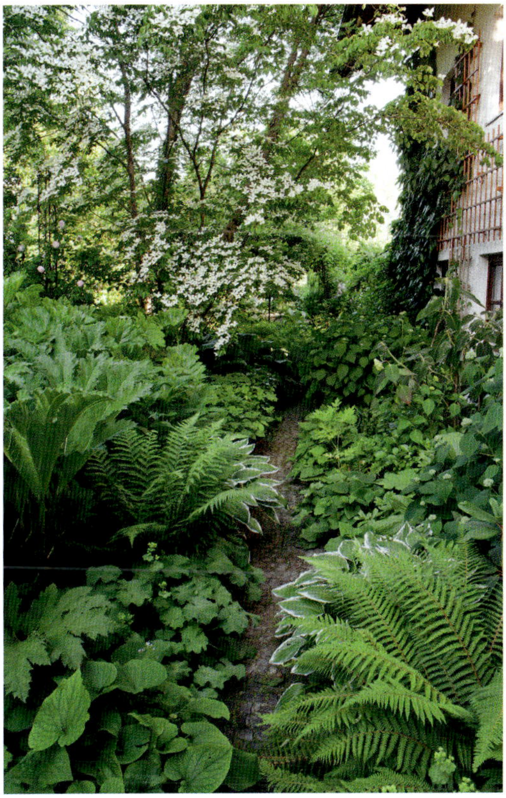

Im Schatten sind oft auch die Blattfarben oder -strukturen prägend: Farnblätter, weiß geränderte Hostas oder Großes Schaublatt.

Jetzt ist aber wirklich genug, oder? Es sollten schon viel zu viele Pflanzen zur Auswahl stehen. Denkt immer daran, dass es die Wiederholung ist, die einen Garten zum Design macht. »Aus jedem Dorf ein Hund« wirkt nicht und enttäuscht nur. Am besten, Ihr geht nun mehrmals durch Eure Listen oder Auswahlspeicher durch. Markiert dabei immer die wichtigen und unverzichtbaren Pflanzen. Die übrigen sind leider vorerst verzichtbar. Grämt Euch deshalb nicht, Ihr fangt ja erst an mit der Gärtnerei und habt noch viele Möglichkeiten in Eurem Gärtnerleben. Und am Anfang können zu viele verschiedene Pflanzen auch sehr anstrengend sein. Im Frühjahr solltet Ihr wissen, wo was aus dem Boden kommt. Nicht, dass Ihr dann die Stauden und Gräser als Unkraut herauszupft. Lernt erst mal einige wichtige von ihnen in Ruhe kennen und erfreut Euch daran. Später könnt Ihr immer noch ergänzen und austauschen.
Ihr habt jetzt eine Auswahlliste an Pflanzen mit ihren Wuchsbreiten und -höhen, mit ihren Farben und Blättern. Alle sind sicher für Euren Garten geeignet. Das ist Voraussetzung! Jetzt schauen wir noch, ob Ihr auch über die vielen Monate der Saison oder sogar darüber hinaus eine abwechslungsreiche Blütenfolge habt. Es wäre ja schade, wenn bei Euch im Garten nur von Juni bis August die Pflanzen blühen.

Blühkalender

Alle Pflanzen werden bei Eurer Suche eine Blühzeit in Monaten angegeben bekommen haben. Das sind die Monate, in denen Ihr wahrscheinlich mit der aufgegangenen Blüte der Pflanze rechnen können. Das ist jedoch nicht so zu verstehen, dass eine Pflanze z. B. vom 1. Mai bis zum 31. Juli blüht. Pflanzen halten sich nicht an ein Datum, sondern vor allem an das Wetter in den Vormonaten und während der Blüte. Daher versteht das hier als einen möglichen Zeitraum mit gewissen Schwankungen und guten ebenso wie schlechten Jahren. Beginnt das Frühjahr mit dauerhaften Temperaturen über 5 °C und guten Sonne-Regen-Verhältnissen sehr zeitig, dann entwickeln sich die Pflanzen auch früh und durchgehend kräftig. Ist in der Blütezeit die Wasserversorgung gut – es herrschen also keine Trockenheit und extreme Hitze –, kann die Blüte lange andauern. So ideal ist es aber in kaum einer Region in Deutschland regelmäßig. Daher blüht die Pflanze wohl eher vom 12. Mai bis zum 21. Juli. Aber das ist doch auch schon ein ziemlich langer Zeitraum, oder?

Ich mache mir während der Suche immer eine Tabelle mit den Pflanzen und ihren wichtigsten Daten. Neben dem Namen, der Wuchshöhe und -breite, den Blühfarben und Besonderheiten notiere ich hier auch die Blütezeit. Dann schaue ich, in welchen Monaten mir etwas fehlt oder ich einfach schon zu viel habe. Platz ist ja meist begrenzt. Für längere Blühzeiten brauche ich eventuell noch Platz im Beet. Muss ich mich doch noch von einigen Pflanzenarten trennen, damit ich auch im Frühling und Herbst noch »Blumen« habe? Die Liste zeigt es mir. Ihr könnt Euch zur besseren Übersicht auch einen Blühkalender machen. So wie im Beispielbild. Ihr werdet nun feststellen, dass Euch im Frühling – also zu Saisonbeginn – wirklich wenig Blumiges begrüßt. Nicht traurig sein. Das ist kein Problem und auch kein Grund, Lieblingspflanzen aus der Liste zu streichen. Die Natur ist hier sehr entgegenkommend. Ihr werdet es gleich sehen.

So ein Blühkalender ist sehr hilfreich bei der Pflanzplanung. Unterteilt in die zwölf Monate zeigt er Euch immer an, wann welche Pflanze blühen würde.

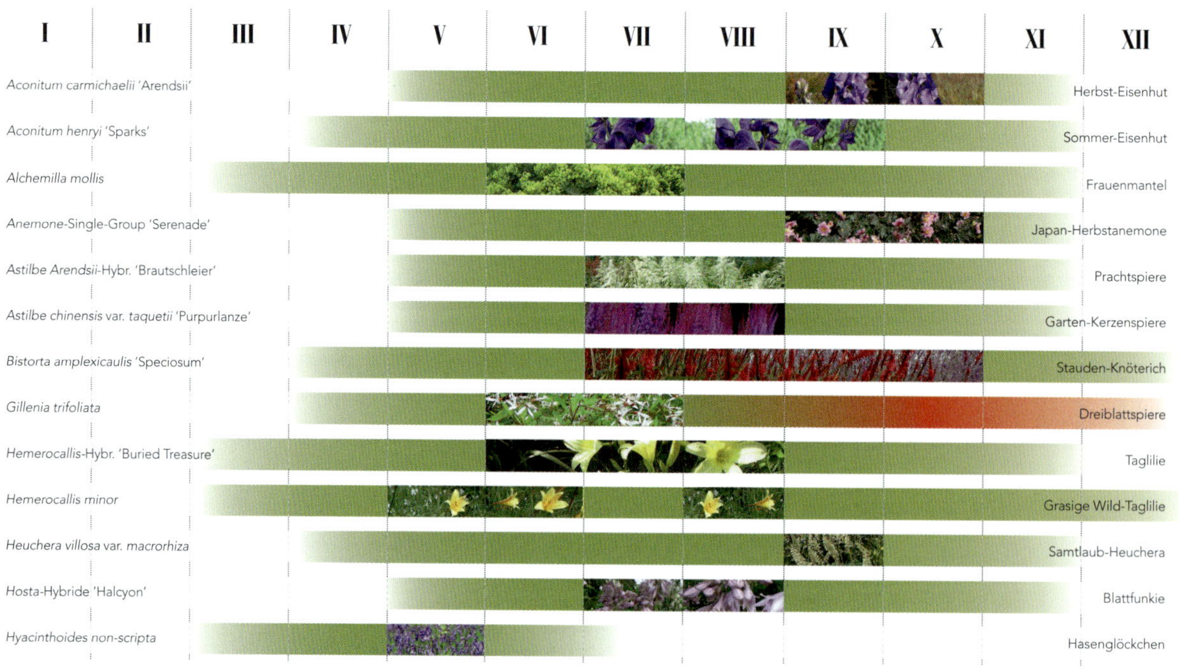

ZWIEBEL-PFLANZEN

Bevor das Laub der Gehölze so richtig Schatten wirft, haben sich spezielle Pflanzen eine kleine Nische gesucht. Wir kennen sie als Frühlingsblüher oder auch Blumenzwiebeln.

Nicht alle sind Zwiebeln und blühen nur im März …, aber alle haben eine sehr kurze Saison und ziehen sich dann zurück. Daher können wir sie zusätzlich zu unseren Stauden, Gräsern und Gehölzen verwenden. Platz ist also kein Problem. Wenn die anderen Pflanzen im späten Frühjahr ausgetrieben oder im frühen Sommer wieder ihre volle Höhe haben, sind die Zwiebelpflanzen schon wieder weg.

Frühe Helden nach dem Schnee

- Schneeglöckchen/*Galanthus nivalis* (heimisch; ab Februar; hs)
- Blausternchen/*Scilla siberica* (in zwei Farben; ab März; hs)
- Krokusse/*Crocus* (in vielen Sorten; ab Februar/März; so-hs)
- Märzenbecher/*Leucojum vernum* (heimisch; ab Februar/März; hs)
- Narzissen/*Narcissus* (in vielen Sorten; ab März; so)

Klassiker im Hochfrühling

- Tulpen/*Tulipa* (in vielen Sorten; ab April/Mai; so)
- Hyazinthen/*Hyacinthus* (in vielen Sorten; ab April; so)
- Traubenhyazinthen/*Muscari* (in vielen Sorten; ab April; so)
- Hasenglöckchen/*Hyacinthoides non-scripta* (in 3 Farben; ab Mai; hs)

Beeindruckende Frühsommerhelden

- Zierlauch/*Allium* (in vielen Sorten; meist ab Mai/Juni; so)
- Kaiserkronen/*Fritillatia imperialis* (in vielen Sorten; ab April/Mai; so)
- Präriekerze/*Camassia* (in zwei Farben; ab April/Mai; so)

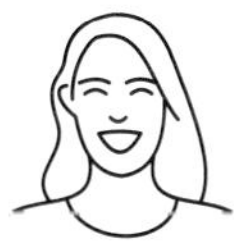

Na, ich denke, da ist einiges für Euch dabei. Euer Blühkalender sieht plötzlich ganz anders aus, stimmt's? Ihr packt jetzt das Saison-Begrüßungspaket. Seid nicht sparsam, denn ein kleiner Krokus ist nicht zu bemerken. Rechnet mit drei bis fünf Zwiebelchen in einem Pflanzloch. 50 Zwiebeln sind da nur 10–15 Stellen im Beet. Solche Pflanzen kaufen wir in großen Mengen. Das kostet sehr wenig, macht aber unglaublich viel her.

Auch bei diesen Pflanzen schaut nach ihrer Eignung für Boden und Licht. Für Lehmboden oder Schatten ist wenig Auswahl vorhanden. In sandigeren Böden mit viel Sonne ist die Auswahl hingegen viel zu groß. Falls sie Euch überfordert, sortiert die möglichen Pflanzen nach Farben, Höhen und Blütenformen. Das hilft bei der Entscheidung.

Frühlingszwiebelkauf

Wir kaufen sie in Tüten oder Säcken. Es gibt sie aber nur im Herbst, Ihr könnt sie nur ab September bis vor dem Bodenfrost (meist Ende November) in die Beete bringen. Da sie ohne Erde und Topf verkauft werden, trocknen sie schnell aus. Es gibt dafür wenige Gärtnereien hierzulande. Aus historischen Gründen werden sie über spezielle Händler verkauft. Dort könnt Ihr sie aussuchen, bestellen und Euch beraten lassen.

Alle Pflanzen einplanen

Jetzt nehmt wieder Euren Plan zur Hand. Ihr malt Euch Kreise in der entsprechenden Erwachsenen-Wuchsgröße der jeweiligen Pflanzen ein. Nutzt eine Kreisschablone, damit geht es schnell und unkompliziert. Die niedrigen an den vorderen Beetrand verteilen, in rhythmischen Wiederholungen oder Gruppen. Dahinter die halbhohen Pflanzen und dann die hohen. So erhaltet Ihr eine schöne Staffelung vor den Gehölzen am Grundstücksrand. Oder Ihr gestaltet ein Beet mit gleich großen Pflanzen an den Terrassen und Wegen. Hier wechselt Ihr die Farben und Blühzeiten gleichmäßig ab. Falls es von Euch zu viel Arbeit und Geduld erfordert, so einen Pflanzplan zu erstellen, geht mit Eurer Auswahl zu einem Gärtner. Der macht Euch den Pflanzplan und pflanzt die »Lieblinge« auch nachher perfekt ein.
Und damit sind wir am Ende unseres Gartendesigns angelangt. Ab hier müssen andere übernehmen …

Winterharte Zwiebelblumen könnt Ihr nur im Herbst kaufen und müsst sie auch dann gleich eingraben. Die Auswahl an Arten, Sorten und Farben ist riesig.

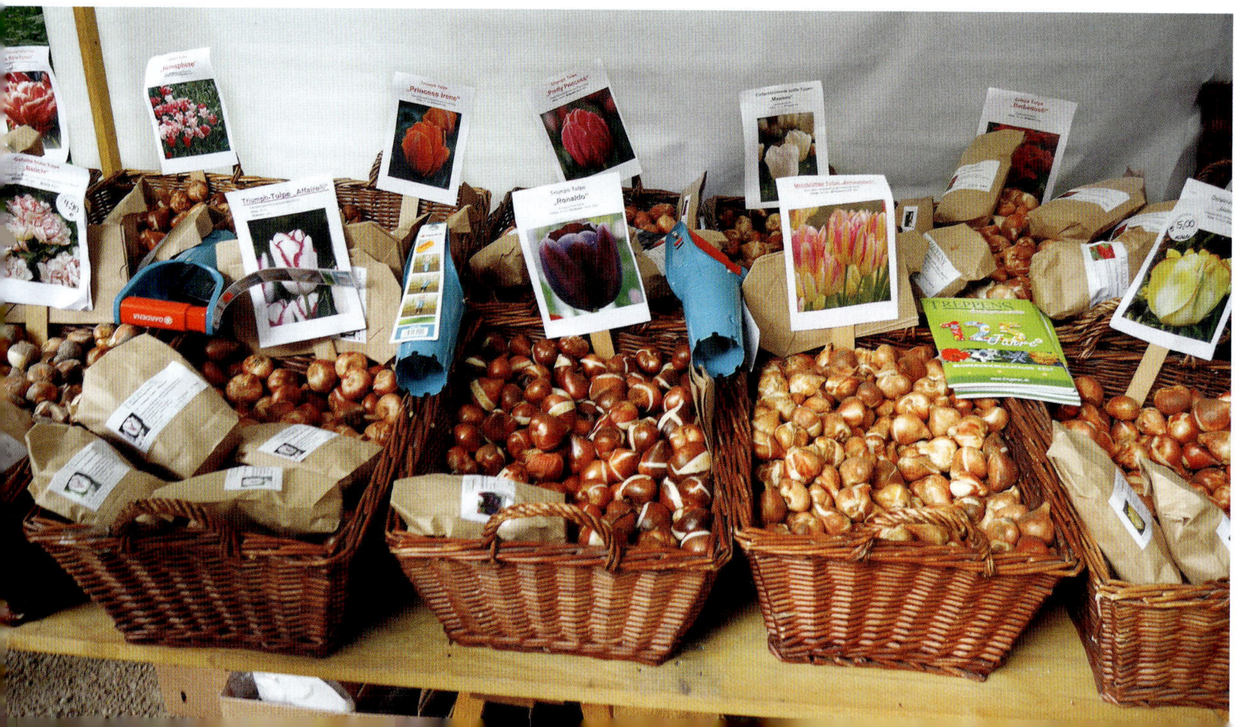

PLAN 07: DER PFLANZPLAN FÜR MEIN BEET

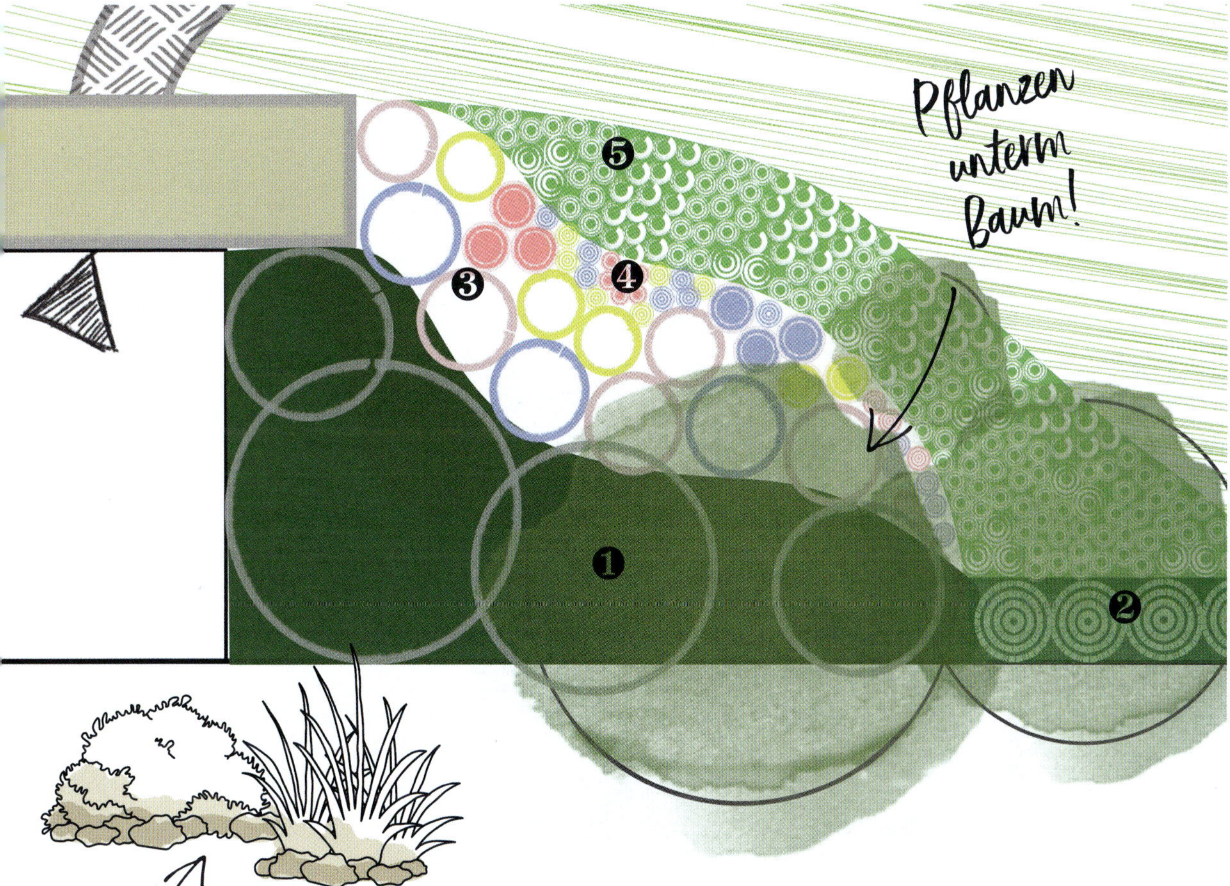

STRÄUCHER, BLÜTEN UND IMMERGRÜNE BODENDECKER

1. Hohe Sichtschutzsträucher, die auch den Baumschatten vertragen. Zum Beispiel Bauernjasmin, Flieder und Zier-Johannisbeere. Die blühen toll nacheinander. *2. Meine Formschnitthecke* soll immergrüne Eibe sein. Da kann der Nachbar auch im Winter nicht durchschauen. *3. Zu den beigen Terrassen* passen pastellfarbene Stauden gut. Im Hintergrund hab ich da hohe Silberkerzen, Wachsglocken und Waldglockenblumen. *4. Davor blühen Storchschnabel,* Primeln und Prachtspieren. Ist ja schattig. Dazu noch im Herbst ein paar schöne Krokusse und Narzissen gesetzt. Dann ist gleich im Frühling etwas zu sehen. *5. Ganz vorn* noch das ruhige Randbeet mit immergrünen Bodendeckern wie Japan-Segge, Hainsimse und Dickmännchen.

Wer baut mir so was?

Was kostet die Terrasse?

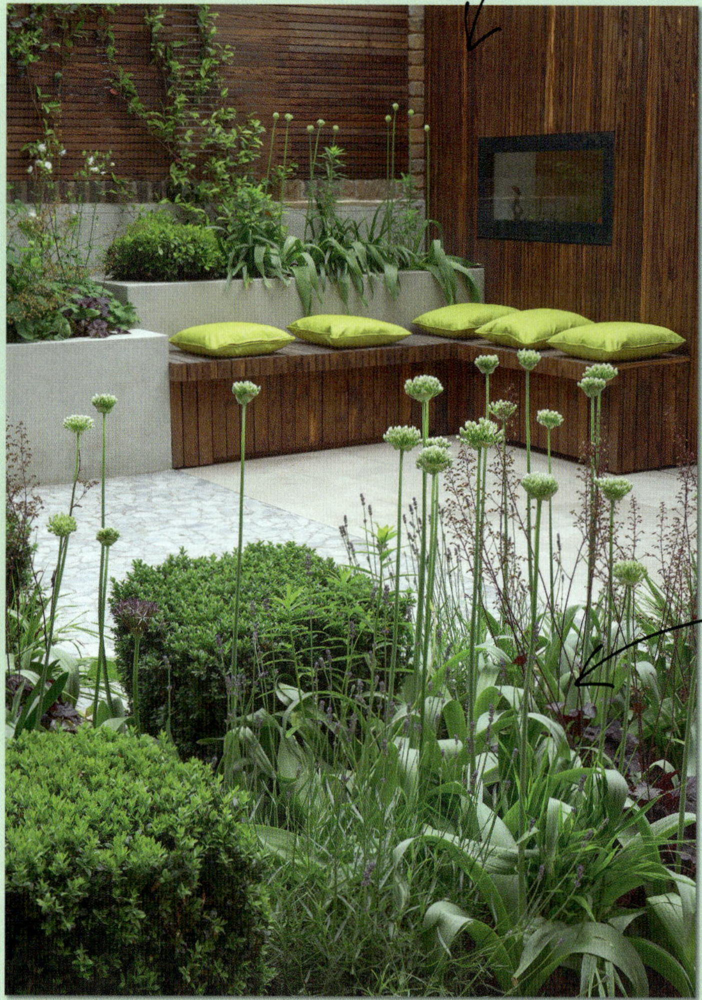

Und wer pflanzt mir die Stauden?

UND WIE GEHT ES WEITER?

Jetzt steht Ihr vor der Frage: »Wie komme ich vom Design zum realen Garten?« Da helfe ich Euch noch etwas auf die Sprünge. Es wäre doch schade, wenn Eure tollen Ideen nicht auch in die Wirklichkeit umgesetzt werden.

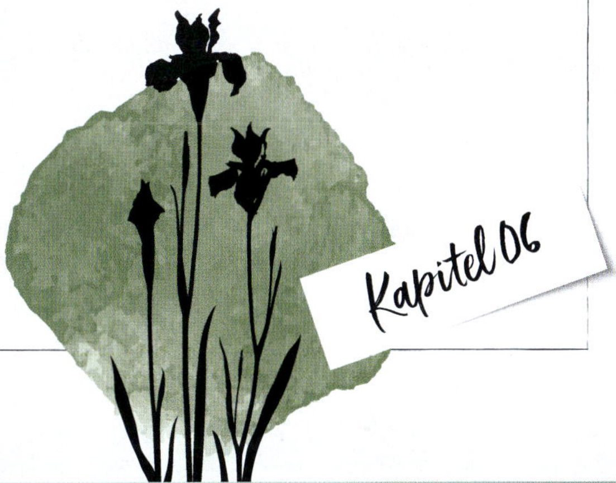

WAS EIN GARTEN KOSTET

Ich hatte Euch schon oft gesagt, dass auch das Budget über das Design bzw. die Materialauswahl entscheidet. Dazu müssen wir also auch mal über Geld reden!

Für die Abschätzung der Kosten benötigen wir schon mal die Mengen und Materialien. Das sind Flächengrößen für Rasen, Wege, Terrassen und Beete. Dazu gehören aber auch die Längen für die Einfassungen, Mauern, Rinnen und Treppen. Stückzahlen für Zaunfelder, Stufen, Pfosten, Leuchten usw. Und was an Material soll verbaut werden? Wenn Ihr Euren Gartenplan wie beschrieben in einem Maßstab gezeichnet habt, dann können Fachfirmen oder -planer damit schon arbeiten. Dank der heutigen Technik können wir recht einfach die Mengen ermitteln. Und mit den Mengen und Produktangaben kann ein erster Preis errechnet werden.

Stellt Euch vor, dass Ihr ein Weihnachtsessen für 20 Leute planen, einkaufen und zubereiten müsstet. Was gehört dazu? Als Erstes die Rezepte für eine ganze Menge an einzelnen Speisen. Dazu noch diverse Getränke, die Deko, Kerzen und Servietten. Was braucht Ihr alles auf der Einkaufsliste? Wie lang sind die einzelnen Zubereitungen? Was muss wann bestellt, wie vorbereitet und wann in den Ofen geschoben werden. Das ist ein richtiges Managerprogramm. Und so ist es auch beim Bau des Gartens.

Übersetzt dieses Beispiel einfach in die Arbeiten für Euren Garten. Die Rezepte für die Wege und Terrassen sind hier z. B. die verschiedenen Schichtaufbauten (Dicke und Art der Tragschicht, Drainage, Fugenmaterial usw.). Diese sind ja jeweils für Euren Boden und die Feuchtigkeit auf Eurem Grundstück verschieden. Das Rezept dafür kennt der Fachmensch. Der »Braten« als Hauptgericht wären nun Pflastersteine oder Terrassenplatten. Da spielt es eine große Rolle, ob Ihr sechs Hühnchen (moderat im Preis) oder drei Bio-Gänse (sehr kostenintensiv) ausgewählt habt. Und Hühnchen sind viel schneller gegart als Gänse.

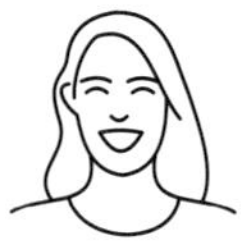

Jedes Element in Eurem Garten hat ein spezielles Rezept, das vom Material, von den örtlichen Bedingungen und der gestalterischen Form abhängig ist. Die beste Vorbereitung dafür ist daher Eure Bestandsanalyse und der neue Gartenplan.

Damit können Fachleute ein Rezept erstellen, eine Einkaufsliste machen und die Arbeitszeit berechnen. Je weniger Informationen sie bekommen, desto ungenauer wird die Kalkulation. Das Risiko, das durch unkonkrete Informationen für die Baufirmen entstehen könnte, werdet Ihr mitbezahlen müssen. Keine seriöse Firma wird es darauf ankommen lassen. Daher ist das Beste, was Ihr beitragen könnt, so viele konkrete Informationen zu liefern wie möglich. Damit habt Ihr am ehesten eine realistische Preisvorstellung.

Kostenschätzung oder erstes Angebot

Planungsbüros für Gärten können Euch eine Kostenschätzung aus den durchschnittlichen Marktpreisen erstellen. Das ist dann noch kein konkretes Angebot, aber ein erster, halbwegs realistischer Preis. Damit könntet Ihr dann am »Speiseplan« etwas nachregulieren. Diese Fachplaner sind unabhängig vom Auftragsgewinn und damit nur Euch gegenüber und Eurer Sache verpflichtet. Daher werdet Ihr keine »Verkaufsberatung« erhalten, sondern eine neutrale Einschätzung. Sie können Euch auch beraten, wo etwas Geld zu sparen ist, ohne das Design zu schmälern. Daran haben die Firmen, die für den Bau bezahlt werden, nicht wirklich Interesse – es schmälert ja direkt ihren eigenen Umsatz. Diese unabhängige Dienstleistung ist natürlich nicht umsonst. Die beste Möglichkeit, Geld zu sparen, ist dennoch, einen unabhängigen Fachmenschen zu fragen. Erfahrung und Wissen sind die einzigen Möglichkeiten, wirklich Kosten einzusparen. Oder Ihr bittet doch gleich eine Garten- und Landschaftsbaufirma um ein Angebot. Das ist manchmal, aber auch nicht immer, kostenlos.

Was sind die Kostentreiber?

Wenn Ihr dann eine Kostenschätzung oder ein erstes Angebot bekommen habt, seid nicht frustriert. Vermutlich ist es viel teurer, als Ihr dachtet. Und schaut vor allem nicht nur auf die Zahl ganz unten unter all den einzelnen Positionen (Preisen für die Einzelleistungen)! Mit so

Arbeits-Tipp

ÜBER KOSTEN SPRECHEN

Das fällt vielen schwer, ist aber eigentlich schade. Denn oft würden intensive Gespräche zu sinnvollen Einsparungen führen. Hier solltet Ihr über Euren Schatten springen. Ein Garten kostet immer mehr, als Ihr vorher bedacht hattet. Damit will ich Euch nicht entmutigen. Das ist meine ganz reale Erfahrung nach den vielen Projekten, die ich schon begleitet habe. Außenanlagen sind in den letzten fünfzig Jahren viel komplexer geworden, die Regeln schwieriger, die Technik anspruchsvoller, das Material komplizierter. Von den Löhnen für Facharbeit mal ganz abgesehen. Also: Knetet an den einzelnen Kostenfaktoren. Lasst Euch beraten oder baut in mehreren Abschnitten. Aber brecht es nicht übers Knie und verliert dabei die Idee, die Ihr hattet, aus den Augen. Das wäre zu schade. Drei oder fünf Jahre sind schnell vorbei. Und dann ist es wieder möglich, Schönes zu bauen. Euer Traum sollte bleiben und Wirklichkeit werden. (Oh Mann, das ist jetzt wieder viel pathetischer, als ich wollte! ☺)

einer ersten Kosteneinschätzung müsst Ihr erst einmal arbeiten. Wo liegen die Kostentreiber? Ist es das Material? Na, dann schauen wir nach Alternativen. Ist es der Arbeitsaufwand? Dann müssen wir nach einfacheren Baumethoden suchen. Zahlen sind Gummi! Wachs in Euren Händen. Knetet es so lange, bis Ihr zufrieden seid. Genau dafür sind Schätzungen und Angebote da. Ich erlebe leider zu oft, dass die ersten, noch sehr unkonkreten Angebote abgelehnt werden und die Kunden denken, dass eine andere Firmen bestimmt billiger ist. Die Preise für den Arbeitslohn sind hierzulande aber nicht sehr verschieden. Billigere Firmen haben daher mit hoher Wahrscheinlichkeit einfach billiger kalkuliert. Das wird am Ende nicht unbedingt billiger für Euch!
Es geht auch andersherum. Ihr könnt erst einmal eine Summe bereitstellen und dann anfragen, was dafür gebaut werden kann. Damit setzt Ihr das Limit von vornherein selbst. Ihr bekommt dafür vielleicht noch nicht den ganzen Garten, aber eine gute Beratung und ein realistisches Ziel. Die Planer oder Firmen werden Euch immer gern sagen, was zuerst Sinn ergibt und was noch warten kann. Gerade bei kleinen Budgets ist das in der Regel die bessere Methode. Zeit ist auch Geld.

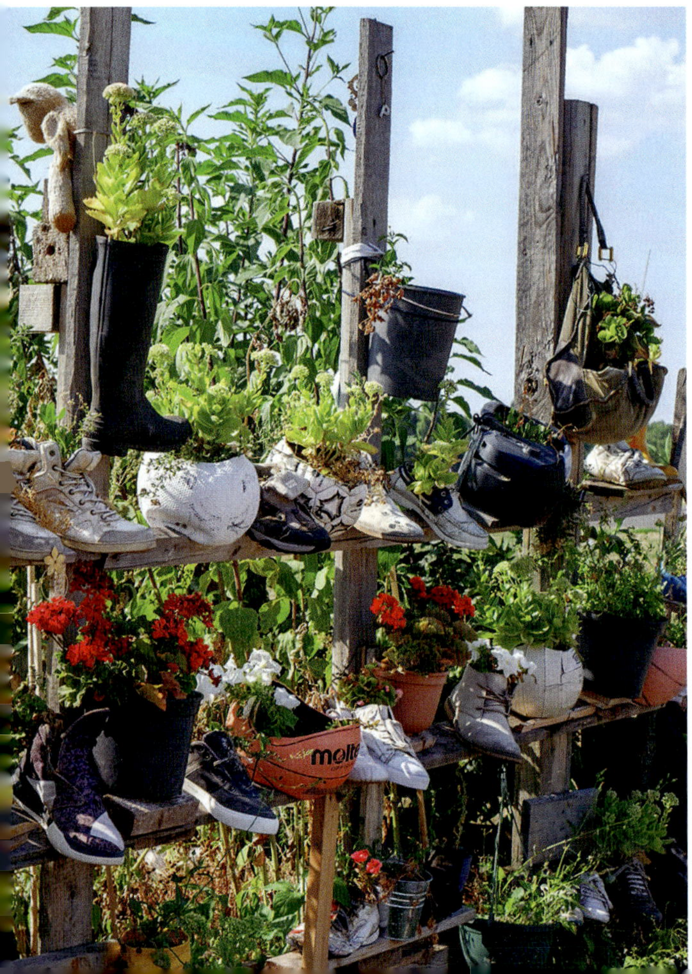

WEGE- UND TERRASSENFLÄCHEN

Dabei ist eher das Material entscheidend für die Kosten. Für den Arbeiter macht es zeitlich keinen Unterschied, ob er heimischen Naturstein in gesonderter Anfertigung (sehr teuer) oder einfachstes Massen-Betonpflaster wie auf Supermarktparkplätzen verlegt. Der Unterbau ist bei gleicher Bauart immer derselbe und das Verlegen der Steine auch fast. Nur beim Material ist ein Unterschied von bis zu 250 % möglich. Jetzt bitte nicht gleich den billigsten Betonstein nehmen! Fragen und weitersuchen …

MAUERN, TREPPEN UND WÄNDE

Diese sind immer sehr kostenintensiv. Die Fundamente, Drainage, Statik … alles sind be-

Auch wenn das Beispiel nicht ganz ernst gemeint ist, lasst Euch doch auch von solchen Bildern inspirieren. Upcycling ist immer nachhaltig und kostenschonend.

zahlte Leistungen, die am Ende nicht zu sehen sind, da sie quasi »vergraben« werden. Je kleiner die aufzubauenden Steine pro Höhenmeter, desto größer der Arbeitsaufwand pro Meter Mauer. Hier entscheidet also das Material eher in puncto Aufbautechnik den Preis. Aber natürlich ist auch das Material mitentscheidend. Eine von Hand gefertigte Schichtmauer aus Naturbruchstein ist sehr viel aufwendiger zu bauen und auch teurer im Materialpreis als seriell gefertigte Winkelstützen aus Beton mit weniger Unterbau und maschinellem Einbau. Leider sieht es auch nicht so schön aus. Bei gleicher Bauweise spielt das Material eine weitaus weniger wichtige Rolle. Hier sind 20 € mehr pro Meter für den schöneren Stein eine gute Investition, da ja alle anderen Arbeiten gleich bleiben.

BEETFLÄCHEN

Sie sind vergleichsweise günstig. Hier spielen nur die Pflanzenarten (langsam oder schnell wachsend) und vor allem die Größe beim Kauf (jünger oder älter) eine entscheidende Rolle. Die Fläche ist also weniger maßgeblich als die Höhe und die Art der ausgewählten Pflanzen. Immergrüne Sichtschutzhecken mit sofortiger Schutzwirkung (langsam wachsend und gleich hoch beim Kauf) sind sehr kostenintensiv, niedrigere Laubhecken dagegen nahezu billig. Gehölze sind natürlich auch kostenintensiver als andere Pflanzen. Je mehr sie geschult sind – also in der Baumschule vorher schon bearbeitet werden mussten –, desto mehr Arbeitszeit steckt in ihnen. Ein Baum mit Stamm und erzogener Krone ist daher natürlich wertvoller. Ein Stauden- und Gräserbeet ist dagegen unter allen Baukosten stets irrelevant. Spart also nicht an den schönen »Blumen«.

RASEN

Rasenflächen können mit Fertigrasen (Rollrasen) oder durch Rasenansaat (Ausstreuen und Einarbeiten von Rasensamen) hergestellt werden. Auch hier ist die Arbeitszeit viel entscheidender als die Bauart.

- Rollrasen: Einkauf und Herstellung zunächst viel teurer. Die Fläche kann aber schnell benutzt und die weitere Pflege selbst übernommen werden.
- Rasenansaat: muss noch viele Wochen fachlich gepflegt werden, bis Ihr sie betreten könnt und auch die Pflege selbst übernehmt. Ansaat lohnt sich vor allem für große Rasenflächen.

AUSSTATTUNG

Egal ob Schuppen, Leuchten oder Brunnen – bei der Ausstattung ist das Produkt entscheidend. Eine Pollerleuchte vom Designer ist um 300 % teurer als eine Leuchte aus dem Angebot des Supermarkts. Der Einbau ist meist vollkommen gleich. Dafür muss beispielsweise ein kleines Fundament gegossen und die Leuchte darauf oder darin befestigt und später vom Elektriker angeschlossen werden. Da wird sich nichts unterscheiden. Bei anderen Produkten ist es natürlich etwas abhängiger von der vorgeschriebenen Einbauweise. Aber im Großen und Ganzen ist es immer der Produktpreis, der die Kosten bestimmt. Bei der Designerleuchte bezahlt Ihr auch immer die Marke mit. Bedenkt jedoch dabei, dass die Lebensdauer hier ein langfristiger Kostenfaktor ist. Alles, was mit Elektrik oder Wasser im Außenraum zu tun hat, sollte eine gewisse Garantie für die Sicherheit, Haltbarkeit und Lebensdauer haben. Diese Abwägung müsst Ihr selbst treffen.

WER MACHT WAS BEIM BAU DES GARTENS?

Damit Ihr mit der Realisierung des Traums anfangen könnt, solltet Ihr natürlich genau wissen, welche Firmen oder welche Fachkräfte eigentlich was im Garten machen müssen.

Das ist eine wichtige Frage. Das weiß nämlich schon unter den Baufachkräften kaum jemand so genau. Und das liegt zum einen daran, dass es sehr viele uneindeutige Namen in dieser Berufsbranche gibt. Und zum anderen gibt es auch sehr viele Überschneidungen der Kompetenzen. Ich fange mal mit mir an. Einfach weil ich ja schon mehrere Abschlüsse dazu habe und daher die Problematik gut kenne.

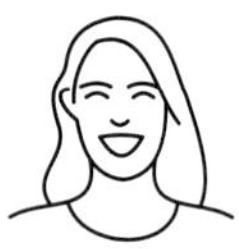

Meine Berufslehre habe ich abgeschlossen – und jetzt haltet Euch fest – mit dem tollen Titel: Facharbeiterin für Garten-, Landschafts- und Sportplatzbau! Ich hatte sogar noch den Zusatz für Winzer- und Friedhofsgärtnerin sowie Golf-Greenkeeper. Mal ehrlich, wer kann diese Berufsbezeichnung auf eine Visitenkarte schreiben? Wenn ich mich so bei Euch vorstellen würde, verliert Ihr doch nach dem dritten Wort den Faden.

Also nennen wir uns oft kurz Landschaftsgärtnerinnen oder GaLaBauer. Wäre da nicht Gartenbauer viel wörtlicher und kürzer? Ja, aber das geht leider nicht, weil Gartenbau historisch schon die Bezeichnung für die Leute ist, die Pflanzen produzieren. Und das ist etwas, was wir jetzt mit diesem Beruf nicht richtig gelernt haben. Also wenn Ihr einen Garten bauen wollt, müsst Ihr einen Landschaftsgärtner aufsuchen. Wenn Ihr oder die Landschaftsgärtnerin dann Pflanzen kaufen möchtet, tut Ihr das bei den Gartenbaubetrieben – sprich Gärtnereien. Ja, das ist wirklich verrückt ☺ ! Aber die GaLaBauer sind nun mal die, die wissen, wie man einen Garten baut, bepflanzt und sonst fast alles, was dazugehört. Das sind Eure wichtigsten Ansprechpartner. Sie können mit Naturstein und Beton umgehen, wissen Mauern und Einfassungen zu setzen, können Schächte und Rinnen installieren usw. Sie sind aber nicht unbedingt die, die den Garten entwerfen und planen. Das ist nicht Ihr Job. In der Regel fragen sie Euch daher nach dem konkreten »Was soll ich tun«.

Entwerfen oder designen von Gärten, Parks und Grünanlagen ist ein eigener Beruf. Ich habe nach meiner Lehre das Studium der Landschaftsarchitektur absolviert. Früher hieß das auch Gartenarchitektur. Manchmal findet Ihr das noch unter den Begriffen Landschaftsplanung, Landespflege oder neuerdings unter

so Schlagwörtern wie »Urbanes Pflanzenmanagement« und weiteren fancy Begriffen.
All das beschreibt aber wirklich nicht, was solche Menschen tun oder können. Unter uns Fachplanern ist die nett gemeinte Nachfrage: »Hast Du nicht irgendwas mit Blumen zu tun?« ein richtiger Affront! Für jemanden, der komplexe Bodenreliefs und Entwässerungen im Gelände berechnen kann, der die Tragfähigkeit von befahrbaren Flächen oder die Fundamente für Mauern verantworten, der 100 Regelwerke kennen muss, klingt das eher nach »Floristik als Hobby«. Findet Ihr nicht auch? Technik, Kosten, Zeitmanagement … alle verlassen sich dabei auf uns. Designen wie die großen Künstler kommt auch noch dazu. Und ja, wir können auch mit Pflanzen arbeiten und wissen sehr viel darüber. Sollten wir jedenfalls. Das hat aber mit hübschen Blumensträußen nichts zu tun. Dazu gehören ebenso die Zusammenhänge in Ökosystemen, die Ansprüche an Boden, Funktion und Pflege und so vieles mehr. Bis hin zum Klimaschutz in Städten. Mit hübschen Beeten muss das am Ende des Studiums nichts zu tun haben. Also jetzt keine Angst: Ich habe mich genau dem mit Herz und Seele verschrieben! Na, Ihr merkt schon, dass ich hier etwas emotional werde. Sorry. Es ist nur so, dass ich eigentlich finde, dass die ganze Branche nicht wirklich Anerkennung findet. GalaBau ist da mit inbegriffen. Ich bewundere die Fertigkeiten und Fähigkeiten dieser Facharbeiterinnen genauso und finde es schade, dass es kaum einer weiß bzw. zu schätzen weiß.
Die Unsicherheit und geringe Wertschätzung liegen aber auch daran, dass die meisten Berufe in diesem Metier nicht geschützt sind, wie z. B. Anwalt oder Arzt. Es kann sich jeder und jede einfach Gärtner nennen. Dafür braucht es keine Ausbildung. Auch beim Gartendesign ist das so, man muss dafür kein Studium absolvieren. Es sind also nicht immer Fachkräfte, die Euch da Angebote machen. Und hinzu kommt natürlich noch, dass es, wie in jeder Berufsgruppe auch, kompetente und inkompetente Fachkräfte gibt. Da verzweifle ich auch regelmäßig. Da müsst Ihr Euren Bauch sprechen lassen. Es gibt gute Leute ohne Fachausbildung und schlechte mit dieser. Ich

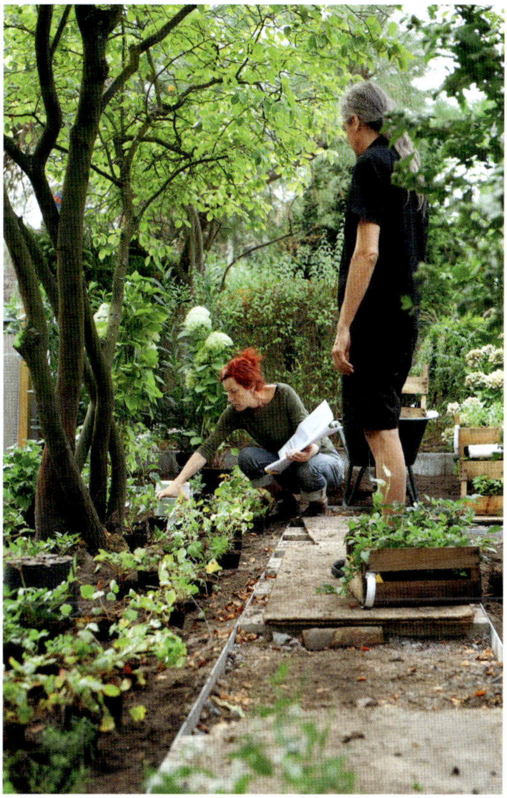

Auch als Gartenplanerin bin ich mit meinen Kollegen oft vor Ort und prüfe die Baumaßnahmen oder stelle die Pflanzen genau nach meinem Plan aus.

habe leider noch keinen Test dafür gefunden, wie wir das unterscheiden könnten. Habt Ihr dafür ein Rezept? Dann helft den anderen. Langer Rede kurzer Sinn: Ich kläre Euch jetzt so gut auf, wie es möglich ist. Dafür versprecht mir, dass Ihr oben Gesagtes und Euer Bauchgefühl beachtet. Wählt entsprechend mit Bedacht aus ☺ .

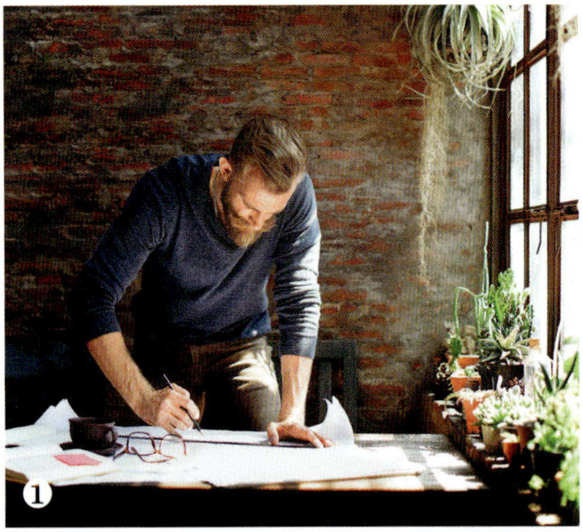

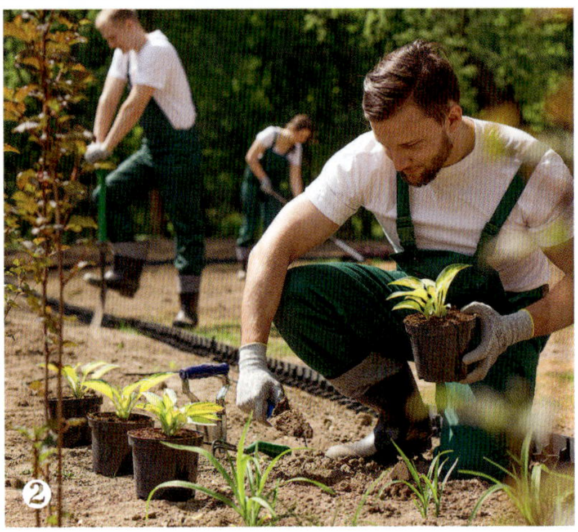

1. Der Gartenarchitekt erarbeitet vom Design bis zum technischen Aufbau erst einmal alles vom Schreibtisch aus. **2.** Der Landschaftsgärtner setzt das Geplante dann praktisch um – also baut es Euch. Zwei Berufe, die zusammen einen tollen Garten ermöglichen.

Garten- und Landschaftsplaner/-architekten

- Sie können Euch in allen Fragen für den Garten helfen und entlasten
- Achtung: Nicht alle können private Gärten oder Pflanzbeete planen; achtet auf Referenzen
- Sie sind zuständig für das Design, kennen zusätzlich die Gesetze, Funktion und Techniken im Garten
- Sie planen, kalkulieren, managen und betreuen den Bau in Eurem Sinne
- Sie vermitteln an Fach- oder Baufirmen
- Ihre Aufgabe ist, Euch für die nötigen Entscheidungen zu jedem Vor- und Nachteil aufzuklären
- Sie bieten Euch die Kontrolle der Arbeiten während des Baus an
- Sie kosten ca. 20 % Eurer Bausumme, dafür sparen sie Euch viel unnötiges Geld

Garten- und Landschaftsbaufirmen

- Sie können Wege- und Terrassenbau, Leitungen verlegen, Entwässerung einbauen, Erde liefern, Bäume und Sträucher pflanzen usw.
- Kleinere Unternehmen holen sich für weitere Facharbeiten zusätzliche Firmen als Subunternehmer; größere Firmen haben eigene Abteilungen für Holzbau oder Metallarbeiten
- Sie können alle relevanten Arbeiten fachlich korrekt ausführen; schaut nach dem Logo des GaLaBau-Fachverbandes

- Viele können auch Baumpflege, -kontrolle und -fällungen durchführen
- Ausnahme: für Leitungsanschlüsse zu Strom, Wasser und Abwasser sowie Straßenbauarbeiten sind spezielle Ausbildungen, Prüfungen oder Scheine nötig. Hier müssen andere Firmen ran.

Straßenbau

Ihr braucht solche Firmen für neue oder geänderte Überfahrten über den öffentlichen Fußweg, denn das dürfen nur zugelassene Straßenbaufirmen. Alles im öffentlichen Bereich bauen Fachfirmen, die eine Zulassung des Amtes haben.

Elektrik

Alles, was im oder für den Garten an elektrische Leitungen angeschlossen werden muss, muss von zugelassenen Firmen gemacht werden; gerade bei Strom im Außenbereich gibt es da keinerlei Alternative.

Installateur

- Alles, was Leitungsanschlüsse für die Ver- und Entsorgung betrifft (Bewässerung, Brunnen, Trinkwasser, Abwasser, Gas), müssen ausgewiesene Fachfirmen durchführen.
- Oft könnt Ihr aber die Leitungen und Rohre auch vom GaLaBauer in die Gräben verlegen und nur den eigentlichen Anschluss durch die Fachfirma legen lassen.

Pflanzarbeiten

- Pflanzarbeiten sind auch ganz klassisch ein Teil der Leistungen von GaLaBau-Firmen; Sie können auch konkrete Pflanzpläne für Euch erstellen.
- Da sich in letzter Zeit alle viel mehr spezialisiert haben, bieten das nicht alle Firmen an; dagegen haben sich viele Baumschulen und Staudengärtnereien darauf eingerichtet; es ist also keine so üble Idee, direkt bei Gärtnereien in Eurer Nähe danach anzufragen; hier findet Ihr den perfekten Spezialisten.
- Es ist immer zu empfehlen, dass die Firma, die bei Euch gepflanzt hat, auch die Pflege Eurer Pflanzen und die weitere Beratung übernimmt.

Arbeits-Tipp

MANPOWER

Es gibt noch viel mehr Leute, die eventuell zusätzlich zum Einsatz kommen könnten. Maurer, Brunnenbauer, spezielle Anbieter für Bewässerungsanlagen, Poolbauer, Tischler oder Zimmereien für Terrassen oder Gartenhäuschen, Metallbau für Geländer oder Treppenkonstruktionen usw. Ich empfehle aber, möglichst alles über eine GaLaBau-Firma zu beauftragen. Zumindest, soweit es geht. Je mehr unterschiedliche Firmen Ihr selbst beauftragt, desto mehr seid Ihr auch für die Koordination zuständig. Das kann sehr anstrengend und kompliziert werden. Es ist ja nicht gerade Euer Beruf. Sicherlich zahlt Ihr hier etwas mehr, gebt aber auch das Risiko und den Stress ab.

ZEIT-PLANUNG

Damit ist nicht unbedingt gemeint, wie viele Wochen der Bau dauern wird. Ich meine damit eher die Frage, wann fangen wir am besten mit was an und in welcher Reihenfolge.

Schlussendlich solltet Ihr Euch noch eine realistische Zeit für den Bau des Gartens einplanen. Dabei kann ich Euch noch helfen.

Von hinten nach vorn

Oberster Grundsatz bei der Planung des Bauablaufes ist immer, dass Ihr Euch von hinten nach vorn durcharbeiten solltet. Zumindest, wenn es möglich ist, und unbedingt, wenn der Zugang zum hinteren Gartenteil mit dem Bau von Nebengebäuden oder Mauern und Treppen später für Maschinen und schwere Geräte versperrt wird. Bei den engen Bebauungen ist das sehr häufig der Fall. Selbst ein Minibagger braucht eine gewisse Durchfahrtsbreite und eine Fläche, auf der er, ohne etwas Neugebautes zu zerstören, noch fahren kann. Auch die neu gepflasterte Einfahrt wird durch die Benutzung von Maschinen, durch die ganze Erde und den Materialtransport schnell wieder unschön oder sogar beschädigt.
Versucht, zeitlich so zu planen, dass Ihr den Bau ganz hinten im Garten anfangt und Euch dann Stück für Stück nach vorn vorarbeitet.

Von unten nach oben

Zweiter Grundsatz ist eigentlich selbstverständlich. Alle Sachen, die weiter unten im Boden liegen, sind vor den darüberliegenden Sachen zu bauen. Als Erstes wären da dann die Wasserleitungen dran. Diese müssen ja – egal ob Zu- oder Abwasser – immer frostfrei unter 80 Zentimeter liegen. Stromleitungen sollten tiefer als 30 Zentimeter (unter der Spatentiefe) liegen. Das ist also der Beginn jeglicher Arbeiten im Garten. Erst dann kann alles Darüberliegende gebaut werden.
Niemand will den neu gepflasterten Weg für eine vergessene Leitung wieder kaputt machen. Gleiches gilt auch für Fundamente. Auch diese sind bei höheren Bauten frostfrei herzustellen. Pflanzung und der Rasen sind also immer die letzten Arbeitsschritte. Dann, wenn keine Maschinen mehr über Beetflächen fahren müssen und auch sonst keine Arbeiten die Pflanzen gefährden.

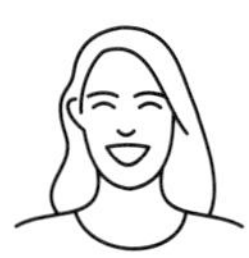

Das ist übrigens immer der tollste Zeitpunkt. Nach wochenlanger Zeit mit Erdhaufen, Beton und Steinen, mit lauten und schmutzigen Maschinen kommen Pflanzen und Rasen und in wenigen Tagen ist der Garten von einer Baustelle zu einem Traum geworden.

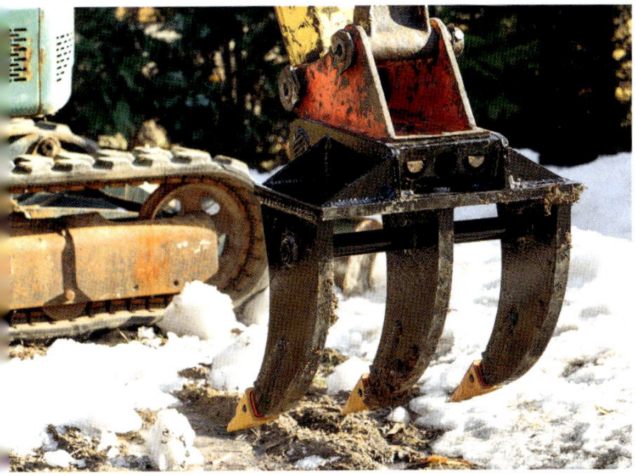

Spätestens mit Frost und Schnee geht auch im Garten nichts mehr zu bauen. Dann heißt es Pause auf der Baustelle. Damit solltet Ihr rechnen.

Winterpause

Der Winter ist oft eine Unterbrechung im Bau eines Gartens. Das kann, muss aber nicht sein. Die Bezeichnung täuscht wieder etwas. Eigentlich heißt es richtig Frostpause. Wenn der Winter nämlich gar nicht so winterlich ist, stört es bei den Arbeiten eher wenig. Es gibt nur bestimmte Materialien, die bei niedrigen Temperaturen nicht verarbeitet werden können. Das sind vor allem Arbeiten mit Beton oder Farben. Diese werden unter 5 °C nicht mehr durchgeführt. Fundamente oder Anstriche sind also auf stabile Temperaturen über 5 °C angewiesen. Das kann im Januar der Fall sein oder erst im März oder gar nicht. Wer kann schon das Wetter vorhersagen.

Bei richtigem Frost gehen dann wirklich nicht mehr viele Arbeiten. Wenn der Boden festgefroren ist, kann man ihn nicht modellieren. Auch Schotter oder Splitt werden zu einem festen Klumpen und können nicht gleichmäßig verteilt werden. Frost ist also wirklich eine Pause wert. Auch die einzige wirkliche Zeit für die Pflanzpause.

Pflanzzeiten

Zu den Pflanzzeiten hattet Ihr schon einige Sätze gelesen. Die erste Pflanzzeit ist im Frühjahr nach dem Auftauen des Bodens und geht bis Ende Mai/Anfang Juni. Danach kommt oft die Hitze inklusive Trockenheit. Das ist zu viel Stress für die Pflanzen. Ist der Sommer aber recht mild, können noch Pflanzen in Töpfen eingepflanzt werden. Die sind etwas teurer und Ihr müsst Euch auch viel mehr und länger um die Pflanzung sorgen. Wenn es geht, wartet dann lieber wieder bis September. Im Herbst ist nämlich wieder eine ideale Pflanzsaison bis zum Bodenfrost – wann immer der kommt. Ich hatte schon Pflanzungen im Januar. Das ist kein Problem, solange der Boden locker und frostfrei ist. Und viele Pflanzen mögen es, wenn Ihr sie im Herbst einpflanzt. Einige gehen sogar nur im Herbst, wie die Zwiebelpflanzen. Der große Vorteil bei Herbstpflanzungen, den ich sehr schätze: Alle Pflanzen können mit einer Aktion in den Boden, im nahen Frühling kommen sie sofort zur Geltung und wachsen auch viel schneller.

Zeitlicher Vorlauf für Bestellungen

Es braucht immer etwas Vorlauf für den Baubeginn. Ihr solltet in jedem Fall reichlich Zeit für die Materialbestellungen einplanen. Heutzutage ist kaum noch etwas auf Lager, alles muss erst herangeschafft oder sogar noch hergestellt werden. Das ist ein großes Thema geworden. Auf das Pflaster oder die Terrassenplatten müsst Ihr manchmal sechs bis zehn Wochen warten. Selbst wenn die GaLaBau-Firma Zeit hätte, sie kann dann nicht arbeiten, weil das Pflaster noch nicht lieferbar ist oder die Natursteinplatten oder die Holz-

Arbeits-Tipp

BAUEN IN TEILSCHRITTEN

Gerade für junge Familien beim ersten neuen Hausgarten ist das Budget oft knapp. Hier hatte ich ja schon bei den Kosten angemerkt, dass Ihr nicht alles gleich bauen müsst. Schaut vor allem, dass Ihr die unteren Strukturen und den hinteren Gartenteil zuerst machen lasst. Nur mit einem guten Zugang zum hinteren Garten könnt Ihr auch die hausnahen oder vorderen Bereiche zu Beginn bauen lassen. Alles andere wird Euch viel mehr Geld kosten.
Oft gibt es auch Zwischenlösungen für bestimmte Flächen. Man kann erst einmal eine Zwischenbegrünung machen oder den Unterbau der Wege zunächst mit Splitt abdecken oder ähnliche Lösungen suchen, die nachher schnell und kostengünstig weiter ausgebaut werden können. Aber das ist ohne konkrete Angaben nicht zu sagen. Dafür nehmt Euch lieber eine Fachberatung. Gerade hier wäre das sehr gut investiertes Geld.

dielen. Sogar bei den PVC-Rohren für die Entwässerung kann es zu Lieferzeiten von mehreren Wochen kommen. Rechnet also immer damit, dass nach dem Auftrag noch Zeit vergeht, bis es mit den Arbeiten in Eurem Garten losgeht. Besprecht das mit den Firmen in Ruhe. Es ist immer besser, den Auftrag frühzeitig zu vergeben und die Baustelle gut vorzuplanen, damit dann in kurzer Zeit der Bau durchgeführt werden kann. Sonst habt Ihr die Baustelle nur länger vor der Haustür.

Fertigstellung

Und nun solltet Ihr den Garten vor Euch sehen. Mit der Fertigstellung ist Euer Gartendesign zumindest in der Struktur endlich da. Ihr solltet noch etwas Pflege einberechnen. Frisch eingesetzte Pflanzen brauchen mindestens drei Wochen intensive Betreuung, bis sie etwas eingewachsen sind. So richtig werden sie aber erst mit dem zweiten oder dritten Jahr funktionieren. Dann sind sie tief mit ihren Wurzeln in den Boden vorgedrungen und können sich alleine das Wasser ziehen. Ähnlich wie sie dann auch oberirdisch die Blätter, Ranken und Zweige gebildet haben und damit den Boden abdecken und das Unkraut verdrängen. Pflanzen brauchen Zeit – Ihr erinnert Euch. Die Pflege in den ersten Monaten und Jahren ist wichtig, ja entscheidend, damit Euer Pflanzkonzept auch aufgeht. Hier ist eine kleine Betreuung sehr empfehlenswert. Ein- bis zweimal im Jahr sollte noch ein Gärtner kommen. Durch ihn könnt Ihr auch viel über die Pflanzen lernen und Ihr investiert in eine schöne und sorgenfreiere Zukunft.
Lasst Euch aber auch die Pflege der befestigten Flächen wie Terrassen oder Wege genau erklären. Wie viel Unkraut aus den Fugen kommen wird, hängt oft von der Pflege dieser Flächen ab. Welche Besen oder Reiniger sind die richtigen? Wie behandelt Ihr Naturstein? Viele Schäden werden durch falsche Methoden verursacht und dafür könnt Ihr die Baufir-

men nicht verantwortlich machen. Sie haben ihre Arbeit getan, die Pflege müsst Ihr nun übernehmen. Also nicht immer nur den Hochdruckreiniger auf volle Leistung stellen, nicht mit irgendwelchen Chemikalien auf Steine oder Holz losgehen, nicht die Fugen leer fegen usw. Und mir fallen noch viel mehr Sachen ein. Fragen und beraten lassen! Ihr habt viel geleistet und investiert. Wie lange es schön bleibt, liegt vor allem an Euch. Im besten Fall plant Ihr die Art der Pflege schon bei der Auswahl des Materials mit ein.

Ein letztes Wort ...

Und nun ist Schluss. Zumindest für mich. Ich wünsche Euch viel Kraft und Enthusiasmus, wie am Anfang dieses Buches. Verliert ihn nicht und bleibt geduldig. Euer Ziel ist, was Ihr Euch ganz am Anfang gewünscht habt: ein Garten nach Euren Vorstellungen. Alles auf dem Weg dahin sind nur Hürden, die Ihr nehmen müsst. Das Ziel werdet Ihr nicht aus den Augen verlieren und dann genießen können. Mit Wein oder Kuchen auf der neuen Terrasse. Mit dem Blick über die Blütenbeete und im Schutz der Sträucher und Hecken. In harmonischen Farben und schönen Strukturen. Völlig egal, ob mediterran, alpin oder skandinavisch, ob bunt oder Ton in Ton, ob wildromantisch oder historisch-englisch. Es wird in jedem Fall ein toller Garten und eine Bereicherung für Euch, Eure Familie und Freunde. Und letztlich auch für die Artenvielfalt, die Tiere und das Klima. Ja, wirklich, von Eurem Garten werden alle profitieren. Deswegen ist diese Urkunde hier für Euch. Ich verleihe sie Euch für Eure Arbeit und Euren Beitrag zur Verschönerung und Verbesserung unserer Umwelt!

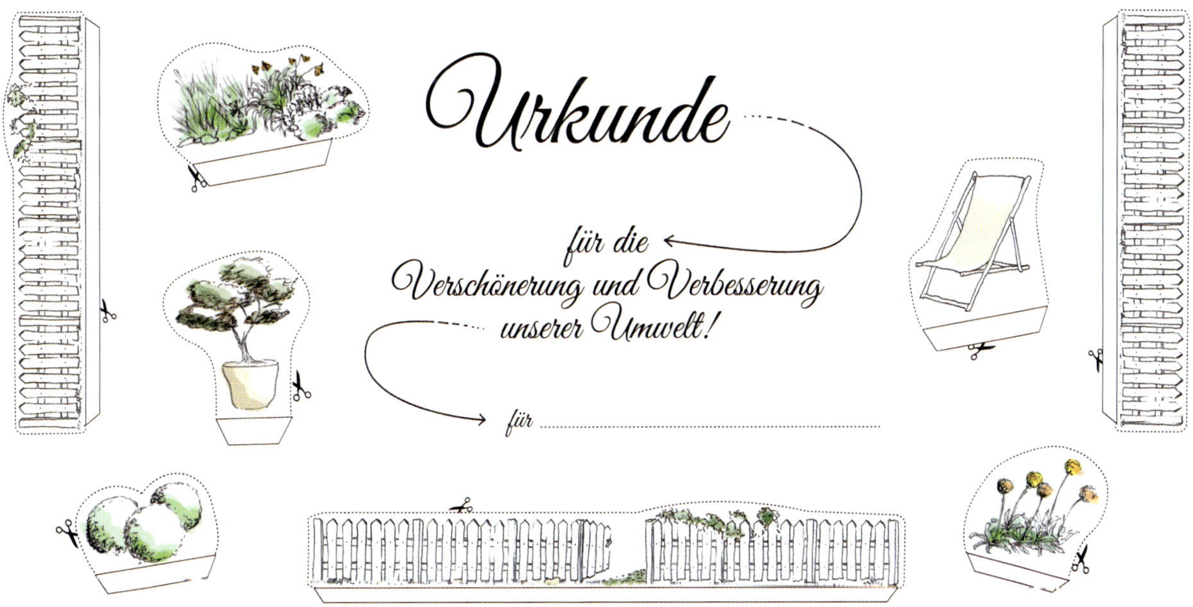

REGISTER

Halbfette Seitenzahlen verweisen auf Fotos

BILDNACHWEIS

Cover: Marianne Majerus/Design Fiona Harrison (Foto), Ivette Grafe (Illustrationen), Adobe Stock (Notizzettel);

Adobe Stock: ab 7 (Notizzettel), 11, 36-3, 36-4, 58, 73-1, 73-3, 123-2, 129-1, 145-1, 146-2, 166; **Alamy:** 9, 12-1, 118, 134-2, 146-3, 147, 162; **Flora Press:** 36-2, 37, 112-3, 139-2, 141-1, 148-1; **Friedrich Strauss:** 12-2; **GAP Garden:** 5-2, 39, 40, 42, 78, 92-2, 92-3, 92-4, 94, 95, 106, 111, 112-2, 113, 119, 123-1, 126, 134-4, 141-2, 141-3, 143, 144, 148-2, 149, 151-2, 153; **Getty Images:** ab 7, 23, 29-2, 67, 69, 121, 137; **iStock:** 4, 15-1, 31, 35, 36-5, 46, 49, 71-1, 87, 90, 97, 100, 101, 109, 112-1, 114, 124, 125, 129-2, 129-3, 131, 135, 145-2, 146-1, 151-1, 152, 159; **Ivette Grafe:** 5-1, 17, 18, 19, 21, 26-2, 32-2, 34, 56-2, 76, 77, 79-2, 83, 88-2, 98, 103, 104, 105, 107-2, 116, 117, 139-1, 154, 156, 157-2, 165, 171, 176; **/Sebastian Lechler:** 85; **Living 4 Media:** 120; **Marianne Majerus/Design Emma Griffin:** 2, 158, U4-2; **/Design Graham Lloyd-Brunt:** 22, U4-1; **/Design Tony Woods:** 68; **/Design Catherine MacDonald:** 136; **Matias Kovacic:** 13, 26-1, 29-1, 32-1, 56-1, 63, 64, 66-1, 72-1, 72-2, 73-2, 79-1, 88-1, 107-1, 134-1, 157-1; **Noun Project:** ab 8, ab 27, 36 (Sonnenbrille), 37-4; **Shutterstock:** 6, 15-2, 28, 44, 45, 50, 52, 54, 60, 62, 65, 66-2, 71-2, 71-3, 72-3, 73-4, 92-1, 115, 132, 134-3, 169.

Syndication: www.seasons.agency

BEZUGSQUELLEN UND INFOS

PFLANZEN

Staudengärtnereien in Eurer Umgebung und auch viele Tipps und Infos zum Thema findet Ihr zum Beispiel über den Bund deutscher Staudengärtner: ***www.stauden.de***

Webseiten mit tollen Suchfunktionen bieten Euch z. B.:
www.gaissmayer.de
www.die-staudengaertnerei.de
www.sarastro-stauden.com
www.gaertnerei-moos.de
https://graefin-von-zeppelin.de
und viele mehr …

Tipps und Hilfe bei der Staudenauswahl bietet Euch auch die App der berühmten Pflanzplanerin Petra Pelz unter: ***https://petra-pelz.com/pflanzenreich-app***

Außerdem gibt es viele regionale Pflanzenmärkte, wo Ihr Eure Gärtnereien persönlich treffen könnt und natürlich auch Pflanzen kaufen oder bestellen. Solche Termine findet Ihr am besten im Netz, wie bei: ***www.grueneranzeiger.de***

Auch **Baumschulen** sind über den Verband zu finden. Da sind viele Qualitätsbetriebe drin.
www.gruen-ist-leben.de

Daneben gibt es wieder einige mit tollen Such- und Filterfunktionen auf der Webseite, wie:
www.baumschule-horstmann.de
www.lorberg.com
www.neumann-pflanzen.de
https://online.bruns.de
und viele mehr …

Dann stellen viele Gartenzeitschriften auch Baumschulen, Gärtnereien, Pflanzenmärkte und ähnliche Veranstaltungen vor.
www.gartenpraxis.de
www.gartenflora.de
www.krautundrueben.de
und viele mehr …

In diesen Gartenzeitschriften findet Ihr auch immer wieder andere Tipps und Bezugsquellen.

MATERIALIEN

Baustoffhändler findet Ihr in Eurer Nähe am besten im Internet. Sie haben eine große Auswahl an Materialien auch für den Garten.

Wenn Ihr spezielle Produkte sucht, bieten Euch die Hersteller oft eine Suchfunktion für Händler oder Bezugsquellen an. So z. B. für **Beton** steine, -platten und -elemente bei:
www.godelmann.de
www.rinn.net
www.kann.de
www.metten.de
und vielen mehr.

Unter: ***www.betonstein.org/produkte/gartengestaltungselemente/*** findet Ihr bei der »Mitgliedersuche«nach Region geordnet passende Unternehmen in Eurem Umfeld und gelangt zu deren Webseiten.

Gleiches gilt für **Holz** und Holzprodukte. Die »Arbeitsgemeinschaft Holz« bietet unter
https://www.argeholz.de

Verwendungshinweise für Holz im Garten und der »Bundesverband Holz und Kunststoff« bietet eine tolle Suche für Tischlereibetriebe.

Natursteine findet Ihr auch bei Baustoffhändlern, aber noch besser bei Natursteinhändlern, wie

https://nord-stein.de
www.natursteinzentrum-rm.de
www.ksv-natursteinwelt.de
www.natursteinhandel.com
und vielen mehr.

GARTEN- UND LANDSCHAFTSBAUFIRMEN

Solche Firmen sollten auch lieber aus der Umgebung kommen. Dann kennen sie sich mit den örtlichen Besonderheiten gut aus. Da sucht Ihr am besten auch über den Bundesverband Garten-, Landschafts- und Sportplatzbau e. V.:
www.galabau.de

Die dort engagierten Firmen sind gut an dem Logo mit dem Baum und der Welle erkennbar.

Für alle Kontakte bieten sich auch die großen **Messen** an. Hier könnt Ihr zwar nichts kaufen, aber anfassen, kennenlernen und den Überblick gewinnen.

Da wären:
www.galabau-messe.com
www.gruenewoche.de
www.ipm-essen.de
www.spogagafa.de
www.holz-handwerk.de
und viele mehr.

Daneben gibt es noch Verkaufsmessen. Hier zahlt Ihr Eintritt, könnt aber auch gleich etwas kaufen.

Das ist für Privatgärten vor allem bei **Ausstattungen und Produkten** interessant. Manchmal findet Ihr hier auch Gartenplaner oder Baufirmen:
www.gartentraeume.com
www.lebensart-messe.de
www.homeandgarden-net.de
und viele mehr.

Zum Schluss noch etwas für die **Zeichenarbeit.** Arbeitsmittel für die Planzeichnungen und das Messen und Malen findet Ihr bei diversen Künstler- und Architekturbedarfsläden. Meist auch bei Büromittelbedarf. Hier könnt Ihr Schablonen, Transparentpapier, diverse Stifte und was Ihr sonst noch braucht, erwerben:
www.modulor.de
www.architekturbedarf.de
www.boesner.com
und vielen mehr.

LIEBE LESERINNEN UND LESER,

wir wollen Ihnen mit diesem Buch Informationen und Anregungen geben, um Ihnen das Leben zu erleichtern oder Sie zu inspirieren, Neues auszuprobieren. Wir achten bei der Erstellung unserer Bücher auf Aktualität und stellen höchste Ansprüche an Inhalt und Gestaltung. Alle Anleitungen und Rezepte werden von unseren Autoren, jeweils Experten auf ihren Gebieten, gewissenhaft erstellt und von unseren Redakteur*innen mit größter Sorgfalt ausgewählt und geprüft.

Haben wir Ihre Erwartungen erfüllt? Sind Sie mit diesem Buch und seinen Inhalten zufrieden? Wir freuen uns auf Ihre Rückmeldung. Und wir freuen uns, wenn Sie diesen Titel weiterempfehlen, in Ihrem Freundeskreis oder bei Ihrem Online-Kauf.

Sollten wir Ihre Erwartungen so gar nicht erfüllt haben, tauschen wir Ihnen Ihr Buch jederzeit gegen ein gleichwertiges zum gleichen oder ähnlichen Thema um.

KONTAKT ZUM LESERSERVICE

GRÄFE UND UNZER VERLAG
Grillparzerstraße 8
81675 München
www.gu.de

IMPRESSUM

GU ist eine eingetragene Marke der GRÄFE UND UNZER VERLAG GmbH, www.gu.de
hallo@gu.de

ISBN 978-3-8338-8793-2
2. Auflage 2026

Projektleitung: Cornelia Nunn
Lektorat: Dr. Ruthild Kropp
Korrektorat: Andrea Lazarovici
Bildredaktion: Matias Kovacic; Natascha Klebl und Petra Ender (Cover)
Umschlaggestaltung und Layout: ki 36 Editorial Design
Herstellung: Susanne Fuhrmann
Satz: Ludger Vorfeld
Reproduktion: Longo AG, Bozen
Druck & Bindung: aprinta GmbH, Wemding

UMWELTHINWEIS

Nachhaltigkeit ist uns sehr wichtig. Der Rohstoff Papier ist in der Buchproduktion hierfür von entscheidender Bedeutung. Daher ist dieses Buch auf PEFC-zertifiziertem Papier gedruckt. PEFC garantiert, dass ökologische, soziale und ökonomische Aspekte in der Verarbeitungskette unabhängig überwacht werden und lückenlos nachvollziehbar sind.

DIE AUTORIN

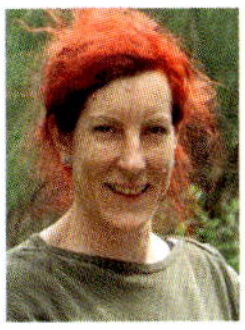

Ivette Grafe ist gelernte Landschaftsgärtnerin, studierte Gartenplanerin und Teilinhaberin des Berliner Planungsbüros Strauchpoeten. Seit 2016 organisiert sie den Berliner Staudenmarkt im Botanischen Garten, gibt Gartentipps und hält Fachvorträge in Radio und Fernsehen. Bei der Gestaltung von Privatgärten liegt es ihr am Herzen, die vielfältigen Wünsche der Besitzer Wirklichkeit werden zu lassen.

WICHTIGER HINWEIS

Die Gedanken, Methoden und Anregungen in diesem Buch stellen die Meinung bzw. Erfahrung der Verfasserin dar. Sie wurden von der Autorin nach bestem Wissen erstellt und mit größtmöglicher Sorgfalt geprüft. Jede Leserin, jeder Leser ist jedoch für das eigene Tun und Lassen auch weiterhin selbst verantwortlich. Weder Autorin noch Verlag können für eventuelle Nachteile oder Schäden, die aus den im Buch gegebenen praktischen Hinweisen resultieren, eine Haftung übernehmen.